Rowohlt Verlag GmbH, Kirchenallee 19, 20099 Hamburg

Kontaktadresse nach EU-Produktsicherheitsverordnung:
produktsicherheit@rowohlt.de

Wenige Jahre nach dem Krieg bricht Michael Degen nach Israel auf. Er will seinen Bruder finden, der 1939 noch aus Deutschland fliehen konnte – und muss all seinen Mut und seine Kraft aufbringen, um sich in dieser fremden Heimat durchzuschlagen. Er weigert sich, in der Armee zu dienen, und tritt in den Hungerstreik; er lernt Hebräisch, und nach kurzer Zeit schon steht er in Tel Aviv auf der Bühne und gibt Molière; vor allem aber setzt er alles daran, die Überlebenden seiner Familie aufzuspüren, seinen fast hundertjährigen Großonkel etwa, dessen Lebensklugheit und sprühender Witz ihn faszinieren. Schließlich stößt er auch auf eine Spur, die zu seinem Bruder führt ...
So dramatisch sein gelebtes Leben ist, so mitreißend und persönlich vermag Michael Degen davon zu erzählen – und zeichnet dabei zugleich ein lebendiges, bewegendes Bild der Gründungsjahre Israels.

Michael Degen, 1932 in Chemnitz geboren, 2022 in Hamburg gestorben, war Schauspieler und Schriftsteller. Er überlebte den Nationalsozialismus mit seiner Mutter im Berliner Untergrund. Nach dem Krieg absolvierte er eine Ausbildung am Deutschen Theater in Berlin. Er trat an allen großen deutschsprachigen Bühnen auf und arbeitete mit Regisseuren wie Ingmar Bergman, Peter Zadek und George Tabori zusammen. Seine Autobiographie »Nicht alle waren Mörder« (1999) wurde zum Bestseller, es folgten deren zweiter Teil, »Mein heiliges Land« (2007), der Roman »Familienbande« (2011) über Michael Mann, den jüngsten Sohn der Familie Mann. 2015 erschien »Der traurige Prinz«, sein letzter, autobiographischer Roman, der von einer prägenden Begegnung mit dem Schauspieler Oskar Werner erzählt.

Michael Degen

Mein heiliges Land
Auf der Suche
nach meinem verlorenen Bruder

Rowohlt Taschenbuch Verlag

Michael und Adi Degen, 1938

Veröffentlicht im Rowohlt Taschenbuch Verlag, Reinbek bei Hamburg, Mai 2008 | Copyright © 2007 by Rowohlt · Berlin Verlag GmbH, Berlin | Karte Peter Palm, Berlin | Umschlaggestaltung ZERO Werbeagentur, München, nach einem Entwurf von any.way, Hamburg (Foto: Steffen Jänicke) | Satz Sabon PostScript (InDesign) bei KCS GmbH, Buchholz bei Hamburg | Druck und Bindung BoD – Books on Demand GmbH, Norderstedt, Germany | ISBN 978-3-499-62184-0 | 4. Auflage Mai 2022

Der Bug scheint Berge ersteigen zu wollen, während ich an der Reling stehe und auf den nächsten Schub aus meinem Magen warte. Mutter hat mir versprochen nachzukommen, versuche ich mich abzulenken. Bis jetzt hat sie ja immer gehalten, was sie versprochen hat: «Alles verscherbeln und ab ins Heilige Land!» Obwohl mir so schlecht ist, muss ich beinahe lachen, wenn ich daran denke, dass sie es manchmal «das eilige Land» nannte. «Geduld war noch nie meine Stärke», pflegte sie zu sagen. «Aber», so setzte sie diesmal hinzu, «vielleicht ist es nun wirklich angebracht, Nägel mit Köpfen zu machen, ehe uns die Araber dort rausschmeißen können.»

Ich spüre, dass mich die Kotzeritis gleich wieder durchschütteln wird, und beuge mich, so weit ich kann, über das Geländer. Wenn ich bloß nicht so einen Krach beim Würgen machen würde. Bei Äddi geht das immer ganz lautlos ab. Er speit ohne viel Federlesens in eine Tüte und bringt sie danach eigenhändig zum Müllcontainer auf dem Zwischendeck. Dann legt er sich wieder in die Koje und wartet still auf den nächsten Anfall. Bei mir dagegen erschrecken alle, reißen die Tür zu unserer Kajüte auf und fragen, ob ich noch am Leben bin. Mir bleibt also gar nichts anderes übrig, als draußen gegen Windstärke sieben anzukotzen. Ich knie mich nieder, stecke den Kopf durchs Schiffsgeländer und warte brüllend und gottergeben auf das Ende der Krämpfe. Irgendwann wird das doch wohl mal aufhören. Irgendwann muss sich diese verrückt gewordene See doch beruhigen. Als wir uns in Marseille eingeschifft haben, war sie noch ganz ruhig. Aber auf der Höhe von Kreta ging es dann los.

Plötzlich fühle ich, wie mich jemand zurückzieht und meinen Kopf auf die Planken drückt. «Bleib auf den Knien und stütz die Hände auf», befiehlt eine Stimme. «Kopf ganz unten lassen und vorwärtskrabbeln. So schnell du kannst.»

Hat der sie noch alle? Mir ist so schlecht, dass ich so rasch wie möglich zurück zur Reling will. «Lass los, du Idiot!», rufe ich schwach.

Er lacht, drückt meine Nase wieder auf den Boden und schreit: «Wie ein Hund, wie ein ganz schneller Hund! Los, vorwärts!» Dann treibt er mich mit Fußtritten in den Hintern an. «Schneller!»

Ich versuche zu erkennen, wie der Kerl aussieht, der mich so widerlich behandelt, doch er lässt mir keine Zeit für einen Blick nach hinten. Seine Tritte werden immer unangenehmer. «Drei Runden! Mindestens.»

«Du bist wohl wahnsinnig», keuche ich. «Mir ist speiübel und meine Knie bluten.»

«Woher weißt du das denn?» Er lacht wieder sein dreckiges Lachen und stößt mich unbarmherzig nach vorn. Wie ich es schaffe, auf allen vieren dreimal das gesamte Oberdeck zu umrunden, weiß ich nicht. «Das reicht erst mal», sagt er schließlich sanft.

Ich liege platt auf dem Boden, hechle vor mich hin und merke, wie mir die Zunge aus dem Hals hängt.

«Wie bei einem Hund», höre ich ihn dicht über mir.

Als ich hoch will, schreie ich auf. Ich habe das Gefühl, dass mir die Haut in Fetzen an den Knien klebt. «Ich komme nicht mehr auf die Beine», stoße ich hervor und bin kurz vorm Losheulen.

Er packt mich an den Armen und stellt mich unsanft auf die Füße. «Gib nicht so an. Du bist jetzt wieder da, wo ich dich aufgegabelt habe.» Er grinst und hat so strahlend blaue Augen, dass sie mir wie gefärbt vorkommen. Ich schaue ihn an. Er sieht aus wie ein Sumo-Ringer. Fast so breit wie hoch. Und er ist nicht gerade klein. Der Mann schleppt ungeheuer viel Fleisch mit sich herum. Trotzdem sieht alles ganz leichtfüßig bei ihm aus. Dass er sich blitzschnell bewegen kann, habe ich ja bereits zu spüren bekommen. Schon ganz schön grau, der Dicke, denke ich. Und scheinbar ewig gut gelaunt. Zum Kotzen.

«Meine Knie machen mir Sorgen», erwidere ich.

Er sieht mich aufmerksam an. «Ist dir immer noch so schlecht?»

«Nein, verdammt! Ich hab doch gesagt, ich habe andere Sorgen.» Ich versuche mich loszureißen, aber er hält mich fest.

«Wir gehen zusammen nach vorne», sagt er. «Wenn du da stehen kannst, ohne gleich wieder das Meer vollzureihern, gehen wir in die Kantine. Zeit für ein erstes Frühstück. Wir werden unter uns sein, nehme ich mal an.»

Sein überhebliches Grinsen macht mich ganz krank. Ich stakse steifbeinig in Richtung Bug davon. Bloß nicht mit den Knien an die Hose kommen, ermahne ich mich stumm, das wäre die Hölle. Es lässt sich nicht völlig vermeiden, und ich bleibe schwer atmend stehen.

«Was ist?»

«Meine Knie.»

«Hab dich nicht so.» Er greift erneut nach meinem Arm und zieht mich weiter.

Ich lasse es wimmernd geschehen, stehe an der Bugspitze und sehe staunend einen Wellenberg auf mich zudonnern. «Die sind ja viel höher als das Schiff!», rufe ich und kriege einen kräftigen Guss ab. Die Welle verschwindet unter uns, hebt das Schiff mühelos in die Höhe und lässt uns anschließend in ein schäumendes Tal hinunterstürzen. Fasziniert starre ich auf den nächsten Kaventsmann und die riesigen Wellenberge, die ihm folgen.

«Du bist okay», stellt mein Begleiter fest und legt mir den Arm um die Schultern. «Ich habe Hunger. Was ist mit dir?» Ich nicke, und er macht sich über meine Steifbeinigkeit lustig.

«Du musst dir eben Hornhaut an den Knien anschaffen. Das klappt aber nur, wenn du täglich drei volle Runden übers Deck galoppierst.»

Gleich darauf sitzen wir in der Kantine und schaufeln Rührei, Bagel und Oliven in uns hinein. Dazu gibt es stinkenden Kaffee und viel Wasser. Den Kaffee lasse ich stehen und kippe stattdessen ein Mineralwasser nach dem anderen.
«Woher kommst du?», frage ich ihn nach einer Weile.
«Aus Estland.»
«Spricht man da so gut Deutsch?»
«Zu Hause haben wir viel Deutsch gesprochen. Meine Mutter kam aus Frankfurt an der Oder.»
«Kam?»
«Vergast. Wahrscheinlich. Ich habe nie mehr was von ihr gehört. Vom Vater auch nicht. Er war Offizier in der Armee.»
Ich schaue hoch.
«In der polnischen Armee. Eine komplizierte Geschichte. Sie lebten schon lange nicht mehr zusammen.»
«Und du?», frage ich weiter und sehe mich um. Wir sind tatsächlich die Einzigen im ungemütlichen Speiseraum. Resopaltische und am Boden festgeschraubte Gartenstühle. Ich versuche, meine Beine ausgestreckt zu halten, und greife ab und zu nach meiner Hose, um sie von der Haut an meinen Knien wegzuziehen.
«Interessiert dich das wirklich?»
«Warum nicht?», sage ich und komme mir irgendwie lästig vor.
«Du fühlst dich wieder besser, oder?»
«Warum nicht?», wiederhole ich aufmüpfig.
Er steht auf. «Du bist wirklich ein selten blöder Hund. Die Übung kannst du auch deinem Kumpel empfehlen. Er muss raus aus der Koje. Zwischen Kreta und dem Festland geht's fast immer in die Vollen.»

Nachdem ich Äddi aus der Kajüte hoch und dreimal ums Oberdeck gejagt habe, erzählt er mir, dass der Kerl Schimon heißt und nur überlebt hat, weil er bei Reval aus einem fahrenden Lkw in den Finnischen Meerbusen gesprungen ist. «Stell dir vor, der Wagen fährt auf der Küstenstraße, und der Teufelskerl springt direkt vor den Augen des Wachmanns ins Meer.»

«Er muss die Gegend aber gut gekannt haben.»
«Trotzdem. Hättest du dich das getraut?»
Ich schüttele den Kopf.
«Der Mann ist jetzt ein hohes Tier in Israel. Er organisiert die Einwanderung, die Alija. Vor allem über den Seeweg. Jedes Mal wenn ich ihn frage, welcher militärischen Organisation er angehört, antwortet er, er diene bei der reitenden Gebirgsmarine zu Fuß. Ich glaube, der ist beim Geheimdienst, beim Mossad.»

Bis kurz vor Haifa bekomme ich Schimon nicht wieder zu Gesicht. Ich quetsche mir Unterwäsche zwischen Knie und Hose und ziehe verbissen täglich drei Runden um das Oberdeck. Danach habe ich Hunger wie ein Wolf. Äddi begleitet mich ab und zu, sitzt aber meistens in der Kantine und trinkt Unmengen schwarzen Kaffee. Herrgott, bin ich froh, dass mein Magen wieder alles mit sich machen lässt.

Äddi und ich stehen im Morgengrauen am Bug und wollen als Erste «Land in Sicht!» schreien. Schimon hat uns schon drei Stunden nach Mitternacht aus den Kojen geworfen, auf dass wir ja nicht die Ansicht der Küste bei Sonnenaufgang versäumen. «Das Land, in dem Milch und Honig fließen», sage ich andächtig. Äddi sieht mich an und erwidert trocken, er habe Honig noch nie gemocht, Marmelade sei ihm lieber.

Plötzlich ruft jemand: «Die Küste!» Ich suche angestrengt den Horizont ab. «Siehst du was?», frage ich Äddi.

«Einen gelben Streifen da ganz hinten und ganz dünn», antwortet er.

«Das soll Land sein? Das ist doch höchstens eine Sandbank.»

«Das ist Erez Israel», sagt Äddi leise.

Wir starren weiter zum Horizont. Allmählich wird der Streifen breiter. Und gelber. Die Sonne ist inzwischen so hoch gestiegen, dass wir Berge erkennen können. Das Deck füllt sich. Von allen Seiten treten Leute heran und blicken wie gebannt auf die immer deutlicher aus dem Dunst aufsteigende Küste. Keiner sagt ein Wort. Nur eine alte Frau neben mir fängt leise an zu weinen. Verschämt sucht sie in ihrer Krokodillledertasche nach einem Taschentuch. «Jetzt kommen wir nach Hause, Kinder», murmelt sie und wartet auf Bestätigung von uns. Ich nicke leicht, aber Äddi macht eine zweifelnde Geste mit der Hand. Eigentlich sei er ja aus Dänemark, und dieses Land betrachte er auch weiterhin als seine Heimat.

Äddi ist ein Freiwilliger, ein «Machal», ein Ausländer jüdischer Herkunft, der es als seine Pflicht ansieht, dem Land Israel in seinen schwierigen Anfängen beizustehen. Nach spätestens einem Jahr will er wieder nach Hause zurückkehren.

Die alte Dame sieht ihn mit großen Augen an. «Sie scheinen ein gebildeter junger Mensch zu sein, der eine anständige Ausbildung genossen hat. Ich hoffe sehr, dass Sie diese dem Staat Israel zur Verfügung stellen und sich das mit der Rückkehr nach Europa noch einmal überlegen.»

Auf dem Küstenstreifen zeichnet sich jetzt die Silhouette einer Stadt ab. «Haifa», sagt jemand und deutet mit dem Zeigefinger auf die Berge. «Sehr schön gelegen, aber auch sehr anstrengend: nur Treppen, nichts als Treppen. Je höher man wohnt, desto höher das Einkommen.»

«Wohnen Sie auch weit oben?», will ich wissen.

«Ich ziehe Tel Aviv vor. Heiß, trocken und sehr plan.»

Das Schiff gibt einen krächzenden Hornruf von sich. Wir gleiten auf die Hafeneinfahrt zu und steuern nach einiger Zeit den Kai an, auf dem es vor Militär nur so wimmelt. Langsam sind nun auch Tische zu erkennen, hinter denen uniformierte Beamte sitzen. Das Schiff manövriert an die Kaimauer heran, muss aber noch einmal mit voller Kraft zurück, bis es endlich seine Position erreicht. Ä ddi meint, dass uns wahrscheinlich keiner unser Gepäck hinterhertragen wird. Wir versuchen also, durch das Gedränge hindurch unsere Kajüte zu erreichen. Die meisten haben ihre Koffer längst an Deck geholt. «Nur die Ruhe», sagt Ä ddi. «Die werden alle wieder zum Zwischendeck zurückmüssen. Von dort wird man nämlich das Fallreep herunterlassen.»

Trotzdem geht dann alles ziemlich geordnet zu. Offenbar sind die meisten Passagiere Neueinwanderer und zögern wie ich den Moment hinaus, in dem sie den geheiligten Boden betreten werden.

Als ich dann schließlich auf dem Kai stehe und von einem Uniformierten mit «Schalom!» begrüßt werde, warte ich auf etwas, das diesem einmaligen Augenblick den gebührenden Akzent verleiht. Vielleicht ein donnernder Wolkenbruch oder ein sich teilendes Meer.

«Heiß hier», sagt Ä ddi trocken. «Ich glaube, dieses Klima ist auf Dauer nichts für mich.» Jetzt erst fühle ich, wie mir der Schweiß den Rücken runterläuft.

Ein anderer Mensch in Uniform lässt uns aus der Schlange heraustreten und fragt uns auf Englisch, woher wir kommen.

«Dänemark», antwortet Ä ddi.

«Deutschland», sage ich.

Der Uniformierte wendet sich Ä ddi zu. «Machal?»

Ä ddi nickt.

«Wie alt bist du?», fragt er weiter.

«Einundzwanzig.»

«Sehr gut. Stell dich gleich da drüben an.»

Äddi nimmt seine Koffer. «Wir sehen uns», sagt er und marschiert auf den ersten Tisch zu.

«Und du bist also aus Deutschland?» Der Uniformierte legt mir eine Hand auf die Schulter.

«Meine Mutter hat mich dort geboren.»

«Wo ist sie?»

«In Deutschland.»

«Warst du im Lager?»

«Nein.»

Er zieht seine Hand zurück. «Sprichst du Deutsch?», hakt er auf Jiddisch nach.

«Na klar», antworte ich.

«Aber du bist Jude?»

«Und ob ich einer bin. Soll ich dir das Kaddisch aufsagen?»

«Hast du denn schon einmal Kaddisch gesprochen?»

«Nach dem Tod meines Vaters.» Ich drehe mich abrupt weg. «Ein Jahr lang.»

Er fasst mich wieder an beiden Schultern, diesmal ganz vorsichtig. «Ist er krank gewesen?»

Ich schüttele seine Hände ab. «Sie haben ihn im KZ regelrecht zu Brei geschlagen. Und jetzt lass die dämliche Fragerei. Ich bin hier, um meinen Bruder zu finden. Wo muss ich mich anstellen?»

Er sieht mich erschrocken an. «Ich bringe dich zu deinem Tisch», sagt er beruhigend. «Wie alt bist du?»

«Achtzehn.» Ich habe das Gefühl, dass mich jemand von hinten anstiert, und mache einen Schritt zur Seite – es ist Schimon.

«Meine Knie tun mir immer noch weh», sage ich ihm und fange an zu lachen. Ich weiß nicht genau, warum, aber ich lache wie ein Vollidiot. Kann gar nicht mehr aufhören.

Die beiden Männer sehen sich an. Der eine mit dem puren Schrecken im Gesicht, der andere mit Pokerface und eisig blauen Augen. Wie auf Verabredung nehmen sie mich in die Mitte und steuern mit mir auf einen der hinteren Tische zu.

«Deine Mutter ist also Jüdin?», fragt Schimon so ganz nebenbei.

«Meine Mutter ist jüdischer als ihr alle zusammen.» Ich sage es ganz ruhig und spüre im selben Augenblick, dass ich mich wieder völlig im Griff habe. Mann, ich werd langsam erwachsen.

«Wie habt ihr denn überlebt?», fragt Schimon.

«Wir waren U-Boote. In Berlin.»

«Was warst du?», fragt der andere entgeistert. Ich kann geradezu hören, wie es in seinem Hirn zu rattern beginnt.

«Sie waren untergetaucht», erklärt Schimon ungerührt.

Er bleibt vor einem der Tische stehen. «Gib hier deine Personalien an, oder leg einfach deine Papiere auf den Tisch.»

Ich ziehe meinen Ausweis für Staatenlose aus der Tasche. Schimon nimmt ihn mir ab und betrachtet ihn ungewöhnlich lange, dann sagt er ein paar hebräische Worte zu dem Beamten der Einwanderungsbehörde und schiebt ihm den Ausweis hin.

«Warum hast du keinen deutschen Pass? Die waren doch verpflichtet, dich wieder einzubürgern.»

«Ich war nicht besonders scharf drauf.»

«Scharf drauf oder nicht, es wäre ihre Pflicht gewesen.»

«Ich war nie Deutscher!»

«Und deine Eltern?»

«Aus Polen, Russland. Das weiß man ja heute nicht mehr so genau.»

Jetzt fängt auch Schimon an zu lachen. Unvermittelt zieht er mich an sich und drückt mich fest. Ich bin kurz davor, loszuheulen, als er mich wieder loslässt.

«Wo ist dein Vater geboren, weißt du das?»

«In Lutowisko.»

«Das war Polen, jetzt ist es Sowjetunion. Und deine Mutter?»

«Lemberg.»

«Das gleiche Schicksal.»

Der Beamte streckt mir ein Blatt Papier hin, das ich unterschreiben soll. Auf Anhieb kann ich nur das Datum entziffern: «Schewat 5709», also Februar 1949.

«Da kann ja Gott weiß was drinstehen.»

«Du kannst nicht Hebräisch lesen?», fragt der Beamte erstaunt. «Schäm dich.»

«Lesen schon, aber verstehen tu ich's nicht.»

«Das ist bloß der Antrag auf die israelische Staatsbürgerschaft. Darauf hat jeder Jude Anspruch, der das Land betritt.»

Sein Jiddisch erinnert mich an meinen Vater. So sehr, dass mir die Tränen in die Augen schießen.

«Was ist los?», fragt der Mann hinter dem Tisch.

«Ich weiß auch nicht», sage ich. «Du sprichst wie mein Vater.»

Du bist militärpflichtig», sagt Äddi, während wir mit dem sandfarbenen Bus landeinwärts fahren.

«Mit welchem Recht?», frage ich und starre durch das Fenster.

«Man holt teilweise schon die Siebzehnjährigen zu den Waffen. Die Unabhängigkeit hat uns große Verluste gekostet.»

«Ich bin nicht automatisch Israeli, nur weil die das so wollen. Bist du Israeli?»

«Ich bin Däne. Und du bist staatenlos.»

«Vielleicht bin ich aber gar kein Jude. Können auch staatenlose Nichtjuden Israelis werden?»

Ein vor mir stehender älterer Mann wendet sich mir zu und sucht meinen Blick. «Was bist du denn? Deutscher?»

«Möglich», antworte ich und grinse ihn an.

«Umso besser», sagt er und grinst zurück. «Dann hast du ja

Erfahrung im Schießen und Totschlagen.» Er dreht sich wieder um.

Ich erkläre Äddi, obwohl er es auf der Hinreise schon x-mal gehört hat, dass ich nur ins Land gekommen bin, um meinen Bruder wiederzusehen. Ich spreche so laut, dass mein Vordermann es mitkriegen muss. Ich sage, dass ich nicht einmal sicher sei, ob er noch lebe. «Wer kann überhaupt heute sicher sein, dass er morgen noch lebt?»

Der ältere Mann wendet sich mir erneut zu. «Na, das war aber eben ein großer Spruch, Germane. Jetzt halt lieber die Klappe und schau dir das Land an: Das war früher mal Wüste. Schmutzige, gelbbraune Wüste. Jetzt ist hier alles grün. Zitrushaine. Kilometer über Kilometer nur Zitrushaine.»

«Das sind keine Zitrusbäume, das sind Zypressen», widerspreche ich. «Die stehen bei uns in Deutschland auf Friedhöfen.»

«Da kannst du mal sehen», sagt er. «Hier liegen keine Leichen drunter. Die Zypressen sollen die Zitrushaine nur vor dem Wind schützen, der vom Meer kommt. Und vor dem Chamsin.»

«Vor was, bitte?»

«Vor dem heißen, trockenen Wüstenwind. Aber den wirst du noch früh genug kennenlernen.»

Ich lehne mich zu Äddi hinüber und flüstere ihm zu, dass wir vom mitteleuropäischen Klima wohl verwöhnt sind. Äddi schweigt und schließt die Augen.

Die Anpflanzungen begleiten uns noch eine ganze Weile, ein betäubend süßer Duft dringt durch das geöffnete Fenster des Fahrers herein. Oder ist es der Zigarettenrauch meines Vordermannes? Ich beuge mich vor und schnuppere. Über die Schulter hinweg hält er mir eine Zigarettenschachtel entgegen. Ich sehe einen Rettungsring darauf und die Aufschrift «Navy Cut».

«Rauchst du, oder nicht? Ich halte dir die Schachtel nicht ewig hin.»

Ich ziehe mir langsam eine Zigarette heraus und habe beinahe im selben Augenblick die Flamme seines Feuerzeugs unter der Nase. «Englischer Tabak», sage ich nach dem ersten Zug fachmännisch. «Gesoftet. Zu süßlich.»

Ich denke an die amerikanischen Zigaretten, die ich 1945 kurz nach dem Ende der Kämpfe vor dem Reichstag in Berlin getauscht habe. Gegen Perlonstrümpfe, die mir Tante Regina mit einer Schnur um den Bauch gebunden hatte; darüber trug ich den längsten Mantel, den sie finden konnte. Und daran, wie sich die Amis bepinkelt haben vor Lachen, wenn ich kurz unter dem Hals langsam erst mal nur einen Strumpf hervorzog. Aus Sicherheitsgründen. Dann vorsichtig einen zweiten und dritten. Und wie ich für meine ganze Show schließlich stangenweise «Chesterfields» bekam.

Ädi öffnet die Augen. «Sind wir schon da?» Dann sieht er auf meine Zigarette.

«Viel zu süß», wiederhole ich und halte ihm den Glimmstängel hin. «Der reinste Bienenhonig.»

Ädi wehrt ab. «Ich möchte bloß wissen, wo die uns hinbringen. Wir müssten doch schon fast in Tel Aviv sein. Oder fahren wir etwa nach Beer Sheva?»

«Keine Ahnung, hier war ich noch nie. Du etwa?»

Er schüttelt den Kopf. «Aber ich habe die Landkarte studiert. Die Pardessim, die Zitrushaine, müssten eigentlich schon viel spärlicher werden.»

Plötzlich biegt der Bus von der großen Landstraße ab, und die Zypressenzweige berühren ihn hin und wieder, als wollten sie ihn streicheln.

«Wir verlassen die Landstraße. Wahrscheinlich haben sie hier irgendwo ein Auffanglager gebaut.»

«Hier gibt es keine Auffanglager», sagt der ältere Mann vor uns. «Ich bin sicher, es ist ein Ausbildungscamp. Streicht das Wort ‹Lager› aus euren Hirnen.»

Ich beuge mich vor und versichere ihm, dass ich mich bemühen werde, das Wort «Lager» aus meinem Gedächtnis zu streichen. Aber ich käme nun mal aus Deutschland.

Im nächsten Augenblick sehe ich zwischen Mandelbäumen die ersten Baracken auftauchen. Ich frage Äddi, wo er die hebräischen Begriffe herhat.

«Ich habe die Sprache ein halbes Jahr lang gepaukt. Hab nie beten gelernt und mich nur mit dem modernen Iwrit beschäftigt. Dann hab ich aufgegeben. Es passt einfach nicht in meinen dämlichen Wikingerschädel.»

Als wir aussteigen, klopft Äddi mir kurz auf die Schultern. «Hier trennen sich erst mal unsere Wege. Ich werde wahrscheinlich bei den Ausländern einquartiert. Benimm dich anständig.» Er geht auf einen Zivilisten zu, der ihm schon mehrfach zugewinkt hat, und verschwindet mit ihm in einem kleinen Pinienwäldchen.

«Kazin» bedeutet «Offizier» im Hebräischen, eines der ersten Wörter, die ich mir einpräge. Jetzt stehe ich vor einem solchen. Es ist Schimon.

Er fragt mich, weshalb ich meinen Eid auf den jüdischen Staat nicht leisten und meine Heimat im Notfall nicht verteidigen wolle. Ich versuche, ihm klarzumachen, dass ich Israel nicht als meine Heimat ansehen kann, da ich kaum zwei Tage im Land bin und auch nicht vorhabe, hier auf Dauer meine Zelte aufzuschlagen.

«Wo ist denn deine Heimat? Etwa in Deutschland?», fragt er.

«Nirgendwo», antworte ich. «Ich bin staatenlos und habe die Absicht, es auch zu bleiben, bis ich mit gutem Gewissen und aus freiem Willen entscheiden kann, wo ich mich zu Hause fühle.»

«Du bist aus freiem Willen hergekommen. Oder hat dich jemand gerufen?» Sein Ton wird schärfer. «Du bist Jude und somit automatisch Staatsbürger der Medinat Israel. Außerdem bist du im wehrpflichtigen Alter und hast deshalb deine Militärzeit abzuleisten. Diese Verpflichtung hat man in jedem Staat der Welt zu erfüllen. Umso mehr in einem Land, dessen Existenz von allen Seiten bedroht wird.»

Da möge er im Allgemeinen recht haben, erwidere ich, in meinem besonderen Fall aber liege er eben doch ein bisschen daneben, schließlich sei ich nur ins Land gekommen, um meinen Bruder zu suchen, den ich vor zehn Jahren zum letzten Mal gesehen hätte, als er mit der Alija Deutschland verließ. Er habe von uns seitdem kein Lebenszeichen mehr erhalten – wie auch? – und müsse annehmen, dass wir nicht mehr am Leben seien. «Kannst du dir vorstellen, wie wichtig es für ihn, für Mutter und für mich ist, dass ich ihn finde?»

Schimon steht auf und wendet mir den Rücken zu. «Wo ist deine Mutter?»

«In Berlin.»

«Warum ist sie nicht hier?»

«Weil sie erst einmal ihren Haushalt auflösen muss.»

«Sie hat dort einen Haushalt?»

«Wie werden wir gewohnt haben», gebe ich zurück, «in Zelten?»

Er dreht sich mir wieder zu und schnauzt mich in akzentfreiem Deutsch an: «Würdest du dir solche Frechheiten auch bei Preußens erlaubt haben?»

«Dem bin ich zum Glück entgangen.»

Er setzt sich hin und spielt nervös mit seinem Notizblock.

Im Grunde kann ich ihn verstehen. Dieser Staat braucht Soldaten, egal woher. An allen Grenzen lauern die Araber. Man weiß nie, wann sie wieder zuschlagen.

«Du musst das doch begreifen», versuche ich es erneut. «Ich komme aus einer Gegend, in der vor ganz kurzer Zeit der schlimmste aller Kriege stattgefunden hat. Ich bin dem Tod nicht nur einmal von der Schippe gesprungen und versuche gerade, die Reste unserer Familie ausfindig zu machen. Ich will keine Leichen mehr sehen und will auch keine produzieren helfen. Mein Vater hat mir kurz vor seinem Tod gesagt: ‹Es ist besser, ein Opfer zu sein, als ein Täter. Hast du erst mal jemanden umgebracht, gibt es kein Zurück mehr. Du bist lebenslänglich auf der finsteren Seite der Welt gelandet.›»

«Das alte Lied», sagt Schimon leise. «Sich zur Schlachtbank führen und ermorden lassen, dann fährt man mit reiner Seele in die Grube hinab, nicht wahr? Auch du wirst dich früher oder später entscheiden müssen, ob du schießen willst oder erschossen wirst. Ich habe junge Kerle deines Alters sterben sehen. Keine schöne Erfahrung.»

«Wem sagst du das.»

«Genug geredet.» Schimon schlägt sacht mit der Hand auf den Tisch. «Ich bringe dich zu deinem Zelt.»

«Zelt? Was ist mit den Baracken?»

«Speisesaal, Verwaltung und Unterkunft für die ausländischen Freiwilligen.»

«Ich bin Ausländer», zische ich ihn an.

«Ich bringe dich zum Zelt», wiederholt er unbeeindruckt und packt mich am Arm. «Morgen früh um sechs: Antreten zum Appell und zum – wie sagt man bei Preußens – zum Treueid, oder?»

Ich starre auf das Feldbett, das mir zugewiesen wurde, und sehe zwei weitere ordentlich zusammengeklappt an der gegenüberliegenden Wand lehnen. Dazu ein wackliger Kleiderständer, das ist die ganze Einrichtung. Der Boden ist mit Segeltuch ausgelegt. Voller Wut knalle ich mein Gepäck in eine Ecke und werfe mich aufs Bett. Ich bin todmüde, aber zum Schlafen ist es viel zu früh. Nach einer Weile springe ich wieder auf und trete aus dem Zelt. Die Sonne ist immer noch da. Und wie! Ich gehe durch das Wäldchen auf eine der Baracken zu, öffne die Tür, und sofort steht eine junge Frau von ihrem Schreibtisch auf. «Du bist falsch hier», sagt sie auf Englisch. «Zwei Häuser weiter findest du den Speisesaal, im Haus dahinter sind die Duschen und Toiletten. Okay?»

«Und was ist das hier?»

«Das ist ein Office», sagt sie lächelnd und schiebt mich sanft hinaus.

Ich inspiziere den leeren Speisesaal. Noch nie habe ich so lange Bänke und Tische gesehen. Die Durchreiche der Essensausgabe ist verschlossen. Anschließend laufe ich ums Haus herum und werfe einen Blick in die Duschräume. Alles wirkt ein bisschen improvisiert. Aber sehr sauber.

In einiger Entfernung ragt eine Reihe von Zypressen auf. Davor ein niedriger Stacheldrahtzaun. Im Näherkommen erkenne ich die ersten Orangenbäume und nehme deren betörenden Duft in mich auf. Das ist Israel. Ist es den alten Israeliten ähnlich ergangen, als sie von der langen Wüstenwanderung genug hatten und ins Land strömten?

An einem Zaunpfahl ist ein Schild befestigt. Ich versuche, die Worte zu entziffern, die mit roter Farbe daraufgemalt sind. Vergeblich. Die Bäume hängen voller Orangen, Zitronen und Clementinen. Zwischen den langen Baumreihen sind in unregelmäßigen Abständen Früchte zu kleinen Hügeln aufgehäuft, als wäre man bei der Ernte unterbrochen worden.

Vorsichtig drücke ich den oberen Stacheldraht hoch, achte darauf, dass meine Beine nicht den unteren berühren, und gehe langsam auf einen der Hügel zu. Die Früchte sehen noch tadellos aus. Aber meine erste israelische Orange will ich selber pflücken.

Vor einem kleinen, fast wie ein Strauch anmutenden Baum mit riesigen Jaffa-Apfelsinen bleibe ich stehen. Die unteren Äste hängen so voll, dass sie beinahe den Boden berühren. Die reifen Früchte fallen mir entgegen, als ich sie pflücken will. Mein

Hemd, das ich über der Hose trage, wird zur Schürze. Am Zaun lege ich die Orangen behutsam auf den Boden. Dann schlängle ich mich wieder auf die andere Seite hinüber, nehme die Orangen und schlage den Rückweg Richtung Wäldchen ein.

Plötzlich werde ich scharf angerufen. Die können mich mal, denke ich mir, da haben die beiden Männer mich auch schon erreicht. Einer von ihnen schreit wie ein Verrückter. Hilflos stehe ich da und ziehe die Zipfel meines Hemdes noch höher, als wollte ich die Orangen vor ihm schützen. Langsam scheinen sie zu begreifen, dass ich kein Wort verstehe.

«Englisch?», fragt mich der andere. Ich nicke. Er zeigt auf meine Apfelsinen. «Hast du die vom Baum gepflückt?»

«Ja.»

Er wendet sich dem Brüllaffen zu. «So viel Masel kann nur ein Meschuggener haben», sagt er auf Jiddisch.

«Wieso?», frage ich.

«Na fabelhaft. Er versteht unsere Muttersprache. Masel tov, herzlichen Glückwunsch. Hast du die sauber aufgehäuften Hügelchen gesehen?» Er fasst mit beiden Händen nach meinem Kopf. «Unter diesen Hügelchen sind wunderschöne kleine Tretminen vergraben. Nicht unter allen, aber doch unter den meisten. Die hätten dir die Eier abgerissen, wenn du nach ihnen gegriffen hättest. – Den dürfen wir hier nicht mehr allein herummarschieren lassen», sagt er zu seinem Begleiter. «Schimon hätte ihn entweder nicht aus den Augen lassen dürfen oder ihn aufklären müssen.»

Sie nehmen mich in die Mitte und gehen mit mir in Richtung der Zelte. «Die Apfelsinen kannst du behalten. Soweit ich weiß, sind sie nicht vergiftet.»

Ich spüre, wie man mich leicht hochzieht, mir die Wangen tätschelt, in die Nase zwickt, und schaffe es nach und nach, die Augen aufzuschlagen. Ich muss endlos lange geschlafen und nicht einmal mitbekommen haben, wie meine Zeltmitbewohner am Abend ihre Betten richteten. Im Augenblick sind sie damit beschäftigt, sie wieder zusammenzuklappen und ihr Bettzeug sauber zu falten.

Schimons Versuche, mich wach zu kriegen, haben langsam Erfolg. «Lass alles so stehen», sagt er, «das üben wir später. Wasch dein Gesicht und bring deine Haare in Ordnung. Ich erwarte dich vor dem Office.»

«Was gibt's zum Frühstück?» Ich gähne und halte mir etwas verspätet die Hand vor den Mund.

«Das hast du verschlafen.»

«Wie bitte?»

«Raus!», bellt er.

Ich mache, dass ich aus dem Zelt komme. Wart mal ab, bis ich wach bin, Freundchen, denke ich, dann scheppert's.

Am liebsten möchte ich meine Klamotten wechseln. Sie stinken schon nach Schweiß. Es ist lange her, dass ich meine Sachen nachts anbehalten habe. Mutter zog manchmal nicht einmal ihre Stiefel aus, wenn sie Fliegeralarm befürchtete oder eine Aktion der Gestapo.

Vor dem Office steht eine Gruppe junger Leute. Alle noch in Zivil. Und im Waschraum malt sich ein Mädchen die Lippen an. «Schalom», sage ich. Sie schaut kurz auf und schminkt sich wortlos weiter. Ich sehe nur benutzte Handtücher herumliegen und versuche, mir die Hände an meinen Haaren abzutrocknen. Sie malt sich immer noch die Lippen an. Ich halte den Mund unter den Wasserhahn und gurgele laut und ausgiebig. «He!», ruft sie und sagt etwas auf Iwrit, lacht kurz und steckt ihren Lippenstift in die Hemdtasche. Dann verschwindet sie. Ich schaue in den Spiegel, vor dem sie gerade stand. Meine Augen sehen aus wie die eines Kaninchens, klein und rot.

Schimon hört auf zu reden, als ich beim Office ankomme. Dann sagt er etwas, das einige der Leute zum Lachen bringt. Ich weiß sofort, dass er einen Witz über mich gemacht oder jedenfalls etwas Abfälliges gesagt hat. Nach einer kurzen Pause spricht er weiter. Wo haben die Leute bloß ihre Sprachkenntnisse her? Die sind doch auch Neueinwanderer. Es verunsichert einen, wenn alle verstehen, was geredet wird, nur man selber nicht. Das müsste er eigentlich wissen. Er sieht zu mir herüber und winkt mich in die Gruppe hinein. «Na, was ist?», ruft er.

Ich verschränke trotzig die Arme. Nach einer Weile beginnen sie damit, eine Reihe zu bilden. Ein schmächtiger Junge mit mächtig dicken Brillengläsern fasst mich bei der Hand und sagt auf Jiddisch: «Stell dich dazu.»

Sofort richtet sich Schimon an ihn. Der Junge hört ihm zu und nickt. Dann sagt er: «Ich soll mit dir kein Jiddisch, kein Deutsch und kein Englisch sprechen.»

«Na, der wird seine Freude an mir haben», erwidere ich.

Der Kleine kann ein leises Kichern nicht unterdrücken. Plötzlich kommt Schwung in die Sache. Schimon hat ihn etwas gefragt, und der Junge hat geantwortet. Alle sehen mich an, als Schimon langsam auf mich zuschreitet und sich vor mir aufbaut. «Was meinst du damit?»

«Ich meine, dass es mit uns beiden die reine Freude sein wird, wenn du Dinge von mir verlangst, über die ich nicht einmal nachdenken kann, weil ich sie nicht verstehe.»

«Das ist richtig, aber es ist die einzige Möglichkeit für dich, die Sprache zu lernen.»

Dann erklärt er den anderen irgendetwas. Zeigt auf das Pinienwäldchen und lässt sie losmarschieren. Mich hält er zurück. «Du kommst mit ins Office. Man erwartet uns dort.»

Als ich eintrete, erkenne ich sie gleich wieder – im Waschraum hatte ich nicht geschaltet. Der Lippenstift in ihrer Hemdtasche gibt ihrer rechten Brust eine eigenartige Form. Ich nicke ihr zu, aber sie nimmt keine Notiz von mir.

«Setz dich», sagt Schimon und tritt hinter meinen Stuhl.

Ich sitze einem Mann gegenüber, der mir vorher gar nicht aufgefallen war. Wahrscheinlich wegen des Lippenstifts, der mich so fasziniert hat. Und der Mann wird mir auch nicht vorgestellt.

«Du kommst aus Deutschland», sagt er, «warst ein U-Boot und hast deine Mutter in Berlin zurückgelassen. Mehr weiß ich noch nicht von dir.»

«Viel mehr gibt's auch gar nicht zu sagen.»

Schimon versetzt mir einen leichten Hieb auf die Schulter. «Du sprichst mit einem ‹Aluf›, einem Oberst. Merk dir das gleich mal. Und dein Ton gefällt uns beiden nicht.»

Jetzt verliere ich die Beherrschung. Ich fahre hoch und stelle mich so dicht vor Schimon hin, dass ich von seinen Augen nur Zentimeter entfernt bin. «Man beraubt mich hier meiner Freiheit, nimmt mir meinen Ausweis weg und steckt mich in ein Militärlager. Man versucht mir weiszumachen, dass ich urplötzlich ein Israeli bin und mich den Gesetzen des Landes zu unterwerfen habe. Was gibt euch eigentlich das Recht dazu? Ich hasse das Militär, ich hasse Uniformen, Schießprügel, Kanonen und Atombomben! Also, was könnt ihr mit mir anfangen? Ich werde niemals einem Menschen, ob Araber, Jude, Neger oder Lappländer, eine Flinte vor den Bauch halten! Und jetzt brauche ich ein Taxi, das mich zurück nach Haifa bringt.»

Schimon zuckt mit keinem Gesichtsmuskel, packt mich bei den Schultern und drückt mich mit viel Kraft auf den Stuhl. Wieder habe ich den Oberst vor mir, einen Hünen von Mann, der sich bedächtig den Schweiß von der Stirn tupft.

«Und was liebst du?»

«Wie?»

«Bis jetzt weiß ich nur, was du alles hasst.» Sein Jiddisch hat einen ungewohnten Akzent. Es klingt komisch und hat doch Würde.

«Meinen Bruder liebe ich. Seit zehn Jahren habe ich ihn nicht mehr gesehen. Ich habe immer sehr an ihm gehangen. Er hat an mir quasi Vaterstelle vertreten, verstehst du? Vater war häufig krank und musste ins Lungensanatorium. Wegen meines Bruders bin ich überhaupt hier. Allein hier. Sonst wäre ich erst später mit meiner Mutter gekommen. Und eins kann ich euch verraten: Mit meiner Mutter zusammen würde ich heute nicht vor euch sitzen. Ich wäre längst in einem Hotel in Tel Aviv oder Haifa und hätte ein anständiges Frühstück vor mir stehen. Also, wann kriege ich mein Taxi?»

Der Oberst schaut über mich hinweg zu Schimon, dann kann er das Lachen nicht mehr unterdrücken. Hinter mir höre ich eine helle Frauenstimme, die in sein Lachen einfällt. Das kann nur der Lippenstift sein, denke ich und drehe mich nach ihr um. Schimon dreht mich wieder zurück. Er ist der Einzige, der keine Miene verzieht.

«Wenn meine Mutter jetzt hier säße, würdet ihr euch das Lachen verkneifen», sage ich etwas sanfter. «Die ist sogar mit den Nazis fertig geworden.»

Der Oberst wird augenblicklich ernst. «Hör auf damit», sagt er und legt sein Taschentuch auf den Tisch. «Das, was du auf jeden Fall lernen musst, ist Disziplin. Ob im Militär, im Kibbuz oder bei der Jobsuche in der Stadt. In diesem Land ist sie lebenswichtig. Wie dein Frühstück. Lauf in den Speiseraum. Es wird sicher noch was für dich da sein. Anschließend triffst du dich mit Schimon in deinem Zelt. Wir geben dir eine Viertelstunde. Schimon ist übrigens dein Vorgesetzter. Du wirst ihn in Zukunft nur noch mit ‹Seren› anreden. Das bedeutet so viel wie Leutnant. Außerdem wird man ab sofort ausschließlich Iwrit mit dir sprechen. Ist das klar?»

«Klar», sage ich und verlasse den Raum, ohne die Tür hinter mir zu schließen.

Alle Versuche, meine Sachen an die Kleiderstange zu hängen, sind zwecklos, es sind keine Bügel da. Ich packe alles aufs Bett und beschließe, mich später darum zu kümmern. Je länger die Klamotten auf dem Bett liegen bleiben, desto länger habe ich auch das Gefühl, hier nicht Wurzeln schlagen zu müssen.

Kaum bin ich vor das Zelt getreten, taucht Schimon auf.
«Hast du inzwischen gegessen?», fragt er.
«Nichts zu machen. Die haben noch nicht mal die Durchreiche aufgesperrt. Wo sind überhaupt die ganzen Kämpfer gerade?»
«Training, Manöver oder Schießübung. Ich zeige dir jetzt die Anlage. Anschließend kannst du essen und hast den Nachmittag für dich. Morgen früh trittst du dann aber pünktlich zum Appell an.»
«Ohne Treueschwur?»
«Keine Sorge – um den wirst du uns noch bitten. Jetzt komm.»
Wir laufen eine ganze Weile am Zitrushain entlang, dann biegen wir ab auf einen breiten Weg. Links und rechts stehen Baracken und Zelte. Doch alles scheint wie ausgestorben.
«Wer wohnt hier?», erkundige ich mich.
«Chajalim, Soldaten, die schon über ein Jahr lang hier sind. Viele von ihnen haben den Unabhängigkeitskrieg durchgestanden. Streng dich an, dann wohnst du auch bald hier.»
«In den Baracken? Da drin kommt man ja um vor Hitze.»
«Nicht am Abend.»
Ich spüre, dass Schimon kein Wort mehr sprechen möchte als nötig, und ich provoziere ihn von neuem. «Außerdem werde ich mir alle Mühe geben, so schnell wie möglich hier wegzukommen.»
Jetzt platzt Schimon der Kragen. Er bleibt stehen, sieht mich

aber nicht an. «Du bist ein ziemlicher Mistkerl, weißt du das? Man hat deinen Vater umgebracht, wahrscheinlich deine halbe Familie, man gibt dir die Chance, in einem echten Heimatland Fuß zu fassen, in einem jüdischen Staat. Und du? Du führst dich auf wie ein verblödetes Arschloch. Tust so, als ob jedes Land ‹Halleluja!› schreien müsse, nur weil du dort auftauchst. In Wahrheit würde sich kein anderes Land über deine Einwanderung freuen. Selbst heute nicht, nach diesem Ausrottungsversuch. Schlimmer noch: Man hat während des Krieges Schiffe, die mit jüdischen Flüchtlingen vollgepackt waren, wieder nach Deutschland zurückgeschickt. Engländer, Amerikaner, alle waren daran beteiligt. Sogar die Sowjets haben Juden aus dem von ihnen besetzten Polen nach Sibirien abgeschoben. Hier, allein hier, gibt man dir Sicherheit. Hier werden keine wildgewordenen Antisemiten auf dich losgehen.»

«Nur wildgewordene Araber», unterbreche ich ihn. «Und das von allen Seiten.»

Schimons eisig blauer Blick ist mit einem Mal verschwunden. Zweitausend Jahre Trauer sehen mich an. Er nickt langsam und kickt mit der Schuhspitze einen Stein weg. «Ja», sagt er leise. «Aber damit können wir vielleicht fertig werden.» Er geht weiter, ohne darauf zu achten, ob ich ihm folge. «Es ist unsere letzte Chance. Von hier können wir nur noch ins Meer gejagt werden.»

«In New York leben zur Zeit mehr Juden als in Israel», widerspreche ich.

«Aber wie lange noch? Fünfzig Jahre, hundert Jahre? Irgendwann kann auch dort ein Verrückter auftauchen, der die Welt vor uns retten will.»

Das Geknatter von Maschinenpistolen lässt mich abrupt stehenbleiben.

«Schießübungen», sagt Schimon. «Da drüben sind die Schießstände.» Er zeigt kurz in die Richtung, aus der der Lärm kommt. Als wir uns einem der Stände genähert haben, erkenne ich als Ersten den Jungen mit den dicken Brillengläsern. Sie blitzen in der Sonne, und ich zweifle daran, dass er überhaupt etwas sehen kann. «Ein Glück, dass die Araber so schnell die Beine in die Hand genommen haben. Mit dem Haufen hier hätten wir doch keine Chance.»

«Abwarten», meint Schimon. «Los, weiter.»

Wir kommen an einer langen Reihe von Panzern vorbei, die akkurat ausgerichtet sind – ihre Rohre bilden eine exakte Linie.

«Beutefahrzeuge.» Schimon tätschelt einen der Panzer. «Alle ‹very British›.»

«Das alles haben die Araber in der Hand gehabt?», staune ich.

«Die Engländer haben ihre Militärcamps samt Ausrüstung den Arabern überlassen, nachdem sie, auf UNO-Beschluss, abziehen mussten. Vorher haben sie allerdings die Panzer noch an uns verkauft. Ich war dabei, als wir das Camp hier besetzt haben. Eigentlich sollten wir es offiziell von den Briten in Empfang nehmen. Aber die englische Seite hatte heimlich geplant, einen Abend zuvor die Araber ins Camp zu lassen. Wir bekamen noch rechtzeitig Wind von der Sache und schlichen uns bei Einbruch der Dunkelheit hinein. Unsere Jungs sind die Palmen hochgeklettert und verbrachten fast die ganze Nacht dort oben. Gegen zwei Uhr morgens sind die Engländer abgezogen und haben den Arabern alles übergeben. Die Jungs auf den Palmen warteten ab, bis die Engländer weit genug weg waren, und sind dann zum Angriff übergegangen. Kannst du dir vorstellen, wie den Arabern zumute war, als sie plötzlich vom Himmel herunter beschossen wurden? Sie ließen alles stehen und liegen und rannten der heranrückenden Hagana in die Arme. Die Panzer sind in erstklassigem Zustand. Und in den Schuppen lagern wir noch eine Menge Feldhaubitzen und Granatwerfer. Alle Waffen sind hervorragend gepflegt. Mit denen werden wir üben.»

«Ich nicht.»

Schimon tut so, als habe er das nicht gehört. Inzwischen sind wir wieder vor dem Eingang des Office angekommen.

«Du weißt ja, wo der Speisesaal ist. Morgen früh bist du pünktlich hier auf dem Platz. Um 6.30 Uhr ist Appell, danach Frühstück, und dann geht's zum Einkleiden.» Damit lässt er mich stehen und verschwindet im Büro.

Am nächsten Morgen – meine Zeltgenossen sind schon wieder weg – mache ich mich erst mal auf zum Waschraum. Insgeheim hoffe ich, meinen Lippenstift dort wieder zu treffen. Stattdessen höre ich aus den Duschkabinen nur unverständliches Gegröle, während sich einige der Neuankömmlinge neben mir hingebungsvoll die Zähne schrubben.

Frisch gewaschen und geputzt, schlendre ich zum Speisesaal hinüber. Kaum habe ich mich hingesetzt, meinen dick mit Butter bestrichenen Bagel und eine halbe Grapefruit vor mir, wird mir die Kaffeetasse aus der Hand genommen und auf den Tisch geknallt. Schimon sieht mich mit zornigen Augen an. «Steh auf!», sagt er knapp. Zum ersten Mal ahne ich, wozu er fähig sein könnte, und folge ihm ohne Widerspruch. Er hat überhaupt kein Recht, mich so zu behandeln, denke ich, behalte meine Wut aber für mich. Ich gebe zu, ich habe Angst vor ihm. Wenn man ihn so sieht, könnte man meinen, man habe einen Killer vor sich.

«Du hättest vor einer halben Stunde hier erscheinen sollen», sagt er und bleibt auf dem Platz vor dem Office stehen. «Vorwärts jetzt. Zum Einkleiden. Danach trittst du an zum Strafexerzieren!»

Im Kleiderschuppen hängen Unmengen von Khakihemden und -hosen. Unter den Ausgabetischen stehen schwarze und braune Militärstiefel amerikanischer Herkunft herum. Jemand hinter der Theke fragt mich etwas, und ich verstehe kein Wort.

«Welche Kleidergröße?», übersetzt Schimon.

«Keine Ahnung.»

Schimon übersetzt wieder. Der von der Kleiderausgabe nickt, dann will er noch was wissen.

«Welche Schuhgröße?», sagt Schimon.

«43. Nach deutschem Maß natürlich.»

Auch das gibt Schimon weiter. Der andere stellt ein Paar braune amerikanische Schnürstiefel vor mir auf den Tisch. Dann taxiert er mich eine ganze Weile, geht entschlossen auf den Kleiderständer zu, greift sich zwei Hemden, schiebt die Bügel, über denen die Hosen hängen, nach rechts und links, um schließlich einen hervorzuziehen. Unter der Theke holt er einen Stoß Unterwäsche hervor und wirft mir alles auf den Tisch. Wortlos packt Schimon die Sachen, drückt sie mir in die Arme und stellt die Stiefel obendrauf.

«Vorwärts! In dein Zelt! In zehn Minuten bist du umgezogen!» Schon marschiert er wieder vor mir her.

«Und wenn ich mich weigere?», keuche ich, weil er ein ziemliches Tempo vorlegt.

«Dann wirst du in verschwitzten Klamotten rumlaufen, bis dir von deinem eigenen Gestank schlecht wird.»

Im Grunde bin ich froh, meine alten Sachen endlich vom Körper zu haben. Die Uniform passt wie angegossen. Nur die Schuhe sind etwas zu groß. Aber wenn ich vorne ein bisschen Zeitungspapier hineinstopfe ... wie blöd bist du eigentlich!, sage ich zu mir selbst. Du akzeptierst ja schon, was die dir hier aufdrängen wollen! Nichts da, du wirst dich jetzt beschweren!

Mit den Stiefeln in der Hand trete ich aus dem Zelt und sehe zwei Kerle vor mir stehen: Der Einkleider hat eine dicke Uniformjacke über dem Arm und einen englischen Stahlhelm in der Hand, Schimon trägt einen schweren Karabiner älterer Bauart, einen Militärtornister und einen Gurt mit Patronentaschen.

«Zieh das an!», sagt der Einkleider und hält mir die dicke Jacke hin.

«Zu heiß», gebe ich kleinlaut zurück.

«Zieh das an», mischt sich Schimon ein. «Und zwar ein bisschen plötzlich!» Dabei rammt er den Gewehrkolben dicht vor mir in den Sand. Stumm schlüpfe ich in die Jacke, die mir noch immer hingehalten wird.

«Den Stahlhelm aufsetzen!», befiehlt er.

«So was habe ich noch nie getragen», sage ich und versuche, mir die flache Schüssel über die Haare zu stülpen. «Außerdem ist er zu groß.»

«Kinnriemen runter und festziehen», schnauzt Schimon ungerührt. Als ich fertig bin, brüllt er: «Links um!»

Vor Schreck drehe ich mich nach rechts.

«Links!», brüllt er wieder, und ich spüre einen leichten Druck im Rücken. Das muss der Gewehrlauf sein, denke ich entsetzt. Ist der Kerl verrückt geworden?

«Vorwärts!», brüllt er noch einmal, und der Druck verstärkt sich.

Ich marschiere los. Erst auf den Zitrushain zu, dann, nach einem «Rechts um!», am Stacheldraht entlang. Etliche Minuten später erreichen wir den Rand der Wüste. «Rechts um!», brüllt Schimon erneut. Stolpernd mache ich mich auf den Weg, stoße dauernd an Steine, wirble den Sand auf und bleibe schließlich missmutig stehen. «Was soll das?», versuche ich zu protestieren. Der Gewehrlauf bohrt sich stärker in meinen Rücken.

«Weiter!», befiehlt Schimon. «Pass auf die Steine auf. Darunter liegen oft Skorpione. Wenn die stechen, kann das verdammt wehtun. Sie klettern besonders gern an Schnürstiefeln hoch und suchen die menschliche Wärme. An den Waden zum Beispiel.»

Er schiebt mich wieder vor sich her, und ich übertreibe, indem ich mich einfach nach vorn fallen lasse.

Der Helm hängt mir im Nacken, der Kinnriemen würgt mich, und auf meiner Stirn bildet sich wahrscheinlich gerade eine dicke Beule. Ich werde auf den Rücken gedreht. Der Einkleider nestelt an meinem Kinnriemen. Ich schnaufe hörbar und blicke zu Schimon hoch. Er hält seinen Daumen, den er mir in den Rücken gebohrt hat, noch immer nach vorn gestreckt. Das Gewehr baumelt über seiner Schulter, mit dem Lauf nach unten.

Ich spüre Sand im Mund und fange wüst zu spucken an. Der Einkleider fährt zurück. Anscheinend hält er das für einen Weinkrampf. «Du hast ihm wehgetan», raunzt er auf Jiddisch. «Du hast ihn verletzt. Sieh dir mal seine Stirn an.» Vorsichtig beugt er sich wieder zu mir runter. «Vielleicht hast du ihm sogar das Nasenbein gebrochen.»

Ich nicke und fange an zu stöhnen.

«Unsinn. Ich habe ihn kaum berührt», verteidigt sich Schimon. «Los, steh auf und stell dich nicht so an!»

Jetzt erst nehme ich einen dritten Mann wahr, der sich uns irgendwann angeschlossen haben muss. Er trägt das übliche Khakihemd, Shorts derselben Farbe und Sandalen.

«Direkt vor dir hockt ein Skorpion», sage ich und zeige auf seine Füße, «ein knallroter.»

Der Mann verzieht keine Miene. Sein Schnurrbart hängt an den Mundwinkeln herunter und lässt ihn todtraurig aussehen. Die pechschwarzen Augen scheinen keine Pupillen zu haben.

«Es gibt nur schwarze und gelbe», sagt Schimon, und der Einkleider steht auf. Er hat meinen Stahlhelm in der Hand und stellt sich neben Schimon. Ich betrachte die graue Decke und den Stock, den der Schnauzbart in Händen hält. «Willst du damit auf mich einprügeln?», rufe ich. «Hier muss man ja auf alles gefasst sein.»

«Er versteht dein Jeckedeutsch nicht», antwortet Schimon statt seiner. «Lass dein dummes Geschwätz und komm weiter.»

Nachdem wir noch etwa zehn Minuten weitergelaufen sind, werde ich aufgefordert, strammzustehen. Schimon hängt mir den schweren Karabiner quer über die Brust, der Einkleider setzt mir den Helm wieder auf und bindet mir den Kinnriemen fest.

«Wozu soll das gut sein?», frage ich Schimon.

«Rühr dich nicht», antwortet er. «Das gehört zum Strafexerzieren. Du kannst jederzeit abbrechen, wenn du dem Kameraden hier sagst, dass du mit mir reden willst.»

Der Schnauzbart hat inzwischen ein paar Meter weiter den Stock in den Boden gerammt, die Decke darüber geworfen und ihre Zipfel so mit Steinen und Sand beschwert, dass ein improvisiertes Zelt entstanden ist. Wir sehen ihm zu, wie er seine dick gefüllte Leinentasche hineinstellt und es sich im Schatten bequem macht.

«Du willst mich also in dieser Mordshitze braten lassen. Du weißt, dass man so was Körperverletzung nennt?»

Schimon zieht die Schultern hoch. «Wen interessiert das?»

«Mich und meine hiesigen Verwandten, du verdammter Mistkerl. Sie werden Anwälte auf dich hetzen.»

«Ich werd's überleben.» Er wendet sich an den Schnauzbärtigen und befiehlt ihm etwas auf Hebräisch. Dann sagt er zu mir: «Falls du den Helm oder das Gewehr absetzt, hat er Order, dich an Händen und Füßen zu fesseln. Mach also keinen Ärger. Ich bin gespannt, wie lange du durchhältst.» Damit gibt er dem Einkleider ein Zeichen, und beide treten den Rückweg an.

«Ich werde durchhalten! Das versichere ich dir! Und meinen Sonnenstich wirst du zu verantworten haben!»

Unter dem Helm ist es heiß wie in einem Backrohr. Der Schweiß fängt an, mir die Beine herunterzulaufen. Das kitzelt unerträglich, aber wenn ich mich rühren will, schaut der Schnauzbärtige sofort hoch. Irgendwann, es muss schon später Nachmittag sein, steht er auf und kommt mit einer Wasserflasche auf mich zu. Er hält sie mir hin, ich schlage sie ihm aus der Hand. Gleichmütig hebt er sie auf, öffnet sie und nimmt einen großen Schluck. Er schraubt den Deckel zu und verkriecht sich wieder in sein Zelt. Bis dahin hat er immer vor sich hin gesehen. Jetzt starrt er mich an. Er lässt kein Auge von mir.

Anfangs drehe ich den Kopf weg und versuche, mich abzulenken. Krame in Erinnerungen, denke an Mutter oder stelle mir vor, wie mein Bruder heute aussehen könnte.

Adolf. Er heißt Adolf. Was hat sich mein Vater bloß dabei gedacht? Hitler war doch zur Zeit seiner Geburt schon längst kein Unbekannter mehr. Sollte das eine Art Integration sein, eine Art Anpassung? Bis zum heutigen Tag ist es mir ein Rätsel, weshalb mein Vater sich einen so bösen Witz mit seinem Erstgeborenen erlaubt hat.

Langsam drehe ich meinen Kopf wieder dem Schnauzbärtigen zu. Nur keine schnellen Bewegungen. Das würde mich von den Beinen hauen. Ich starre zurück. Wir verkrampfen unsere Blicke richtiggehend ineinander.

Plötzlich steht er auf und wendet sich ab. Er schlägt die Hände gegen seine Schultern, um sich aufzuwärmen. Ich habe gar nicht gemerkt, wie kühl es geworden ist – vor Kälte habe ich angefangen zu zittern. Der Schnauzbart bietet mir wieder die Flasche an. Ich verneine und stampfe mit den Füßen auf den Boden, während er den Sonnenuntergang betrachtet.

Dann, wie aus dem Boden gewachsen, steht Schimon vor uns. Er fordert uns auf, mit ihm zu kommen. Der Schnauzbart packt in aller Ruhe seine Sachen zusammen, und wir trotten hinter Schimon her, der uns direkt und ohne jedes weitere Wort zum Speisesaal bringt.

Vor dem Höllenlärm, der darin herrscht, weiche ich zurück, doch Schimon schiebt mich hinein, und ich lasse mich auf einen freien Platz fallen. Das Essen nehme ich gar nicht mehr wahr. Nur den Orangensaft, den man mir hinstellt, trinke ich hastig aus. Ich weiß nicht, wer mir immer wieder nachgießt, aber nach dem vierten oder fünften Becher stehe ich auf, greife nach meinen Klamotten, setze den Stahlhelm auf und suche den Ausgang. Hinter mir höre ich leises Gelächter.

Im Morgengrauen werde ich wieder hochgejagt, trotte noch halb im Schlaf neben Schimon her zur Dusche, muss dort meine Uniform ordentlich auf einem Schemel falten und die Stiefel darunterstellen. Dreimal wirft Schimon die Sachen wieder auf den Boden. Ich muss sie jedes Mal von neuem zusammenlegen und so stapeln, dass sie exakt mit der Schemelkante abschließen. Nach nochmaligem Prüfen lässt er es schließlich gut sein.

Das Wasser ist ziemlich kalt. Aber es erfrischt, und langsam werde ich wach. Obwohl Schimon auf den Fingern pfeift und zur Eile drängt, lasse ich mir Zeit, und nach einem kurzen Frühstück im Speisesaal geht es wieder zum Strafexerzieren.

Derselbe Platz, dieselbe Sonne. Als wir ankommen, sehe ich, dass der Schnauzbart sein Deckenzelt bereits aufgebaut hat. Er scheint früh auf den Beinen gewesen zu sein. Bevor Schimon uns verlässt, rät er mir, so viel wie möglich zu trinken.

«Hier? Keinen Schluck!», erwidere ich.

«Musst du aber. Sonst klappst du zusammen.»

«Dein Problem», bocke ich weiter.

«Die kleine Kiste da ist ein tragbarer Frigidaire. Mit einer Menge Flaschen drin. Wenn du nicht trinkst, kannst du irgendwann gar nicht so schnell kotzen, wie dir schlecht wird.»

«Dein Problem», wiederhole ich stur.

«Na schön.» Er zuckt mit den Achseln. «Dann bis zum Abend!»

Ich ahne, dass es diesmal schwerer wird, und versuche wieder, mir meinen Bruder vorzustellen. Er wäre beinahe noch in Chemnitz eingeschult worden, wenn Vater sich nicht ein halbes Jahr vorher entschlossen hätte, nach Berlin umzuziehen. Jedenfalls hat er mächtig gesächselt und in Berlin darunter zu leiden gehabt. Außerdem war er ungeheuer lang und dürr. Jedes Wochenende stellte er sich an den Türrahmen des Badezimmers und zog mit dem Bleistift über seinem Scheitel einen Strich auf das Holz. Er fürchtete sich davor, weiter zu wachsen. «Darer Dronczіak!» haben ihn meine Cousins genannt, was so viel heißt wie «dürres Gerippe». Wenn ich heute an ihn denke, sehe ich ein vierzehnjähriges, sehr erwachsen wirkendes Jungengesicht vor mir. Ob er noch länger geworden ist? Wenn ja, was wäre, wenn es keinen Krieg gegeben hätte und wir nach wie vor in der Elberfelder Straße wohnen würden – könnte er dort nur noch gebückt durch die Zimmer schleichen?

Die Schwitzerei macht mich ganz krank, und ich fühle, wie meine Lippen aufspringen.

Wenn Vater auf Mutter gehört hätte, wären wir heute alle in Schanghai, und ich käme wahrscheinlich noch ärger ins Schwitzen als hier. Der Schweiß läuft mir in Strömen herunter und kitzelt mich wieder unerträglich. Ich bin überzeugt, Schnauzbart würde keinen Finger rühren, wenn ich mich kratzte, aber ich habe meinen Stolz und versuche, mich weiter abzulenken.

Ob man inzwischen in Berlin die Lebensmittelkarten abgeschafft hat? Lona würde sicher noch fetter werden, wenn sie zulangen könnte, wie sie wollte. Die Dimitrieff würde ihre Zigarettenspitze gar nicht mehr aus dem Mundwinkel kriegen, und Martchen wäre vielleicht nicht elend an Leberkrebs gestorben, wenn sie sich nur gesünder hätte ernähren können.

So muss es sein, wenn man eine Brille braucht. Wenn ich zum Horizont schaue, kann ich alles klar erkennen, aber vom Schnauzbart sehe ich nur die Haare auf dem Kopf und die unter der Nase.

Ich bin wohl im Stehen eingeschlafen und wache auf, weil er mir den Helm abnimmt, eine ganze Flasche Wasser über meinem Schädel ausschüttet und mir anschließend den Helm wieder aufsetzt.

Jetzt tritt Schimon ins Bild. Aus den Augenwinkeln sehe ich, wie Schnauzbart langsam den Kopf schüttelt.

«Wie spät ist es?», frage ich.

Schimon kommt ganz dicht an mich heran und hält sein Ohr an meinen Mund.

«Wie spät ist es?», schreie ich.

«Zeit zum Teetrinken», sagt er und nimmt mir den Helm wieder ab.

Mitten in der Nacht wache ich auf und brülle wie ein Stier. Meine Mitbewohner stürzen sich auf mich, einer hält mir den Mund zu. «Wo bin ich?», flüstere ich, als er nach einer Weile seine Hand wegnimmt.

Er hebt die Hände zum Zeichen, dass er mich nicht versteht. Ich richte mich auf, betaste mein Feldbett und lasse mich zurückfallen. Kaum bin ich wieder weggedöst, schüttelt mich jemand. Mühsam öffne ich die Augen und sehe Schimons Nase dicht über meiner.

«Morgen kannst du ausschlafen», verkündet er leise.

Das habe ich bis heute nicht vergessen.

Sie kriegen mich nicht klein, denke ich triumphierend, während ich am nächsten Tag beim Mittagessen sitze. Ich habe lange genug geschlafen, und vor mir stehen zwei leergetrunkene Wasserflaschen.

Um mich herum herrscht reges Treiben, aber niemand spricht mich an. Man setzt sich neben mich, räumt nach kurzer Zeit sein Essgeschirr wieder weg, verschwindet, andere rücken nach. Interessiert höre ich ihnen zu. Das Hebräisch, das ich in Europa gelernt habe, hat nur wenig Ähnlichkeit mit dem ihren. Hier klingt es viel kraftvoller, selbstbewusster. Dennoch beginne ich, manche Worte wiederzuerkennen. Vor allem an den Konsonanten.

Nachdem ich Teller, Besteck und Flaschen aufs Tablett gestellt und es durch die Durchreiche in Richtung Küche geschoben habe, trete ich auf den Vorplatz hinaus und drücke mich an die Hauswand, um noch ein bisschen Schatten abzubekommen. Auf den Holztreppen sitzen Soldaten in Grüppchen zusammen und rauchen. Die Sonne scheint ihnen überhaupt nichts auszumachen. Ich schnuppere. «Navy Cuts». Der süßliche Geruch des Tabaks mischt sich mit dem betäubenden Geruch des Zitrushains, den ein leichter Wind herüberweht. Ich kann nicht genug davon bekommen.

«Den Wind hätten wir gestern gebrauchen können», sagt jemand neben mir auf Jiddisch. Beinahe hätte ich Schnauzbart nicht wiedererkannt. Er trägt einen pinkfarbenen Leinenanzug und hat eine Krawatte umgebunden. «Zwei Wochen noch.» Er macht eine Handbewegung, als wolle er wegfliegen. «Dann bin ich raus aus dem Militär und kann anfangen zu arbeiten.»

«Woher kommt dieser Geruch?», frage ich.

Er nimmt einen tiefen Zug aus seiner «Navy Cut». «Das sind unsere Jaffas. Die riechen nach was ganz Besonderem. Und wenn sich das mit dem Duft der Zypressen vermischt, ist das wie Hasch.»

«Nimmst du Hasch?», will ich wissen.

«Ich hab's mal probiert. Bei den Arabern.»

«Und?»

«Jaffa-Apfelsinen vertrage ich auf Dauer besser.» Er tritt seine Zigarette auf dem Boden aus. «Kann ich was für dich mitnehmen? Briefe?»

«Wo fährst du denn hin?»

«Nach Tel Aviv.»

«Nein danke.»

Unvermittelt tritt er dicht an mich heran. «Sei nicht kindisch. Die können dich doch gar nicht anders behandeln. Was sollen sie denn tun? Du bist staatenlos. Zurückschicken dürfen sie dich nicht, denn du bist Jude. Jeder von uns hat ein Anrecht auf einen Wohnsitz und die Staatsbürgerschaft hier.»

«Und wenn man schon eine andere hat?»

«Hast du aber nicht.»

«Wenn ich das bloß alles vorher gewusst hätte.»

«Wärst du dann etwa nicht gekommen?» Er starrt mich eindringlich an. «Na?»

Ich ziehe unschlüssig die Schultern hoch. Er wendet sich zum Gehen. «Was machst du denn in Tel Aviv?», rufe ich ihm nach. Er dreht sich um und läuft rückwärts weiter.

«Mich vorstellen. Für einen Job», ruft er zurück. Dann ist er im Pinienwäldchen verschwunden.

Am Abend sitze ich wieder vor Schimon und dem Oberst im Büro. Nachdem ich ihnen klargemacht habe, dass ich mich nicht zum aktiven Militärdienst überreden lassen werde, und sie sich nicht bereit erklären wollen, mir eine Extrawurst zu braten, fordert mich Schimon auf, ihm zu folgen. Er werde mich in mein neues Quartier bringen.

Anschließend gehen wir stumm nebeneinanderher. Diesmal biegen wir am Stacheldraht links ab. Vor ein paar kleineren Baracken bleibt er stehen. Einige sehen aus wie Klohäuschen. Er öffnet eines von ihnen und macht eine einladende Geste. «Hier wirst du Zeit und Ruhe haben, noch einmal über deine Lage nachzudenken.»

Ich bin wie betäubt und trete automatisch hinein. Er schlägt die Tür hinter mir zu, und ich höre, wie er draußen ein Vorhängeschloss anbringt.

Nach einer Weile werfe ich mich gegen die Tür, trommle mit den Fäusten dagegen und schreie los: «Ihr kriegt mich nicht klein. Das haben schon ganz andere versucht.» Dann fange ich vor lauter Hilflosigkeit und Wut an zu heulen.

Spät am Abend werden mir eine dicke Wolldecke, zwei belegte Brote und eine Wasserflasche hereingereicht. Von wem, ist in der Dunkelheit nicht zu erkennen. Ich sehe nur einen riesigen Schatten, der die ganze Türöffnung ausfüllt.

Mir ist weiß Gott nicht nach Essen zumute. Ich wickle mich in die Decke ein und versuche, auf dem harten Holzboden zu schlafen. Irgendwann muss ich trotz der Kälte weggedämmert sein, denn ich blinzle durch die offene Tür in helles Tageslicht, und der vertraute Zypressen-Jaffa-Navy-Cut-Duft steigt mir in die Nase.

«He, Schnauzbart», sage ich.

«Ich heiße Markus», entgegnet er ruhig. «Du hast nichts angerührt, wie ich sehe.»

Ich antworte nicht, stehe auf und lege meine Decke sorgfältig zusammen. Er schaut mir geduldig zu.

«Hast du dich schon mal untersuchen lassen?», fragt er.

«Mir fehlt nichts.»

«Ich meine, im Kopf. Hast du dich schon mal am Kopf untersuchen lassen?»

«Das war bislang nie nötig.»

«Ich denke, du bist total verrückt», erwidert er und stellt ein Tablett vor mich hin. «Die Brote von gestern Abend nehme ich mit, die Wasserflasche lasse ich da. Und hier ist auch noch eine zweite. Du wirst sie nötig haben.»

Er verschwindet. Das Vorhängeschloss schnappt zu. Nur ruhig bleiben, sage ich mir.

Gegen Mittag fängt mein Magen gefährlich zu knurren an. Der Anblick der gezuckerten Grapefruithälften und der dick mit Butter bestrichenen Bagel lässt mich innerlich aufjaulen. Aber ich halte durch.

Am frühen Nachmittag schiebt mir ein riesiger fremder Kerl ein großes Tablett hinein, von dem aus mich ein ganzes Menü anlacht. Mir läuft das Wasser im Mund zusammen: Vorspeise – Hummus. Hauptgang – Mazzeklößchen mit Hähnchenkeule. Nachspeise – Ananaskompott.

Ich setze mich mit der Stirn zur Wand in die Ecke und beginne, mit dem Kopf leicht gegen die Bretter zu schlagen. Den Rhythmus durchhalten. Nicht ohnmächtig werden. Und vor allem: das Tablett ignorieren.

Gegen Abend dröhnt mein Magen derart laut, dass ich kein anderes Geräusch mehr wahrnehme. Schnauzbart räumt das kalt gewordene Essen weg und stellt mir eine wundervoll duftende Schüssel voll Grießbrei auf den Boden, nachdem er sie, wie unabsichtlich, direkt an meiner Nase vorbeigeführt hat. Aber über die ärgsten Versuchungen bin ich hinweg.

Am darauffolgenden Morgen stehen Markus und Schimon im Türrahmen. Schimons Gesicht ist eine einzige Sorgenfalte. Ich will mich aufrichten und spüre, dass ich dazu gar nicht mehr in der Lage bin. Schimon fängt an, weich zu werden, stelle ich fest. Mich werden die nicht kleinkriegen.

Zu meiner Überraschung glaube ich zu verstehen, was Markus Schimon zuflüstert. «Wir müssen einen Arzt rufen», wiederholt er immer wieder. Spricht er jiddisch, oder ist das etwa Iwrit? Es fällt mir schwer, die Augen offen zu halten. In meinem Magen hat es endlich aufgehört zu brennen. Schimon meint skeptisch, ich spiele vielleicht nur Theater, und fordert Markus auf, mir das Frühstück hineinzustellen. «Heute Abend werden wir weitersehen.» Dann schlägt er die Tür zu, ich höre das Vorhängeschloss einrasten und bin wieder allein.

Tief in der Nacht kniet auf einmal Markus vor mir. Sein Bart kitzelt an meiner Nase. Ein feuchtes Tuch fährt über mein Gesicht. Ich spüre eine Flaschenöffnung an meinem Mund und trinke. Plötzlich ist mir, als würde mein Magen explodieren. Ich stoße die Wasserflasche weg und krümme mich zusammen, um den Schmerz zu stoppen. Es nützt nichts.

«Das Wasser ist ja pures Gift!», rufe ich, aber Markus nähert sich wieder mit dem Flaschenhals. Ich presse die Lippen aufeinander und lasse geschehen, dass er mein ganzes Gesicht überschwemmt. Wenigstens ein paar Tropfen werden ihren Weg schon finden, sagt er sich wahrscheinlich. Langsam beruhigen sich meine Eingeweide.

Schnauzbart hat längst das Weite gesucht. Und ich bin wieder auf dem Schiff. Der Seegang ist durchaus erträglich. Wirkt beinahe einschläfernd. Amüsiert sehe ich mich auf Hotzes Terrasse in Kaulsdorf. Die Russen schleppen ganze Körbe voller Süßkirschen heran. Ich liege auf der durchgesessenen Couch und spucke Kirschkerne durchs offene Fenster, während ich versuche, ein Versdrama über Yorrick, den Narren im «Hamlet», zu schreiben. Im Stile Shakespeares natürlich. Ich halte das Versmaß genau ein und weiß von vornherein, dass ich nur Mist zustande bringen werde.

Leise Stimmen kommen näher. Hotze? Mutter? Martchen? Nicht nachdenken, sage ich mir. Nicht die Augen aufmachen. Es sind die verfluchten Mücken. Ausgerechnet in den Hintern. Ich habe doch Hosen an. Oder nicht? Liege ich hier etwa nackt herum?

Ich fahre hoch und sehe einen Weißkittel mit triefender Spritze vor mir. «Nichts Schädliches», beruhigt er mich auf Deutsch. Dann tritt Schimon neben ihn.

«Du warst fast vier Tage und Nächte weggetreten. Hast dich tapfer geschlagen. Wenn du aus dem Lazarett raus bist, müssen wir reden.»

Ich drehe mich demonstrativ auf die andere Seite.

«Du wirst vielleicht der Tachbura zugeteilt.» Er beugt sich über mich. «Dein Freund Äddi Fichtmann hat dort schon alles im Griff. Nachschub und Verkehr», sagt er und fährt mir mit der Hand über die Haare.

Markus setzt sich auf mein Bett und tippt mit dem Finger an seine Stirn. «Du hast eine schwere Macke, weißt du das?»

«Wie war's in Tel Aviv?», frage ich. Meine Stimme hört sich völlig fremd an.

«Ich habe den Job. Nächste Woche fange ich an. In einem arabischen Restaurant in Jaffa.»

«Wer hat denn nun die Macke von uns beiden?»

«Kein Quatsch. Ich mache den besten Hummus im Land, und meine Brotfladen sind so hauchdünn, dass du fast durchgucken kannst. Na, wie fühlst du dich?»

«Beinah großartig», antworte ich und muss wie verrückt husten.

«Es hat dich ganz schön erwischt. Und weißt du, was dich so umgehauen hat? Dass du nichts getrunken hast, du Wahnsinniger.»

«Wie hätte ich mich denn sonst wehren sollen? Nur dadurch, dass ich das Trinken verweigert habe, konnte ich Schimon Angst einjagen. Außerdem wollte er mich ja in Ketten legen lassen, wenn ich mich bewege.»

«Das war ein Witz.»

«Und du hast jedes Mal sofort herübergeschaut, wenn ich versucht habe, mich zu kratzen.»

«Das war auch ein Witz. Du kennst eben den jüdischen Humor nicht, du Blödmann.» Markus erzählt mir, Schimon sei gerade da gewesen, um sich bei mir zu entschuldigen, aber ich hätte geschlafen und ihm nur den Hintern zugedreht. Außerdem habe Schimon sich verabschieden wollen. Er sei versetzt worden.

Ich sehe ihn ungläubig an, und er nickt, wie zur Bestätigung. «Er hat von dir als einem ‹harten Hund› gesprochen. Der einzige Deutsche, der ihm jemals Respekt abgerungen hätte. Jetzt hör endlich auf, den Beleidigten zu spielen. Morgen bringen sie dich zu einem Arzt nach Tel Aviv. Einem Lungenspezialisten. Deine Bellerei macht ja den ganzen Saal verrückt.» Markus steht auf und gibt mir die Hand. Dann greift er in seine Hemdtasche und zieht einen Zettel heraus. «Wenn du wieder in Ordnung bist, besuch mich in Jaffa. Das Lokal wird dir gefallen.» Er legt den Zettel auf die Bettdecke. «Bis demnächst», sagt er und winkt mir noch einmal, bevor er den Krankensaal verlässt.

Kurz vor dem Abendessen wache ich wieder auf und sehe Äddi Fichtmann in einem bequemen Lehnstuhl neben meinem Bett sitzen. «Du machst vielleicht Sachen», meint er und klappt das Buch zu, in dem er geblättert hat.

«Hättest dich auch früher melden können», meckere ich und bin glücklich wie lange nicht mehr.

«Es gab ein paar Schwierigkeiten, aber das scheint bei dir ja nicht anders gewesen zu sein. Ich bin Boss im Bereich Lkw-Betreuung in Ramat Gan bei Tel Aviv, zuständig für sieben Lastwagen englischer Bauart und für Ersatzzeile aller Art.»

«Welche Schwierigkeiten meinst du?», frage ich.

«Nicht der Rede wert. Am Anfang gab's Probleme mit den Stiefeln. Ich wollte weiter meine eigenen Schuhe tragen, aber darauf wollten sie unter keinen Umständen eingehen. Ich habe alle Stiefel anprobiert, die sie hatten – kein einziges Paar passte.

Das, was ich schließlich nehmen musste, war immer noch viel zu groß. Die Einheimischen hier müssen riesige Füße haben.» Er schlägt meine Bettdecke zurück und schaut sich meine an. «Na ja», sagt er anerkennend. «Wenn man auch vierzig Jahre lang ununterbrochen durch die Wüste läuft.»

Ich will nach ihm treten, aber da schnellt er behände zurück und sitzt gleich wieder mit übereinandergeschlagenen Beinen in seinem Lehnstuhl.

«Und weiter?» Ich taxiere seine Füße und die zierlichen braunen Springerstiefel.

«Die habe ich mir in Haifa anfertigen lassen. Bei einem Schuster aus Budapest. Ein Kerl wie Methusalem. Sah aus, als könne er keine Ahle mehr in der Hand halten. Ist eine geschlagene Stunde auf dem Boden um mich herumgekrochen und hat gemessen.» Er streckt seine Beine in die Luft. «Eine Meisterarbeit, stimmt's?»

Ich drücke prüfend an den weichen Schäften herum. «Und eine tolle Qualität», gebe ich neidlos zu.

«Aber bis es dazu kam, mein Lieber. Ich bin drei Tage lang in den viel zu großen Botten rumgelaufen, hab Zeitungspapier hineingestopft und mir die Zehen blutig gerieben. Denkst du, die hätten mir die passende Größe besorgt? Obwohl sie es mir versprochen hatten. Nachdem ich weiß der Himmel wie viele Male nachgefragt hatte, verlor man in der Kleiderkammer die Geduld. Der Staat habe kein Geld für Extraanfertigungen. Es sei schließlich meine Schuld, dass ich so winzige Treter hätte und überhaupt so klein geraten sei. Ein junger Kerl hinter dem Tresen sagte zu mir, mein Vater hätte sich eben mehr Mühe geben müssen.»

Ich ziehe mir blitzschnell die Decke über den Kopf, doch er reißt sie mir genauso schnell wieder weg.

«Wenn du jetzt lachst, kannst du was erleben!»

«Ich bin krank!», versuche ich zu schreien, aber ich kiekse wie im Stimmbruch, und Äddi setzt sich wieder hin.

45

«Mit der Stimme kannst du auftreten.»

«Was weiter?», krächze ich.

«Nichts weiter. Ich habe ihn bloß ein bisschen über den Tresen gezogen und seinen Kopf ein paarmal auf die Platte gedrückt. Zum Glück gab es einen Zeugen, der ausgesagt hat, dass mich der Kerl beleidigt hat. Er ist auch schon nach einem Tag wieder aus dem Spital entlassen worden. Mir hat man erzählt, er hätte eine Gehirnerschütterung gehabt, aber ich glaube, der hat nur simuliert.»

«Du Arsch», sage ich, «so geht man mit uns Juden nicht um.»

«Wer solche Sprüche klopft, der muss damit rechnen.»

«Ich werde morgen nach Tel Aviv zu einem Arzt gebracht», sage ich unvermittelt. «Ich glaube, ich hab's an der Lunge.»

«Mach keinen Scheiß», ruft Ädi und setzt sich kerzengerade hin.

«Ich huste wie ein Schwindsüchtiger. Kurz nach dem Krieg hatte ich einen Blutsturz. Damals haben sie eine Lungenspitzentuberkulose diagnostiziert.»

«Na, fabelhaft. Und warum hast du das nicht gleich bei unserer Ankunft im Hafen gesagt?» Ädi rückt mit seinem Stuhl noch ein Stückchen näher an mein Bett heran. «Du bist ein echter Volltrottel, weißt du das?»

«Ich bin längst wieder gesund. Hat jedenfalls Dr. Cohen vom Jüdischen Krankenhaus in Berlin gesagt. Da habe ich drei Wochen lang rumgelegen und jeden Morgen meine Kalziumspritze bekommen. Bis mich ein russischer Offizier heimlich in eine Opernpremiere mitgenommen hat. ‹Parsifal›. Das hat über fünf Stunden gedauert. Wassili, mein russischer Freund, konnte sich vor lauter Begeisterung gar nicht wieder einkriegen. Jedenfalls kamen wir erst nach Mitternacht ins Krankenhaus zurück, und Dr. Cohen war am nächsten Morgen der Ansicht, wer solche Ausgänge und noch dazu Wagner verkraften könne, der habe im Krankenhaus nichts mehr zu suchen.»

«Dann weißt du also gar nicht, ob du wieder in Ordnung bist?»

«Aber ja doch. Dr. Cohen hätte mich niemals mit einer offenen Tbc nach Hause geschickt.»

Doktor Jochanaan Weintraub sitzt uns gegenüber. Er hat zwei Bogen Papier vor sich auf dem Tisch liegen und schaut nicht auf.

«Hier steht, Sie sprechen Deutsch?»

«Auch Dänisch», gibt Äddi zur Antwort, «und etwas Iwrit.»

«Etwas?», fragt Dr. Weintraub. «Tüchtig, tüchtig. Ich spreche kein Wort. Wie lange sind Sie im Land?»

«Gut vierzehn Tage.»

«Donnerwetter», staunt Dr. Weintraub. «Und wer von Ihnen beiden ist nun der zu Behandelnde?»

«Ich.»

«Sie sprechen also Dänisch?»

«Nur Deutsch», sage ich.

«Obwohl Sie aus Dänemark sind?»

«Ich bin aus Dänemark», mischt Äddi sich ein. «Er kommt aus Deutschland.»

«Aber Sie sprechen auch Deutsch?»

«Das hören Sie ja.»

«Richtig. Sie sind also ein Deutscher aus Dänemark.»

«Ich bin in Dänemark geboren, aber meine Eltern stammen aus Deutschland.»

«Aha. Und woher, wenn ich fragen darf?»

«Aus dem heutigen Ostdeutschland.»

«Nun ja. Und von dort kennen Sie beiden sich?»

«Nein. Wir haben uns auf dem Weg nach Israel kennengelernt.»

Äddi wird langsam ungeduldig, und ich befürchte Schlimmeres, wenn ich jetzt nicht schnell eingreife.

«Die Art meiner Erkrankung ist doch sicher in den Papieren, die ich Ihnen mitgebracht habe, beschrieben. Ich habe ziemlich starke Hustenanfälle und lag einige Tage in der Krankenbaracke, Herr Doktor.»

«Das ist mir klar», erwidert er. «Nicht klar aber ist mir, woher Sie kommen, wenn nicht aus Ostdeutschland.»

«Spielt das denn für meine Behandlung eine Rolle?»

Er nickt. «Eine große Rolle. Ich behandle nur ungern Menschen aus dem Reich.»

«Aus dem Reich?»

«Ja, ja. Das gibt es ja nun nicht mehr. Gott sei gepriesen. Wie auch immer, mein Eid bindet und verpflichtet mich. Sie leiden also unter Hustenanfällen.» Er schaut immer noch nicht von seinen Papieren auf. «Sonst noch was?»

«Meine Stimme ist weg.»

«Sie übertreiben. Ihre Stimme ist nicht weg. Sonst könnte ich Sie ja nicht verstehen. Sie haben sich eine simple Erkältung eingefangen.»

«Aus dem Reich», wiederhole ich noch einmal und schüttele den Kopf. «Wollen Sie mich nun untersuchen, oder nicht?»

«Ich werde wohl müssen.»

Er steht auf, geht an mir vorbei und knurrt: «Folgen Sie mir.» Wie beiläufig schickt er hinterher: «Woher sind Sie nochmal?»

«Aus Berlin!», schreie ich fast.

Er bleibt stehen. Sein nahezu faltenfreies Gesicht, Bartwuchs gleich null, ist unbeweglich. Nur seine Augen sprechen eine beredte Sprache. Eine sehr traurige. «Berlin», stammelt er. «Ja, das ist etwas anderes. New York ist ja auch nicht die USA, nicht wahr?» Langsam geht er zum Tisch zurück. Er setzt sich in seinen Sessel und starrt mich an, so lange, dass Ä ddi und ich immer unruhiger werden. Unvermittelt fängt er zu weinen an. Tränen laufen über seine Wangen und tropfen auf die Tischplatte. «Aus Berlin», stammelt er von neuem. «Ja, das ist etwas anderes.»

Ä ddi sieht mich an. «Ich glaube, hier sind wir falsch», flüstere ich ihm zu. Er wendet sich an Weintraub. «Was haben Sie?» Weintraub schüttelt den Kopf und murmelt etwas von einer zu alten Putzfrau, die nicht besonders akkurat arbeite und außerdem auch noch aus Warschau sei. «Staub», sagt er dann plötzlich überlaut und tupft sich mit dem Taschentuch die Augen trocken. «Wenn ich nicht ab und zu selbst Staub wische, verkommt hier alles.»

Er tritt ganz dicht an mich heran und sieht mir tief in die Augen. «Woher bist du?», fragt er leise.

«Aus Berlin!», rufe ich und schaue hilfesuchend zu Ä ddi hinüber. «Das habe ich Ihnen doch schon gesagt.»

«Wo aus Berlin?», insistiert er. «Die Stadt ist groß.»

«Zuletzt haben wir in Wilmersdorf gewohnt, davor in Kaulsdorf-Süd und noch früher in Moabit, Elberfelder Straße.»

«Wo in Wilmersdorf?» Seine Lippen fangen an zu beben. Gleich wird er wieder flennen.

«In der Emser Straße …» Weiter komme ich nicht. Er hält mir mit einer raschen Bewegung den Mund zu, zittert nun am ganzen Körper und flüstert: «Meine Praxis war in der Lietzenburger. Gleich neben der Post. Du kennst doch die Ecke?» Er tritt einen Schritt zurück und blickt mich auf einmal misstrauisch an.

«Die Post ist noch da», sage ich so ruhig wie möglich, «wenn auch etwas angeknackst. Aber die Häuser daneben sind alle wegrasiert, soweit ich mich erinnere.»

«Wegrasiert?»

«Luftminen. Die haben's in sich.»

Er benutzt nochmal sein Taschentuch. Dann geht er wieder

hinter seinen Schreibtisch. «Schon öfter mit den Bronchien zu tun gehabt?»

«Lungenspitzentuberkulose», antworte ich. «Beidseitig Nicht offen. Dr. Cohen in der Iranischen Straße hat mich behandelt.»

Erneut starrt er mich an. Wenn er nur nicht wieder anfängt zu heulen. Aber er scheint sich jetzt fest im Griff zu haben. Fragt ganz ruhig, ob dort denn immer noch das Jüdische Krankenhaus sei.

«Ja», sage ich. «Während der Nazizeit hat die Gestapo es als Sammelstelle für erkrankte Juden benutzt, um sie von dort, ganz gleich, woran sie litten, sofort abzutransportieren.»

Weintraub klammert sich so fest an die Tischkante, dass seine Knöchel wie kleine weiße Inseln aus seinen stark gebräunten Händen hervortreten. «Zu meiner Zeit gab es keinen Arzt, der Cohen hieß. Nicht in der Iranischen Straße.»

«Die Amerikaner haben ihn mitgebracht», erkläre ich ihm. «Er war aus Chicago und sprach perfekt Berlinerisch.»

Weintraub nickt geistesabwesend, dann will er wissen, wie ich dorthin gekommen bin.

«Ich wurde mit einem Blutsturz ins Krankenhaus Buch eingeliefert, wo man eine offene Tbc festgestellt hat. Mutter traute den zuständigen Ärzten aber nicht und sorgte dafür, dass ich ins Jüdische Krankenhaus verlegt wurde. Dort hatte man ganz andere Behandlungsmöglichkeiten, weil da auch verwundete US-Soldaten lagen.»

Wieder nickt Weintraub wie in Trance.

«Und dann hat dich Kollege Cohen unter seine Fittiche genommen, nicht wahr?»

«Ja.»

«Kannst du dich noch an die Einzelheiten der Behandlung erinnern?»

«Er hat mich geröntgt und mich gefragt, ob ich auch in Buch geröntgt worden sei. Eine offene Tbc jedenfalls könne er nicht erkennen. Aber vielleicht habe man dort die Aufnahmen verwechselt, oder ich hätte statt des Brustkorbs den Hintern hingehalten. Ein witziger Mann, dieser Dr. Cohen. Fortan bekam ich eine Menge Kalziumspritzen und wurde gemästet.»

Dr. Weintraub erhebt sich, nimmt mich am Arm und führt mich in die Durchleuchtungskammer. «Damit ist nicht zu spaßen», sagt er ernst. Er bittet mich, den Oberkörper frei zu machen, und legt mir die Bleischürze an. Dann stellt er mich hinter den Schirm.

«Da war was», sagt er. «Da sind Vernarbungen, kleine Verkalkungen in den Lungenspitzen.»

Er führt mich wieder in den Behandlungsraum zurück und holt ein vorsintflutlich anmutendes Hörrohr aus seinem Schreibtisch. Damit belauscht er eingehend meine Brust und meinen Rücken und fragt kopfschüttelnd, ob ich viel Wert darauf lege, beim Militär zu bleiben. Ich zucke mit den Achseln, sage aber nichts.

«Aha», meint er. «Ich schreibe erst einmal einen Antrag auf sofortige Freistellung, den ich deinem Vorgesetzten zukommen lassen werde. Es wäre geradezu unverantwortlich, dich beim Militär zu lassen.»

«Bin ich wirklich nicht in Ordnung?», frage ich zweifelnd.

«Darüber reden wir später, wenn ich den Antrag aufgesetzt habe. Danach gehen wir drei einen Tee trinken. Ich muss noch einiges von dir wissen.»

«Über Berlin?», fragt Äddi neugierig. Zum ersten Mal sehe ich so etwas wie ein leichtes Lächeln in Weintraubs Babygesicht.

«Warum nicht?», fragt er zurück, «ich habe Mittagspause.»

Wir sitzen in einem Straßencafé am Rothschildboulevard, und Weintraub füttert uns mit arabischem Gebäck. Dazu trinken wir heißes Wasser, in dem ein Zweig frischer Pfefferminze schwimmt. «Wenn man noch einen Schuss Honig hineinrührt, schmeckt es ausgezeichnet und ist viel gesünder als Kaffee, dieser arabische Magenkiller. Ihr solltet euch angewöhnen, nur heißen Pfefferminztee zu trinken. Keine eiskalten Sachen. Kauft euch Thermosflaschen, die ihr mit zur Arbeit nehmen könnt.»

Er sieht Äddi an, der ihm unaufgefordert erklärt, er tue als Freiwilliger hier ein Jahr Dienst und werde dann nach Dänemark zurückkehren.

«Wie kann man nur nach Dänemark zurückwollen?», ruft Weintraub. Äddi bleibt gelassen und gibt zu bedenken, dass Kopenhagen im Gegensatz zu Berlin beinahe unzerstört und eine bildschöne Stadt sei. Viel schöner, als Berlin je war, das behaupte jedenfalls seine Mutter. Berlin sei schon immer eine stillose Stadt gewesen, in der kunterbunt durcheinandergebaut worden sei.

Weintraub zieht seine Mundwinkel verächtlich herunter. Berlin sei vor Hitler der kulturelle Mittelpunkt Europas, wenn nicht gar der Welt gewesen. In seiner Erregung stopft er sich das arabische Gebäck hektisch in den Mund. Wir sehen staunend zu, wie ein Stück nach dem anderen verschwindet. Ohne mit dem Kauen aufzuhören, rückt er seinen Stuhl näher an den meinen heran. «Und du? Bleibst du im Land? Oder willst du auch wieder zurück?»

«Ich weiß es noch nicht. Erst mal will ich meinen Bruder finden.»

Ich muss ihm noch einiges über mein U-Boot-Dasein in Berlin erzählen, dann verabschiedet er uns, indem er seine Teetasse wie ein Weinglas erhebt und uns «alles Glück» auf den Weg mitgibt.

Wir gehen den Rothschildboulevard Richtung Philharmonie entlang und schauen uns, kurz bevor wir in einer Seitenstraße verschwinden, noch einmal um. Weintraub steht zwischen den Stühlen des Straßencafés und sieht uns nach. Irgendwas in seinem Gesicht scheint im Sonnenlicht zu glitzern.

«Er fängt schon wieder an zu heulen», sage ich.

Äddi nickt, und wir machen, dass wir schnell zu seinem Jeep kommen.

Auf der Fahrt nach Ramat Gan erklärt mir Äddi, was mich bis zum Beginn der Freistellung erwartet. «Ich werde dafür sorgen, dass du mir als mein Begleiter bei den Transportfahrten zugeteilt wirst. Der Einsatz bei ‹Transport und Verkehr› ist das Äußerste, was man dir derzeit an Belastung zumuten kann, das werde ich denen schon klarmachen.»

Äddi rast wie ein Verrückter. Die Jeeptüren klappern immer lauter. Doch der kleine Kerl sitzt völlig entspannt hinterm Steuer. Ein einziges Muskelpaket. Seine kohlschwarzen Augen haben unentwegt die Straße im Blick, obwohl ich das Gefühl nicht loswerde, dass er gleichzeitig mich anschaut, wenn er mit mir redet. Er boxt mich behutsam in die Seite. Trotzdem bleibt mir beinahe die Luft weg. «Du wirst sehen, das kriegen wir schon hin.»

Mir wäre das nur recht. Vielleicht kann ich ihn ja dazu bringen, mich auf einer unserer gemeinsamen Fahrten in Haifa abzusetzen. Dort sollen die Klausners, entfernte Verwandte, ein Lebensmittelgeschäft betreiben. Ich hoffe, von ihnen etwas über den Aufenthaltsort meines Bruders zu erfahren. Oder vielleicht können sie mir wenigstens helfen, etwas über unsere anderen Verwandten herauszufinden. Ich weiß nur, dass Mutters Cousine mit Nachnamen Rudolf heißen soll, so wie Mutter, bevor sie geheiratet hat. Ob deren hochbetagter Vater, mein Großonkel, noch am Leben ist, konnte Mutter mir nicht sagen. Sie erinnerte sich lediglich daran, dass die beiden schon in den frühen zwanziger Jahren nach Palästina ausgewandert sind.

Äddi schwenkt elegant in die Toreinfahrt ein und reißt mich damit aus meinen Gedanken. Trotz Stoppzeichen hält er direkt auf die Garagenschuppen zu. Ich hoffe, er kriegt keinen Ärger wegen seiner sportlichen Fahrweise.

Nach drei Tagen brechen Äddi und ich zu unserer ersten Fahrt auf. Es geht nach Akko. Wir sollen Ersatzteile für eine Panzereinheit liefern. Angeblich handelt es sich um Teile für nagelneue amerikanische Modelle. Großes Geheimnis. Die Kisten auf der Ladefläche sind verschlossen und versiegelt.

«Bist du sicher, dass da keine Munition drin ist?», frage ich.

Er zieht nur die Schultern hoch.

«Schöne Scheiße», schimpfe ich. «Hättest dir weiß Gott eine harmlosere Ladung für meinen ersten Einsatz auswählen können.»

«Der wäre dann aber vielleicht nicht über Haifa gegangen», erwidert er.

Diesmal fährt er vorsichtig – für seine Verhältnisse. Weiß er etwa, dass es sich tatsächlich um Munition handelt? Aber dann hätte man uns doch sicher ein Begleitfahrzeug mitgegeben.

Unterwegs sehen wir auf einer Baustelle eine Reihe von Arbeitern, die, im Jackett und mit teilweise gelockerter Krawatte, einander Ziegelsteine zureichen. «Deutsche», lacht Äddi auf, «arbeiten trotz Hitze im Jackett. Jackett, Jacke, Jeckes. Kennst du den Witz über die deutschen Akademiker, die hier auf dem Bau arbeiten? Genau wie die da drüben reichen sie einander Steine zu, und man hört dabei ein ununterbrochenes leises Zischen. Wenn man genauer hinhört, entpuppt sich dieses Zischen als: ‹Bitt'schön, Herr Doktor, dank'schön, Herr Doktor, bitt'schön, Herr Doktor, dank'schön, Herr Doktor.› Ich könnte drauf wetten, dass die da auch solche armen Hunde sind.»

In Haifa angelangt, fahren wir zum Hadar, einem höher gelegenen Stadtteil, hinauf, in dem die Klausners wohnen. Plötzlich steht mitten auf der Straße ein Mann. Er rührt sich nicht einmal von der Stelle, als wir direkt vor ihm halten. Blickt nur starr in unsere Richtung, aber durch uns hindurch.

Jetzt erkenne ich auf der rechten Straßenseite ein Geschäft mit der Aufschrift «Klausner Lebensmittel».

«Lass mich raus, Äddi. Hier ist es.»

«Bist du sicher?», fragt er und bekommt einen ähnlich starren Blick wie der Mann vor unserer Kühlerhaube.

«Klar. Los, hau ab. Zurück nach Ramat Gan komme ich alleine.»

«Aber möglichst noch vor Einbruch der Dunkelheit», sagt Äddi, setzt das schwere Fahrzeug langsam zurück und kurvt anschließend vorsichtig um den Mann herum.

«Pass auf den Kerl auf!», ruft er mir durchs offene Fenster zu. «Vielleicht zieht der gleich seinen Colt.» Dann lässt er den Motor aufheulen und rast davon.

Ich sehe mir den Mann genauer an. Schaue in zwei große graugrüne Augen, die immer noch ins Leere starren. Behutsam berühre ich seinen Arm, aber er reagiert nicht. Aus den Augenwinkeln kann ich erkennen, wie jemand aus dem kleinen Laden auf die Straße tritt. Ich fasse den Herrn bei den Schultern und geleite ihn, da sein Gesicht dorthin gewandt ist, zur gegenüberliegenden Straßenseite. Er lässt es einfach mit sich geschehen und steht jetzt regungslos, wie eine Figur in einem angehaltenen Film, auf dem Bürgersteig. Die Leute um uns herum schauen mich gutmütig lächelnd an. Seltsam, wer ist denn jetzt der Verrückte? Er oder ich?

Ich überquere erneut die Straße und fixiere den Mann, der vor dem Lebensmittelgeschäft wartet. Gerade will ich ihn fragen, warum er den armen Kerl mitten auf dem Fahrdamm stehenlässt, da sagt er: «Du hast ihn auf die falsche Straßenseite gebracht.» Er räuspert sich und streckt mir die Hand entgegen: «Klausner.»

«Degen.»

«Was für eine Freude!» Er lässt meine Hand gar nicht mehr los. «Du bist also der Bruder von Arié!?»

«Nein.»

«Du bist nicht der Max-Michael Degen aus Berlin?»

«Doch.»

«Dann bist du auch der Bruder von Arié, der Sohn der Anna Rosalia und des Jakob Degen, oder?»

«Stimmt alles. Bis auf den Bruder, der Arié heißt.»

«Entschuldige, mein Fehler. Dein Bruder hat, wie ich, Adolf geheißen, sich aber umbenannt.»

Kann ich gut verstehen und würde Ihnen auch nicht schaden, denke ich, während Klausner die Tür zum Laden öffnet und eine einladende Geste macht. Muss wohl mal ein Modename unter deutschen Juden gewesen sein.

«Nehmen Sie's mir nicht übel, Herr Klausner, erst möchte ich wissen, warum sich alle weigern, diesem armen Mann da drüben zu helfen.»

Sein Lächeln wird breiter. Er greift noch einmal nach meiner Hand und schüttelt sie. «Du glaubst gar nicht, wie schön es ist, wieder mit ‹Sie› angesprochen zu werden. Die Kunden wissen zwar, dass ich schlecht Hebräisch spreche, und verständigen sich mit mir auf Jiddisch oder Deutsch, aber duzen tun sie mich weiterhin. Die Höflichkeitsform gibt es ja nicht im Hebräischen.»

«Im Englischen auch nicht», entgegne ich. «Aber auf diese Höflichkeiten könnte ich gut verzichten, wenn ich dafür nicht hätte Schlimmeres in Kauf nehmen müssen.»

«Richtig, richtig. Du hast ja vollkommen recht. – Übrigens, du kannst mich ruhig duzen. Ich bin zwar nicht dein leiblicher Onkel, aber eben doch ein Onkel. Und jetzt komm rein. Um Zwi Madin, das ist der Herr da drüben, mach dir keine Sorgen. Er wird wohl noch eine ganze Weile dort stehenbleiben – oder auch auf der Straße. Irgendwann taucht er wieder auf.»

«Er bleibt mitten auf der Straße stehen?»

«Die Leute im Viertel kennen ihn alle. Sie schalten hier automatisch einen Gang herunter. Er ist mein Schutaf, mein Geschäftspartner. Ein feiner Mann. Im Gegensatz zu mir spricht er perfekt Iwrit. Er war in der Finanzwirtschaft tätig, bevor er emigrierte. Nach nicht mal zwei Jahren hier im Land bekam er diese seltsame Krankheit, von der kein Mensch weiß, was sie auslöst.» Wir schließen die Ladentür hinter uns. «Er hat mir bei der Geschäftseröffnung sehr geholfen. Ich habe ihn auf einem Lehrgang für Handel und Gewerbe kennengelernt. Vor dem Krieg hat er in Hannover gelebt. Es fiel ihm so schwer, seine Heimatstadt zu verlassen, dass er beinahe die letzte Chance verpasst hat, ins benachbarte Ausland zu flüchten. Fast der ganze jüdische Teil seiner Familie ist umgekommen. Seine deutsche Frau hatte sich schon früh von ihm getrennt, und er hat nicht wieder geheiratet. Er hat mich immer gut beraten. Was wusste ich denn von Steuern? Umsatzsteuer, Einkommenssteuer, Gewerbesteuer. Damit kann ich heute noch nichts anfangen. Macht alles er. Er vertritt mich auch beim Verkaufen, wenn ich auswärts zu tun habe.

Siehst du, er steht immer noch da drüben. Unangenehmer ist, wenn es ihm im Laden beim Bedienen von Kunden passiert. Einige lassen ihn, wenn ich nicht da bin, extra ganz nach oben auf die Leiter steigen. Sie verlangen Gemüsekonserven aus dem obersten Regalbrett und hoffen, dass es ihn auf der Leiter erwischt. Ist es dann geschehen, holen sie Passanten rein und bestaunen gemeinsam die Sicherheit, mit der er sich meist freihändig auf der Leiter hält.»

«Und sie machen das immer, wenn du nicht da bist?», frage ich.

«Ja. Sie lassen ihn so lange nach Konserven suchen, bis es passiert. Dann müssen es unbedingt Konserven aus Übersee sein, wenn er einheimische in der Hand hat, und umgekehrt.»

«Wollen die klauen?»

«Es fehlt nie etwas. Oft steht er noch auf der Leiter mit einer Maisdose in der Hand, wenn ich zurück in den Laden komme.»

Ich schaue raus auf die Straße und sehe den älteren Herrn immer noch dort drüben stehen.

«Jetzt mache ich uns erst mal einen Kaffee mit viel Schlagsahne. Das magst du doch, oder? Komm ruhig mit nach hinten. Da können wir sitzen, und ich habe den Laden immer im Auge.»

Er schiebt einen Vorhang beiseite, der zu einem Nebenraum führt. Ich gehe ihm nach und frage noch einmal, ob man seinen Teilhaber da draußen tatsächlich allein lassen könne. «Er steht immer noch wie angewurzelt da. Ich kann mir nicht vorstellen, dass er irgendwann wieder zu gehen anfängt.»

«Du wirst sehen. Nach einer Weile kommt er zu uns, als sei nichts gewesen. Ich mache eine Tasse für ihn mit. Er ist ein typischer Jecke mit seiner Kaffeesucht. Es ist wirklich eine Sucht», sagt er ernsthaft. «Vielleicht habe ich in meinem Leben schon viel zu viel Kaffee getrunken. Mein Arzt warnt mich eindringlich davor. Wahrscheinlich wird es mich eines Tages umbringen. Aber was soll's. Mein Schutaf und ich sitzen oft stundenlang hier, ohne dass sich ein Kunde sehen lässt. Wir rauchen nicht, Alkohol mögen wir nicht – und an irgendwas muss man ja mal kaputtgehen.»

Die Kaffeemaschine macht einen Riesenlärm, und ich komme endlich dazu, die Frage zu stellen, die mir unter den Nägeln brennt: «Weißt du, wo ich meinen Bruder finden kann? Wir haben uns sehr lange nicht mehr gesehen, und ich muss ihn unbedingt finden.»

Klausner berichtet mir, dass er meinen Bruder zum letzten Mal vor dessen Versetzung an die Front vor Jerusalem gesehen habe, im Winter 48. Der Zugang zum jüdischen Teil der Stadt sollte unter allen Umständen freigehalten werden. Die Jordanier hätten dort ihre Elitetruppe eingesetzt, die von den Engländern ausgebildet worden sei. Teilweise seien die Soldaten sogar noch von den Engländern befehligt worden.

Klausner stellt drei dicke Porzellantassen und eine Schale mit Würfelzucker auf den Tisch. «Manchmal habe ich den Eindruck, die Briten haben den falschen Krieg geführt. Eigentlich hätten sie doch auch mit den Nazis ganz gut auskommen müssen.» Er fragt, ob ich Sahne möchte. Dann gießt er uns Kaffee ein und setzt sich.

Nach einer Weile kommt tatsächlich Klausners Schutaf herein. «Du hast Besuch?», fragt er mit einer Bassstimme, die so gar nicht zu dem zierlichen Mann passen will.

«Setz dich», befiehlt Klausner munter. «Ariés Bruder. Frisch aus Deutschland importiert. Was sagst du dazu?»

Der Schutaf streckt mir die Hand entgegen. «Sehr angenehm. Dein Bruder ist ein humorvoller Mensch. Hoffentlich ist ihm nichts passiert. Seit dem Waffenstillstand haben wir nichts mehr von ihm gehört. Er müsste sich längst gemeldet haben.»

«Hör auf damit», unterbricht ihn Klausner. «Mach ihm doch keine Angst.» Er steht auf, füllt die dritte Tasse und schiebt sie dem Schutaf hinüber.

«Woher soll seine Einheit denn wissen, an wen sie sich zu wenden hat, wenn ihm etwas zugestoßen ist? Deine Adresse hat er doch bestimmt nicht angegeben», fährt der Schutaf ungerührt fort, «es sei denn ...» Er wiegt den Kopf hin und her, sehr langsam, und ich glaube schon, er erliegt wieder seinem verrückten Schlafbedürfnis, aber er setzt sich nur hin und greift bedächtig nach seiner Kaffeetasse. Statt zu sprechen, fängt er erneut an, mit dem Kopf zu wackeln, bringt aber seine Tasse ohne große Schwierigkeiten an die Lippen. Unwillkürlich fahre ich mit der Hand hoch, um ihm zu helfen, doch er sieht mich nur groß an und stellt die Tasse wieder vorsichtig auf den Tisch zurück. «Kennen wir uns nicht von irgendwoher?»

«Ich habe Ihnen vorhin über die Straße geholfen», sage ich rasch. Er macht ein verwundertes Gesicht.

«Auf den gegenüberliegenden Bürgersteig», füge ich hinzu.

«Was wollte ich denn dort?», fragt er und sieht Klausner verständnislos an.

«Du hast mal wieder den Fahrdamm mit dem Schlafzimmer verwechselt», beruhigt der ihn.

«Großer Gott.»

«Jammere nicht. Sei lieber froh. Du kannst überall schlafen, ich schaff's noch nicht mal in meinem Bett. Sag mal», er wendet sich an mich, «wo hast du eigentlich dein Gepäck gelassen?»

«Bei meiner Einheit. Ich bin beim Militär.» Dann wende ich mich wieder an den Schutaf. «Wer könnte denn wissen, wo mein Bruder steckt?»

«Na ja, vielleicht hat eure Großcousine in Petach Tikwa etwas von ihm gehört», sagt Klausner.

Ich frage, ob er mir die Adresse geben könnte, und er notiert sie mir. «Und in welchem Kibbuz war er?»

«Zuletzt war er in Mischmar Ha'emek», sagt der Schutaf.

«Aber nein», fällt Klausner ihm ins Wort. «Er war in Misra.»

Die beiden diskutieren ausführlich darüber, ob es nun der Kibbuz Misra oder der Kibbuz Mischmar Ha'emek gewesen ist. Madin besteht auf Mischmar Ha'emek, aber Klausner winkt ab. «Die letzten Male ist Arié aus Afula gekommen, und das weist nun mal eindeutig auf Misra hin.» Damit erhebt er sich, fasst nach meinem Arm und erkundigt sich, wann ich zum letzten Mal etwas gegessen hätte. Ich bin zu aufgeregt, um etwas zu essen, und erkläre ihnen, dass ich keinen Hunger habe. Aber sie packen mir einfach drei dick belegte Bagel ein, und ich werde freundlich, aber bestimmt gezwungen, ein großes Glas Orangensaft auszutrinken, bevor ich gehe.

Nachdem ich auch das hinter mich gebracht habe, will ich zur Türklinke greifen, aber Klausner hält mich noch einmal mit dem Angebot auf, dass ich nach meiner Entlassung aus dem Militär jederzeit bei ihm wohnen könne. Ich wolle doch sicher nicht Berufssoldat werden ...

Netter Kerl, denke ich auf dem Rückweg. Ein bisschen verschroben, aber nett. Mit seiner Schwester allerdings, meiner Tante Natalie aus London mit dem liebenswürdigen Gesicht, hat er so gar keine Ähnlichkeit. Schade!

Du hast uns nicht gesagt, dass du krank bist. Warum nicht? Das hätte ein Unglück geben können. Ist dir das eigentlich klar?», fragt mich der Oberst. Er hat mich, gleich nachdem ich in Ramat Gan angekommen bin, von einem Fahrer abholen und in sein Büro bringen lassen.

Ich antworte nicht.

«Ich werde veranlassen, dass du dich in einem Lungensanatorium auskurieren kannst. Wir haben da ein sehr schönes auf dem Libanon. Vom europäischen Klima nicht zu unterscheiden.»

Ich sage immer noch nichts.

«Sogar Kirschen wachsen dort.»

«Ich will zuerst meinen Bruder finden. Danach lasse ich über alles mit mir reden», sage ich schließlich.

Der Oberst lächelt und kehrt zu seinem Stuhl hinter dem Schreibtisch zurück. «Du hast einen eisernen Kopf, nicht wahr? Wie ist deine Mutter bloß mit dir fertig geworden?»

«Ihr Kopf ist aus Stahl.»

Jetzt lacht er schallend los. Mit ihm, denke ich mir, hätte ich mich gut verstanden.

Als Schimon eintritt, erzähle ich dem Oberst gerade, dass ich mir meine Tbc nicht im KZ geholt habe.

Schimon bietet mir an, Erkundigungen über meinen Bruder einzuholen. «In seinem Alter muss er während des Krieges bei der Zawa, in der Armee, gewesen sein. Wie ist sein Name?»

«Adolf Degen.»

Schimon zuckt zusammen und sieht mich fragend an. «Adolf?»

«Adolf», bestätige ich. «Ich weiß auch nicht, was mein Vater sich dabei gedacht hat.»

Er zieht mich zu sich heran und umarmt mich. «Vergiss den Hitler. So ein Name kann sich schließlich nicht wehren», meint er. «Erst recht nicht gegen einen Hitler.»

Ich verabschiede mich vom Oberst und gehe mit Schimon zu

meinem Zelt. Meine Sachen liegen akkurat gestapelt auf dem Feldbett. Ich suche nach meiner Brieftasche, finde sie und will sie einstecken.

«Sieh nach, ob nichts fehlt.»

Die Dollarscheine sind da. Sogar mein Ausweis für Staatenlose ist vorhanden. Als Letztes ziehe ich einen israelischen Pass hervor. «Wo kommt denn der her?», frage ich und halte ihm das Dokument vor die Nase. «Du bist also an meinen Sachen gewesen?»

«Wo sollte ich ihn denn sonst hintun?»

«Dann hast du sicher auch den Zettel mit den Namen meiner Verwandten eingesteckt. Der fehlt nämlich.»

«Aber was. Er klemmt fein säuberlich in deinem israelischen Pass. Bist du mit der Suche weitergekommen?»

«Immerhin weiß ich jetzt, dass die Cousine meiner Mutter in Petach Tikwa wohnt.»

Ich kann einfach nicht anders und gebe ihm die Hand.

«Gib auf dich acht, du sturer Bock.» Meine Hand fühlt sich an wie in einen mächtigen Schraubstock eingezwängt. «Eins noch», sagt er beim Hinausgehen, «dein alter Pass ist ungültig. Heb ihn für deine Enkel auf. Und deinen israelischen musst du noch unterschreiben.»

Kurze Zeit später, ich versuche gerade, meinen Koffer zu schließen, hält ein Jeep vor dem Zelt.

«Ich bringe dich zu deinen Verwandten», ruft Schimon, «steig ein!»

«Na, was für ein Service», grinse ich und werfe meinen Koffer auf den Rücksitz. «Also los geht's. Nach Petach Tikwa. Ihren Namen kennst du ja schon.»

Er verzieht keine Miene. «Rudolf, nicht wahr? Klingt sehr deutsch. Ist deine Mutter nicht vielleicht doch aus Chemnitz?» Er zwinkert mir kurz zu, und wir fahren los. Ein Schlitzohr, dieser Schimon.

Wir biegen in die Hauptstraße ein. Zu beiden Seiten sehe ich wieder die Zypressenwände, die die Orangenbäume vor dem Wind schützen sollen. Und wieder rieche ich diesen betörenden Duft. Noch heute steigt er mir in die Nase, wenn ich an Israel denke. Jedes Mal wenn ich das Land besuche, freue ich mich darauf, und jedes Mal bin ich enttäuscht, denn der unverwechselbare Duft ist inzwischen längst verloren gegangen.

In Petach Tikwa, einem winzigen Nest am Fuße einer Hügellandschaft, hält Schimon vor einem unscheinbaren kleinen Haus mit zwei nebeneinanderliegenden Eingängen. «Hier muss es sein», sagt er. Er greift nach meinem Koffer und stellt ihn ohne auszusteigen neben der Fahrertür auf dem Boden ab. «Grüße von Luba mit dem Lippenstift soll ich dir übrigens ausrichten. Und lass dich mal sehen, wenn du Langeweile hast.» Dann gibt er Gas, und ich stehe mit meinem staubigen Koffer vor dem Haus, das aussieht, als biete es höchstens zwei Leuten Platz.

Herrgott nochmal, was mache ich hier? Das ist ja das Ende der Welt. Ich habe einen Brief meiner Mutter für Menschen in der Tasche, die ich noch nie gesehen habe und von denen man behauptet, sie seien mit mir verwandt. Ich schaue zur anderen Straßenseite hinüber und will am liebsten gleich wieder weg. Koffer greifen und die Beine in die Hand nehmen. Selbst hier draußen wird es doch irgendwo ein öffentliches Verkehrsmittel geben, um nach Tel Aviv oder Haifa abzuhauen.

Da werde ich plötzlich gerufen: «Bist du der Max aus Jeckeland?»

Ich blicke zur rechten Haustür und sehe eine kleine, überaus zierliche, etwas ältlich wirkende Frau. Ich kann ihr Gesicht nicht genau erkennen und trete zögernd näher.

«Bist du der Max-Michael aus Jeckeland?», fragt sie wieder.

«Ich bin aus Deutschland», stottere ich verwirrt und lausche dem Klang ihrer abgewetzten Stimme nach. Sie spricht Michael wie «Michail» aus. Ich will auf sie zugehen und bleibe so abrupt stehen, dass ich beinahe hinfalle. «Tante Regina?!», sage ich laut und stelle vor lauter Schreck den Koffer ab.

«Nein, ich bin nur ihre Cousine. Und du bist es also tatsächlich», erwidert sie, «komm rein.» Sie winkt mir mit der Hand. Ich stehe direkt in einer geräumigen Küche, während sie mir aus einem Nebenzimmer zuruft, ich solle es mir bequem machen. «Nimm dir, was du brauchst», höre ich sie von nebenan. «Der größere Kühlschrank ist für das Milchige, der kleinere für das Fleischige.» Sie taucht wieder auf, hat eine Tragetasche in der Hand und wirft einen Schlüssel auf den Küchentisch. Im Hinausgehen sagt sie mir noch, dass sie zu arbeiten habe. Für mich habe sie ein Bett bezogen. Am späten Abend sei sie wieder zurück.

Bist du fromm?», frage ich sie, als sie abends in der Küche steht und eine Gemüsepfanne brutzelt.

«Eigentlich nicht», antwortet Chawa und erklärt mir, dass sie den Haushalt zumindest so lange nach den frommen Regeln führen werde, wie ihr Vater noch am Leben sei. «Sein Glaube ist für ihn das Lebenselixier. Ihm würde der Boden unter den Füßen weggezogen, wenn ich mit all dem Unsinn Schluss machen würde.» Er sei immerhin ein achtundneunzig Jahre alter Mann, der fest daran glaube, dass Gott ihn in letzter Minute noch ins Land gerufen habe. Und auch sie habe ihm ihr Leben zu verdanken. Der größte Teil ihrer Verwandtschaft war nach dem Ersten Weltkrieg vor den antisemitischen Ausschreitungen in Polen nach Russland geflohen. Nachdem Trotzki sich wieder einmal mit seinen Kommunisten zurückgezogen und sie quasi im Stich gelassen hatte, waren sie dort den Kosakenhorden in die Hände gefallen. Das muss so um 1921 gewesen sein.

Ihre Mutter war bei einem der Pogrome umgekommen und sie selbst mit ihrem Vater erst nach Deutschland und von dort aus mit einem der wenigen Schiffe nach Palästina geflüchtet. Von ihren Verwandten in Russland hatten sie nie wieder etwas gehört.

Chawa stellt Geschirr auf den Tisch. «Genug davon», sagt sie, «dein Großonkel wird jeden Augenblick heimkommen. Dann muss das Essen fertig sein.»

«Was schmorst du denn da gerade?», will ich wissen, während ich in verschiedenen Schubladen nach dem Besteck suche.

«Chazilim. Eierfrüchte nennt ihr die wohl in eurem Jeckedeutsch.»

«Ach, du meinst Auberginen. Riecht gut.»

«Schmeckt auch gut. Und ist nicht so teuer wie Fleisch, obwohl es ähnlich schmeckt und viel gesünder ist.»

«Warum bin ich eigentlich ein Jecke für dich?»

Sie lacht. «Du bist doch aus Deutschland, oder? Bist in Deutschland geboren. Kein Mensch auf der Welt kann ein ‹E› so aussprechen wie ihr. Es klingt wie ein missratener Furz.»

Sie lacht noch lauter, und ich lache mit. Ich möchte sie umarmen, aber ich traue mich nicht. Da schiebt sie mit einer schnellen Bewegung die Pfanne vom Feuer, kommt auf mich zu, presst mich an sich und gibt mir einen Kuss auf die Stirn. Auch ich umarme sie ganz fest, klammere mich fast an sie. Sie streicht mir über die Haare. «Du siehst aus wie dein Großvater. Die gleichen Augen, die gleiche Haarfarbe.» Sie fährt mir nochmal durch die Haare, hält mich dann von sich weg und schaut mich an. «Vor allem die Nase und das Kinn. Wie gerülpst und gespuckt. Obwohl, ich kenne ihn ja nur von Bildern. Elegant sah er aus in seiner österreichischen Uniform. Er ist damals in den Krieg marschiert, der dumme Kerl. Mein Vater hat ihm das nie verziehen. Ich glaube, er leidet bis heute darunter, dass er seinen kleinen Bruder so früh verloren hat.»

«Was konnte denn mein Großvater dafür?»

«Er hat die Uniform freiwillig angezogen. Jeder normale Arzt hätte ihn für untauglich erklären können, auch war er viel zu alt. Aber nein, als Reserveoffizier wollte er unbedingt zurück in den Dienst.»

Sie drückt mich auf die Bank an der Wand herunter und fordert mich auf, zu essen. Ich möchte lieber nicht mit vollem Mund dasitzen, wenn ich meinem Großonkel zum ersten Mal begegne, aber sie schiebt den Teller näher an mich heran.

«Los. Manchmal kann es länger dauern. Es hat schon Tage gegeben, an denen musste ich bis zur Synagoge hinauf, um ihn abzuholen. Er weigert sich manchmal einfach, sie zu verlassen. Aus Furcht, es könne ihn auf dem Heimweg der Schlag treffen. Nur in der Synagoge fühlt er sich sicher.»

«Und wie kriegst du ihn dann nach unten?»

«Ich versichere ihm, ganz Israel sei eine Synagoge.»

Wir hören den Schlüssel im Schloss, und Chawa geht zur Bratpfanne zurück.

«Lass mich reden. Deine Stimme könnte ihn erschrecken. Noch dazu, wenn du sehr laut sprichst. Und das muss man bei ihm.»

Die Tür öffnet sich, und auf der Schwelle steht ein riesig langer, dürrer alter Mann mit schneeweißem Bart, der ihm beinahe bis zum Gürtel reicht. Sein flacher schwarzer Hut wirft einen Schatten über seine Augen, und seine Hand lässt die Klinke nicht los.

«Komm rein, Vater», schreit Chawa. «Dein Großneffe aus Europa ist da.»

Er kehrt mir den Rücken zu und schließt behutsam die Tür. Dann nimmt er seinen Hut ab, und ich sehe einen weiß bewachsenen Hinterkopf, auf dem eine kleine kahle Stelle zu erkennen ist.

«Michael», sagt Chawa und zeigt auf mich.

Er schaut sie fragend an.

«Michael», wiederholt sie. «Der Enkel deines Bruders.»

Sie schreit so laut, dass ich denke, ihm müssten die Ohren wegfliegen.

Er geht auf Chawa zu und bleibt verwirrt vor ihr stehen. Man könnte meinen, er habe Angst, sich mir zuzuwenden. Ich will von der Bank aufstehen, doch Chawa bedeutet mir, sitzen zu bleiben. Dann holt sie ein blaues Samtkäppchen aus einer Schublade hervor und setzt es ihm auf den Kopf. Sie hält ihren Mund dicht an sein Ohr und ruft, er solle Platz nehmen, das Essen werde langsam kalt.

Er greift nach ihrer Hand und dreht sich langsam nach mir um. Ich sehe in zwei scharfe, graublaue Augen. Aus einer großen, edel gebogenen Nase wachsen kleine Büschel weißer Haare. Chawas Hand nicht loslassend, kommt er langsam auf mich zu.

«Woher bist du?»

Seine Stimme klingt, als sei sie seit Jahren nicht mehr benutzt worden. Ich zucke zusammen, und Chawa wiederholt brüllend hinter ihm, dass ich aus Europa sei. Aus Jeckeland. Er lässt kein Auge von mir.

«Woher bist du?», fragt er noch einmal.

Ich schaue Chawa an, und sie hebt hilflos die Arme.

«Aus Deutschland», schreie ich ebenso laut wie Chawa vorher.

Langsam setzt er sich auf den Stuhl, den seine Tochter zurechtgerückt hat, beugt sich vor, sodass ich seinen Atem spüre und sein von unzähligen Falten überzogenes Gesicht erkenne, und sagt mit einigermaßen normaler Lautstärke: «Tatsächlich, er kommt aus Deutschland.»

Das letzte Wort spricht er wie «Deitschland» aus. Es hört sich so warmherzig, so liebenswert an, dass ich an mich halten muss, um nicht nach seiner Hand zu greifen.

Chawa stellt einen Teller mit gebratenen Auberginen vor ihn hin, und er nimmt das Besteck. Er überzeugt sich noch einmal davon, dass das Käppchen auf seinem Kopf sitzt, und beginnt leise, ein kurzes Gebet zu sprechen. Sein Hebräisch klingt makellos, ohne den mir bekannten jiddischen Akzent. Dann widmet er sich dem Essen. Das Licht zwischen uns ist erst einmal erloschen. Ich scheine für ihn nicht mehr anwesend zu sein und fange an, meine Chazilim zu zerschneiden.

Chawa setzt sich zu mir und sieht uns gespannt zu. Schon der erste Bissen überzeugt mich, und ich hoffe nur, dass sie noch mehr davon in der Pfanne hat. Auch der alte Mann langt kräftig zu.

Am nächsten Morgen, pünktlich um sechs Uhr, steht der alte Mann wieder in der Küche, ein Glas Wasser in der Hand, aus dem er in kleinen Schlucken trinkt, während Chawa ihm in die Ärmel seines langen schwarzen Mantels hilft. Kurz bevor er das Haus verlässt, nimmt sie ihm das blaue Käppchen ab und setzt ihm seinen Hut auf. Er scheint das gar nicht zu bemerken und hält immer noch das Glas in der Hand. Chawa steckt mir das Käppchen zu und will ihm das Glas abnehmen.

«Wenn du ihn in die Synagoge begleiten willst, musst du eine Kopfbedeckung haben», flüstert sie mir zu.

Plötzlich schreit der Großonkel: «Wo ist mein Jarmickel?»

«Das habe ich Michael gegeben», schreit Chawa zurück. «Er will dich begleiten.»

Er nickt knapp, überlässt Chawa das Wasserglas und tritt auf die staubige Straße hinaus.

Hinter dem übernächsten Haus biegen wir in einen ungepflasterten Pfad ein, der bald ziemlich steil ansteigt. Mein Großonkel geht mit weit ausholenden Schritten voran, er wirft die langen Beine nach vorn, und der Mantel weht hinter ihm her. Ich bemühe mich, ihm zu folgen, und bin kurz davor, in einen Laufschritt zu verfallen. Erst auf halber Strecke – ich sehe auf dem Kamm des Hügels schon das weiße Gebäude in der Morgensonne strahlen, auf das er offensichtlich zustrebt – verringert er das Tempo. Ich bin jetzt dicht hinter ihm und höre ihn schwer atmen. Schließlich bleibt er stehen, und ich bin sofort an seiner Seite. Ohne mich anzuschauen, greift er nach meiner Schulter und stützt sich einen kurzen Moment auf. Dann bricht er die Verschnaufpause ab, stößt mich beinahe weg und setzt seinen Weg fort. Sein Schritt ist nun nicht mehr so forsch wie zu Beginn, aber immer noch erstaunlich energisch.

Als wir oben angekommen sind, entpuppt sich das Haus mit dem weißen Verputz als renovierungsbedürftig. Die bröckelnde Fassade macht einen so melancholischen Eindruck auf mich, dass ich mich fürchte, das Innere des Gebäudes zu betreten.

Der Großonkel zieht die schwere Holztür auf und sieht mich wartend an. Hastig will ich der stummen Aufforderung nachkommen, doch dann versperrt er mir den Weg. Seine Hand liegt auf meiner Brust, und mir fällt das Käppchen in meiner Jackentasche ein. Ich ziehe es hervor, und er setzt es mir bedächtig auf den Kopf. Mehrere Male rückt er es zurecht, wobei er immer wieder einen Schritt zurück macht, um seine Maßnahme zu begutachten. Endlich gibt er mir einen Klaps auf die Wange und bedeutet mir, in den Gebetsraum zu gehen.

Ich kann mich nicht erinnern, je eine so karg eingerichtete Synagoge gesehen zu haben. Die Gebetsbänke sind aus einfachem, hellem Holz, ebenso die Heilige Lade, die die Torarollen birgt. Die Morgensonne, die den Raum in wundervoll gelbliches Licht taucht, betont dessen ärmliche Naivität noch.

Jetzt erst merke ich, was der weite schwarze Mantel meines Großonkels alles enthält. Gemächlich zieht er aus einer innen angenähten Stofftasche seinen Gebetsmantel und die beiden Gebetsriemen hervor, legt den einen, ohne den Hut abzunehmen, um seinen Kopf, schiebt danach seinen linken Ärmel hoch und windet den zweiten ledernen Riemen um seinen Arm. Ein Arm, der mich in seiner ältlichen, weißen Magerkeit an die Glieder hungernder Kinder erinnert.

Außer meinem Großonkel haben sich noch zwölf bis fünfzehn andere Männer eingefunden. Alle sind in fortgeschrittenem Alter. Und alle, stelle ich stolz fest, sehen viel älter und klappriger aus als er. Ich beobachte, wie er immer tiefer in seine gemurmelten Gebete versinkt, und denke daran, was mir seine Tochter berichtet hat: Er suche hier Schutz vor dem Tod.

Nach einer ganzen Weile, als die anderen Männer bereits ihre Utensilien zusammenpacken und in schwarzen, dafür vorgesehenen Taschen verstauen, betet er immer noch. Sie unterhalten sich mit geradezu rücksichtsloser Lautstärke über die neuesten Nachrichten, aber auch über private Dinge. Schon will ich sie um Ruhe bitten, da spüre ich den scharfen Blick meines Großonkels. Er schüttelt beinahe unmerklich den Kopf, lächelt und beginnt ebenfalls, sich seiner Gebetsriemen und seines Mantels zu entledigen.

Auf dem Heimweg freut sich Großonkel schon auf das bevorstehende Frühstück. «Bevor ich nach oben gehe», erklärt er, «trinke ich nur ein bisschen Wasser. Der Körper ist schwer genug. Man muss nicht noch zusätzlich Speisen und Getränke mit hinaufschleppen. Das kann so belastend für das Herz werden, dass selbst der Herr nicht mehr helfen kann. Verstehst du?»

«Irgendwann erwischt es einen aber doch einmal, Großonkel», sage ich. Erschrocken schlage ich mir die Hand vor den Mund. Zu spät.

Er bleibt stehen, scheint etwas zu überlegen und geht dann weiter. «Der Herr hat uns das Leben gegeben, damit wir es so lange wie möglich erhalten und es vor unseren Feinden zu schützen suchen. Es ist ein Teil seiner unfassbaren Schöpfung. Das solltest du dir merken.» Wieder hält er kurz inne und sieht mich mit seinen klaren, jugendlichen Augen an. «Irgendwann werden wir den Kreislauf vollenden. Jeder von uns. Jeder auf seine Weise. Auch du.» Und nach einer kurzen Pause setzt er hinzu: «Hast du auch Hunger?»

Ich will das gerade bestätigen, da sagt er laut und mit erhobenen Armen, dass jeder Mensch von Gott nur ein Leben geschenkt bekomme.

Erst bin ich sprachlos, dann versuche ich zu protestieren, doch wie am Abend zuvor bin ich plötzlich Luft für ihn, und er hängt ganz seinen Gedanken nach.

Da wird er mir aber noch manches erklären müssen, denke ich, und nehme mir vor, ihn so bald wie möglich nach der Unsterblichkeit der Seele und der Wiedergeburt auszufragen, die ja in seinem Glauben eine so große Rolle spielen.

In der Nacht kann ich lange nicht einschlafen. Chawa ist erst spät am Abend nach Hause gekommen, und ich habe zugesehen, wie Großonkel das Abendessen zubereitete. Er schnitt, mit großer Akribie und einem scharfen Messer, das dunkle Brot in dünne Scheiben, stellte einen Topf Margarine auf den Tisch, schälte Apfelsinen und Äpfel, zerteilte sie in kleine appetitliche Schnitze, gab sie in eine große Schüssel, knackte einen Berg Walnüsse auf, pulte sie aus der Schale und füllte eine zweite Schüssel mit ihnen. All das erledigte er mit einer geradezu maschinell anmutenden Routine, mit einer beeindruckenden Unangestrengtheit, als wolle er mir zeigen, wie leicht und problemlos das Leben auch im Alter sein kann.

Während ich ihm zusah, machte ich mir im Stillen Vorwürfe. Warum fand ich nicht den Mut, unser Gespräch vom Morgen fortzusetzen? Wir hatten seither kein Wort mehr miteinander gewechselt. Ich beobachtete ihn, staunte über seine sparsam abgezirkelten Bewegungen und wollte ihn nicht unterbrechen. Nur die Art, wie er seinen langen Bart hinter den breiten Gürtel klemmte, damit ihm die Haare beim Arbeiten nicht im Weg waren, brachte mich zum Schmunzeln.

Gerade als er den Tisch gedeckt hatte, kam Chawa zur Haustür herein, ging mit einem knappen «Schalom!» durch die Küche in ihr Zimmer, erschien kurz darauf wieder und ließ sich erschöpft auf die Bank neben mich fallen.

Großonkel öffnete den großen Kühlschrank und nahm eine Flasche Milch heraus. «Du wirst dir die Hände waschen, bevor du dich an den Tisch setzt.»

Diese Stimme erschreckt mich immer wieder, dachte ich, während Chawa gehorsam im Badezimmer verschwand. Großonkel besteht auf dem Händewaschen, obwohl Chawa ihn, wie sie mir später erzählte, unermüdlich darauf aufmerksam macht, dass sie sich bei der Arbeit im Krankenhaus Dutzende Male am Tag die Hände waschen müsse. Doch Großonkel lässt sich immer erst dann in seinem Sessel am Esstisch nieder, wenn sie aus dem Bad zurück ist.

Kurz vor dem Einschlafen nehme ich mir fest vor, ihn morgen zu fragen, was er von der Wiedergeburt hält. Von der Angst vieler Leute, nach einem sündhaften Leben als Tier wiederzuerscheinen. Als Hase, als Fliege oder als heilige Kuh.

Ich sitze aufrecht im Bett, und im Haus ist es totenstill. Gut zwei Stunden wälze ich mich noch herum, bis ich Chawa in der Küche hantieren höre. Ich schleiche mich ins Badezimmer und bin schon fast mit der Morgentoilette fertig, da donnert es gegen die Tür. Ich entriegle, und Großonkel reißt die Tür auf. Er schiebt mich hinaus und schlägt sie von innen zu.

In der Küche drückt mir Chawa eine amerikanische Schiebermütze in die Hand. «Die habe ich dir besorgt, du Gewittergoi», lacht sie. «Dein Großonkel will sein Jarmickel wiederhaben. Oder hast du's verloren?»

Ich fasse in die Hosentasche und lege es auf den Tisch.

«Guten Morgen», sagt sie und fährt mir durch die Haare. «Damit sie nicht so glatt anliegen. Sonst siehst du aus wie ein Eintänzer. Und mach dir ein Brot. Ich nehme an, du willst ihn wieder begleiten?»

«Ich frühstücke mit ihm zusammen. Wenn wir zurück sind.»

«Wie du willst. Aber trink wenigstens ein Glas Milch.»

«Wasser.»

Sie lacht wieder. «Meschugge wirst du noch früh genug. Hier!» Sie reicht mir das Glas Milch, das sie mir eingegossen hat, und ich trinke einen Schluck.

«Du kannst dein Jarmickel gleich unterm Hut tragen», sagt Chawa dem eintretenden Großonkel. «Ich habe ihm einen anderen Deckel besorgt.»

Er krächzt etwas Unverständliches, räuspert sich und bringt schließlich mühsam ein «Guten Morgen» heraus.

«Ich erwarte euch mit einem feinen Frühstück. Heute habe ich Spätdienst. Macht also ein bisschen schneller. Ich habe jetzt schon Hunger. Die Unterhaltung mit dem da oben muss ja nicht immer so ausführlich sein.»

Großonkel sieht sie missbilligend an, setzt das Käppchen auf, darüber den Hut und steht im nächsten Augenblick schon auf der Straße. Auf dem Rückweg werde ich ihn in die Mangel nehmen, sage ich mir und staune, wie er mit seiner aggressiven Energie die Steigung angeht.

Großonkel», sage ich, nachdem wir die Synagoge wieder verlassen haben und er seinen Mantel zurechtgezogen hat, «Großonkel, wenn man so alt geworden ist wie du, muss man das Dasein doch aus einem ganz speziellen Blickwinkel betrachten.»

«Du hörst dich an wie ein jeckischer Doktor, der nicht weiß, worüber er reden soll», antwortet er lachend. «Ich habe ein paar solcher Narren kennengelernt. Sag, was du sagen willst, und schleich nicht wie die Katze um den heißen Brei.»

«Ich bin mir eben nicht sicher, wie ich anfangen soll.»
«Rede.»
«Was ist dran an dem Spruch: Wir leben ewig?»
Der alte Mann bleibt kurz stehen, sieht mich aber nicht an.
«Ich habe Unmengen von Leichen gesehen», sage ich. «Zerhackte Glieder. Hände in Handschuhen, die ohne dazugehörigen Leib herumlagen.»
Er läuft wieder weiter. Ich folge ihm und erzähle immer atemloser von den mörderischen Menschen, die einander abgeschlachtet haben, und davon, wie meine Mutter fast nicht weiterleben wollte, als sie zum ersten Mal durch den englischen Sender davon erfuhr, dass man uns ausrotten wollte.
Der Großonkel beschleunigt sein Tempo.
«Ich will ja nur wissen, ob man so ein Leben immer von neuem leben muss», rufe ich ihm hinterher.
Plötzlich bleibt er wieder stehen und dreht sich nach mir um. Sein Gesicht hat sich erschreckend verändert. Jetzt sieht er wirklich wie ein Achtundneunzigjähriger aus. So muss Abraham ausgesehen haben, als er das Messer hob, um Isaak zu opfern, denke ich, während ich ihm zögernd entgegengehe. Er legt mir den Arm um die Schultern und erwidert leise: «Du brauchst keine Angst zu haben.» Seine Stimme klingt mit einem Mal ganz weich und hell. «Vielleicht hast du recht. Je höher das Alter, desto weiter der Blick. Und soll ich dir etwas verraten? Je älter der Mensch, desto rascher sein Übergang zu neuem Leben. Es darf einen nur nicht gerade bei schlechten Gedanken erwischen.»
«Und wenn doch?»
«Wird man auch keine Mücke oder sonst ein hirnloses Tier. Der Mensch bleibt Mensch. Ob böse, ob gut. So, wie das Tier Tier bleibt.»
«Und dann fängt der ganze Scheiß von vorne an. Das Böse rottet aus, das Gute blutet aus, und alles ist im Lot», flüstere ich vor mich hin.

«Nein, mein Sohn», antwortet er und drückt sanft meine Schulter. Hat er wirklich gehört, was ich gesagt habe? Oder kann er Gedanken lesen? «Das Böse wird irgendwann einmal schwächer, glaube mir. So, wie das Gute immer stärker wird. Aber Gottes Wege sind nicht unsere Wege. Sie sind unendlich viel länger, sie beanspruchen endlos viel Zeit. Kannst du dir vorstellen, dass Er sterblich ist? Keine Angst also. Du bist aus Seinem Stoff gemacht. Nimm es, wie es ist.»

«Ich habe einmal geträumt, man hätte mich vergast und ich wäre als Hitlers Schäferhund wieder aufgewacht. Woher kommen diese Träume, Großonkel?»

«Aus deiner Phantasie.» Er räuspert sich, und es klingt wie ein verstecktes Lachen. «Ein interessanter Gedanke. Wusstest du als Hund, wer du vorher warst?»

«Und ob ich das wusste.»

«Dann hattest du ein Hundeleben, das für einen Hund einmalig ist.» Wieder dieses Räuspern. «Aber lassen wir das. Erzähl mir lieber von deiner Mutter. Ist sie gesund?»

«Sie ist gesund.»

«Mein Bruder hatte acht Kinder. Sie ist eines davon. Eines von acht. Und er hat sie alle im Stich gelassen. Hat seine Frau und seine Familie im Stich gelassen, um einem Mörderberuf nachzugehen.»

«Er ist tot, Großonkel.»

«Wer einen solchen Beruf ausübt, kommt immer darin um.»

Jetzt stehen wir vor seinem Haus, und er fragt, ob ich meine Großmutter noch gekannt habe. Als ich das bejahe, nimmt er seinen Arm von meiner Schulter und sagt, dass sie eine sehr schöne Frau gewesen sei. Mit langem, goldenem Haar.

«Sie hat es immer hochgesteckt», werfe ich ein, «zu einem Dutt. Aber manchmal löste sie ihn für uns Kinder. Dann reichten ihre Haare bis über ihren Po hinunter.»

Auf dem Bett liegen ein frisch gebügeltes Hemd und der graue Anzug, den mir meine Mutter in Berlin hat schneidern lassen. Ich hatte ihn mir zum letzten Geburtstag gewünscht. Aus einem Stoff, den Mutter von einem ihrer ersten Besuche in Chemnitz mitgebracht hatte. Dem gleichen Stoff, aus dem mein Vater sich zwei Maßanzüge hatte machen lassen, als es ihm gerade anfing, besser zu gehen.

Ob er geahnt hat, dass er knapp drei Jahre später von den Nazis buchstäblich entzweigeschlagen werden würde? Ahnt man so etwas?

Ich sah ihn so gern in diesen Anzügen, deren Material sich so gut anfühlte. Er trug sie zu allen Festtagen, und die Bekannten, Freunde und Verwandten glaubten, es sei immer derselbe. Sie wunderten sich höchstens, dass Vater darin stets wirkte wie aus dem Ei gepellt, dass es keine abgetragenen Stellen gab. Auf ihre erstaunten Nachfragen antwortete Vater nur: «Englische Ware eben.»

Großonkel steht schon in der Haustür. Er hat einen altmodischen schwarzen Anzug mit langen Rockschößen an, und seine Augen sind kaum zu sehen, so breit ist die Krempe seines pelzbesetzten Hutes.

Ich streiche die Arme meines Jacketts glatt, knöpfe den mittleren Knopf zu, vergesse auch meine Mütze nicht, und wir machen uns auf den Weg.

Heute Abend, am Schabbat, ist das Gebetshaus voll. Nichts hat sich verändert, und doch scheint der Raum in strahlendes Licht getaucht.

Ich kann meinen Blick nicht vom Großonkel lassen. Wie in Trance wiegt er seinen Oberkörper nach vorne und zurück. Seine Lippen bewegen sich unablässig, aber es ist nichts zu hören, außer ab und an ein leise schmatzendes Geräusch. Ich bin fasziniert von seiner stillen Inbrunst. Doch dann bekommt sein Gesicht etwas Gläsernes, Durchsichtiges. Erst ziemlich zum

Schluss des Gottesdienstes öffnet er die Augen und sieht mich mit einer so strahlenden inneren Ruhe, einer so unbedingten Zuneigung an, dass ich kurz davor bin, loszuheulen.

«Du siehst meinem dummen Bruder manchmal erschreckend ähnlich», krächzt er auf dem Rückweg. «Nicht im Äußeren, nein, nein. Die Mimik ist es, die traurige Mimik. Manchmal.» Er beschleunigt seine Schritte, als wolle er einem ihn überwältigenden Eindruck entfliehen.

«Gleich gibt es die beste Lokschensuppe von ganz Israel. Chawas Nudelsuppe ist nicht zu übertreffen. Und erst ihre selbstgebackenen Barches! Aber weißt du überhaupt, was das ist?»

«Hältst du mich für einen Schabbesgoi?», frage ich. «Als mein Vater noch da war, kamen die Brote jeden Freitagabend auf den Tisch.»

Mein Großonkel sieht mich zweifelnd an. «War dein Vater fromm?»

«Auch.»

«Was heißt ‹auch›?»

«‹Auch› heißt ‹auch›.»

«Aha.» Er kichert. «Er war es also nicht.»

«Natürlich war er fromm.»

«Auch», wiederholt Großonkel. «Habt ihr koscher gegessen?»

«Wir durften nicht.»

«Was?» Er bleibt stehen.

«Vater war schwer lungenkrank. Er musste sogar Schweinefleisch essen, viel fettes Schweinefleisch. Und Speck. Und Schmalz …»

«Hör auf!» Großonkel hat einen Ausdruck im Gesicht, als wolle er sich im nächsten Augenblick übergeben.

«Schinken», sage ich, «Schinken habe ich vergessen.» Dann fange ich hemmungslos zu heulen an.

Ich fühle, wie mein Großonkel den Arm um mich legt und mich an sich drückt. Das hat mir gerade noch gefehlt. Ich heule wie verrückt, jaule beinahe wie ein Hund und klammere mich an ihn. Er spricht leise hebräisch auf mich ein. Seine Stimme ist jetzt wieder ganz weich, ganz hell. Nach einer Weile hänge ich mich bei ihm ein, und wir gehen den Rest der Strecke, ohne ein einziges Wort zu sagen, bis zur Haustür, vor der Chawa uns schon erwartet. Sie hat Röntgenaugen, weiß, dass etwas vorgefallen ist, sagt aber nichts und macht uns Platz.

Mein Gott, denke ich, während ich meine Lokschensuppe löffele, lass diesen Mann noch eine Weile am Leben. Plötzlich habe ich riesigen Hunger. Nach dem zweiten Teller Nudelsuppe legt mir Chawa ein großes Stück Rindfleisch auf den Teller, schiebt mir den Meerrettich hin, und ich breche ihr ein Stück Brot ab. Sie erzählt von ihren Patienten im Spital und von einem renitenten Araber, der nicht neben einem israelischen Soldaten liegen wolle.

Ich kann ihr kaum noch folgen. Großonkel gießt mir einen Rosinenwein nach dem anderen ein, prostet mir zu und sieht mich mit seinen immer glänzender leuchtenden Augen an.

«Selbstgemacht!», ruft er. «Chawas andere Spezialität. Und ihr Wischnik – wenn du den erst kostest! Hast du schon mal Wischnik getrunken? Sag bloß, deine Mutter kann auch Wischnik aufsetzen?»

«Sicher», nicke ich.

«Aus was wird Wischnik gemacht?» Er beugt sich vor und berührt mit seiner Nasenspitze fast die meine.

«Aus Kirschen», antworte ich und fasse nach seiner Nase.

Er lacht laut auf und lehnt sich zurück. «Dann wollen wir doch mal sehen und vergleichen. Spendier uns ein Gläschen, Chawa.»

«Kommt nicht in Frage. Er muss erst noch reifen. Das weißt du doch.»

«Woher habt ihr denn Kirschen?», versuche ich abzulenken.

«Aus dem Libanon», sagt Großonkel und sieht Chawa scharf an.

«Nichts gibt's», wehrt Chawa ab. «Gleich fängst du an zu tanzen.» Sie wendet sich an mich: «Dann kommt der alte Chassid in ihm durch. Das kann sehr ungesund für ihn werden.»

Der Alte schaut sie unverwandt an.

«Nächsten Monat. Versprochen.»

Damit steht Chawa auf, hält die Hand über seine Augen und gibt ihm einen Kuss auf die Stirn.

Wenn sie mir nur noch lange erhalten bleiben, denke ich wieder. Es kommt mir beinahe so vor, als habe ich endlich wieder ein Zuhause gefunden.

Ich erhalte einen Brief von Klausner aus Haifa. Darin teilt er mir mit, dass sein Schutaf bei der Suche nach meinem Bruder einen entscheidenden Schritt weitergekommen sei. Arié sei in einem Militärlazarett gesehen worden. Ich solle mir aber keine Sorgen machen, denn vermutlich sei er inzwischen schon in ein anderes Quartier, eine Art Erholungsheim, verlegt worden. Genaueres müsse der Schutaf erst noch herausfinden, aber er werde nicht eher ruhen, bis er Ariés Aufenthaltsort erkundet habe. Wenn ich jedoch zu unruhig sei – wofür er großes Verständnis hätte –, könne ich einstweilen in den Kibbuz Misra fahren, der sei Ariés letzter Wohnort vor der Einberufung gewesen. Dort habe der Schutaf auch seine Informationen her. Wann ich denn nun endlich für eine längere Zeit nach Haifa käme. Und so weiter.

Chawa erklärt mir, dass ich den Bus nach Afula über Tel Aviv nehmen müsse. Von Afula aus könne ich dann ein Sammeltaxi zum Kibbuz bekommen. Es seien da immer irgendwelche Kibbuzniks unterwegs, die nach Hause fahren wollten. Sie drückt mir eine große Flasche Wasser und ein Paket mit Wurstbroten in die Hand, begleitet mich zur Bushaltestelle und

ermahnt mich, viel zu trinken. «Das Brot ist gar nicht nötig», sagt sie, «aber es ist der Wunsch deines Großonkels. Im Kibbuz achtet man nämlich nicht besonders auf koscheres Essen. Wenn es dir dort nicht schmeckt, kannst du das Brot ja auch auf dem Rückweg ...»
Sie blinzelt mir zu, umarmt mich und läuft zum Haus zurück.
Der Bus ist schon in Sichtweite, und ich kann auf dem Schild «Haifa» entziffern. Ich frage mich, wie lange der Brief von Klausner unterwegs gewesen ist. Vielleicht wissen die beiden schon Genaueres. Und im Notfall kann ich Äddi Fichtmann in Ramat Gan kontaktieren, falls ich mich auf die Suche begeben muss.

In Haifa betrete ich das Geschäft und sehe einen Kunden, der vom Schutaf bedient wird. Der steht bewegungslos auf einer Leiter.
«Ach du meine Güte», sage ich.
«Das kann jetzt allerdings ein bisschen dauern», erklärt der Kunde.
«Wenn Sie das wissen, warum lassen Sie ihn dann überhaupt hinaufklettern?», frage ich ärgerlich.
«Es passiert ihm ja nicht immer. Außerdem habe ich diesmal wirklich nicht daran gedacht, als ich europäischen Mais verlangte.»
Wir schauen auf den Schutaf, der uns anstarrt, als wolle er jeden Augenblick losreden. Gott sei Dank taucht schon bald Adolf Klausner auf. «Man kann ihn überhaupt nicht mehr allein lassen», stellt er kopfschüttelnd fest und bittet den Kunden, sich einen Moment zu gedulden oder später noch einmal wiederzukommen. «Sie sehen ja», er zeigt auf seinen Teilhaber, «ich kann nicht an ihm vorbei, ohne dass dabei einer von uns beiden von der Leiter stürzt.» Dann zieht er mich ins Hinterzimmer.

«Weißt du inzwischen mehr über den Zustand meines Bruders?», frage ich hastig und lasse ihn gar nicht zu Wort kommen. «Hast du herausbekommen, wo er ist?»

Klausner drückt mich auf einen Stuhl, zieht sich selber einen Hocker heran und legt seine Hände auf meine Knie. «Du darfst dich jetzt nicht aufregen, wenn ich dir sage, dass er schwerer verwundet wurde, als wir dachten. Deshalb ist er auch in ein anderes Lazarett gebracht worden. In welches genau, haben wir leider noch nicht herausfinden können. Ich hoffe ja, dass das Ganze ein Irrtum ist.»

«Was heißt das?»

«Dass man Arié mit einem anderen Soldaten verwechselt. Vielleicht weiß er ja inzwischen mehr.» Mit einer schnellen Kopfbewegung zeigt er zum Laden hin, aber der Schutaf steht immer noch wie angewurzelt auf seinem Lieblingsschlafplatz hoch oben auf der Leiter.

Ich bin zu aufgeregt, zu ungeduldig, um noch länger zu warten, gebe Klausner die Adresse des Fuhrparks in Ramat Gan und bitte ihn dringend, mich sofort zu benachrichtigen, falls der Teilhaber nach seinem Aufwachen Neuigkeiten für mich habe. Ich würde inzwischen versuchen, einen Wagen zu organisieren.

Kaum bin ich bei Äddi angelangt – ich musste sehr lange auf ein Sammeltaxi warten –, taucht auch schon Klausner auf und fragt, ob wir uns draußen am Strand ein paar Minuten unterhalten könnten. Es fällt ihm offensichtlich schwer, die richtigen Worte zu finden. Vorsichtig wiederholt er, dass keine Verwechslung vorliege und Arié ernsthaft verwundet sei. Er befinde sich in irgendeinem Lazarett in der Nähe von Tel Aviv. Er sei bereits operiert worden und solle inzwischen außer Lebensgefahr sein.

«Und denk daran: Er nennt sich jetzt Arié Dagan, mit Betonung auf der jeweils letzten Silbe.»

«Ich werde ihn finden.»

Als Klausner weg ist, bitte ich Äddi um Hilfe. Er erklärt sich sofort bereit, einen Wagen zu beschaffen und sich an der Suche zu beteiligen. Wir beginnen mit einem Lazarett in der Nähe. Dort will man uns keine Auskunft geben. «Wir haben einen vorläufigen Waffenstillstand», sagt man uns, «wir geben die Namen unserer Patienten nicht preis.» Obwohl ich mehrfach beteuere, dass ich extra aus Europa angereist sei, um meinen Bruder zu finden, schütteln sie nur die Köpfe. Wütend beschließe ich, sämtliche Lazarette in der Umgebung von Tel Aviv abzuklappern. Äddi fährt mich.

Nach langem Suchen haben wir am Abend in Tel-Litwinsky endlich Erfolg. Man bestätigt uns zwar nicht die Anwesenheit meines Bruders, leugnet sie aber auch nicht, sondern rät uns, zu warten. Nach Mitternacht verabschiedet sich Äddi, und ich beschließe, hier zu übernachten. Eine Krankenschwester lädt mich in die Kantine ein und eröffnet mir dort, mein Bruder sei mit einigen seiner Kameraden zu den Feierlichkeiten des Unabhängigkeitstages nach Tel Aviv gefahren, um sich die Parade anzusehen. Er werde sicher erst in den Morgenstunden zurück sein. Später führt sie mich in den Schlafsaal und zeigt mir Adis Bett. Ich lasse mich darauf fallen und stoße einen tiefen Seufzer aus. Er lebt.

In dieser Nacht schlafe ich vor Aufregung fast gar nicht. Schon kurz nach Sonnenaufgang sitze ich in der Kantine und trinke kannenweise heißen Tee mit Zitrone. Essen kann ich nichts, und wegen des vielen Tees renne ich ständig aufs Klo. Gegen neun halte ich es nicht mehr aus. Wie lange dauert so eine blöde Parade bloß? Verdammt nochmal, wo bleibt er denn?

Gerade als ich denke, dass ich jetzt keine Sekunde länger warten kann, sehe ich ihn mir entgegenkommen. Er schwingt sich auf Holzkrücken vorwärts und erkennt mich nicht, schließlich hat er mich vor zehn Jahren das letzte Mal gesehen. Damals war ich nicht mal acht. Jetzt humpelt er, zerstreut, aber freundlich «Schalom» grüßend, an mir vorbei. Er sieht noch größer und dünner aus, als ich ihn in Erinnerung habe. Ich zögere einen Moment, dann rufe ich «Adi?», und er dreht sich erschrocken um. Ich rufe noch einmal und spurte ihm entgegen. Adi taumelt, dann lässt er eine Krücke fallen, und ich bin gerade noch schnell genug bei ihm, um ihn zu stützen.

Als wir beide wieder sprechen können, sage ich ihm, dass Mutter den Krieg überlebt hat.
«Ich hätte mich nicht getraut, zu fragen.»
Wir sitzen im Schlafsaal nebeneinander auf seinem Bett. Er macht eine lange Pause. «Als ich vorhin meinen Namen hörte, dachte ich im ersten Moment, Mama hätte mich gerufen. Ich bekam einen irrsinnigen Schrecken. Man sagt ja, wenn seine toten Verwandten zu einem sprechen, ist es bald auch mit einem selbst so weit.»
«Wir sind nicht tot.»
«Ich habe euch aber für tot gehalten. So lange nach Kriegsende immer noch kein Lebenszeichen, und jeden Tag werden neue Gräueltaten der Nazis bekannt – welche Hoffnung soll man da noch haben? Da höre ich plötzlich diesen Namen. Und deine Stimme … Genau so hat Mama immer geklungen, wenn sie zu Hause in der Elberfelder Straße zur Tür reinkam. Erinnerst du dich noch? Vater war in Meran zur Kur, Mama musste zusehen, wo sie das Geld auftreiben konnte, und ich kümmerte mich ganz allein um den Haushalt. Auch um dich. Nicht einmal waschen wolltest du dich morgens. Ich musste dich in die Badewanne stellen und abschrubben.»
«Kalt.»
«Kalt, ja. Das hat dich abgehärtet, oder nicht? Ich bin si-

cher, das ist mit ein Grund dafür, dass du heute lebend vor mir stehst.»

«Ach was, das war nur deine sadistische Ader.»

«Quatsch. Aber vielleicht der Putzteufel in mir, den ich von Mama geerbt habe. Jedenfalls hatte ich vorhin, als du mich gerufen hast, das Gefühl, mir schlägt einer ins Kreuz. Ich habe dich zwar gesehen, aber nicht erkannt. Selbst wenn ich dich jetzt so anschaue, kann ich dich mit meinem kleinen Bruder aus Berlin nur schwer unter einen Hut bringen.»

«Ich habe dich sofort erkannt», stichele ich.

«Vielleicht liegt's am Alter. Wahrscheinlich habe ich mich weniger verändert, seit damals. Was man von dir ja nicht gerade behaupten kann. Das Einzige, was an dir konstant geblieben zu sein scheint, ist deine Größe, oder?» Adi grinst. «Falls du mich jetzt hauen willst – ich bin Invalide.»

Ich muss lachen. Diese Frotzeleien haben mir so gefehlt. «Wo hast du eigentlich die ganze Zeit gesteckt: Seit gestern Abend habe ich auf dich gewartet.»

«Wir sind erst frühmorgens wieder im Lazarett abgesetzt worden. Ich war so müde, ich konnte mich kaum mehr auf meinen Krücken halten. Sie hatten zwar in Tel Aviv für uns Verwundete provisorische Tribünen aufgebaut, aber sitz du mal die ganze Nacht mit schmerzendem Fuß auf harten Holzplanken. Gegen Ende der Parade wusste ich nicht mehr, wo es mir überall wehtat. Trotzdem, es war ein eindrucksvolles Erlebnis. Besonders die erbeuteten Waffen: bestes englisches Material und ohne jeden Kratzer. Wenn wir die in Jerusalem gehabt hätten, dann hätte mancher von uns das Lazarett nie von innen gesehen.»

Er macht eine lange Pause, und ich denke an unsere letzte Begegnung. Es war auf einem Bauernhof bei Storkow in der Mark Brandenburg, wo man ihn auf die landwirtschaftliche Arbeit in Palästina vorbereitete. Damals hieß es noch Palästina, obwohl es schon eine Menge Kibbuzim im Lande gab.

Deutsche Bauern konnten im Jahre 1938/39 noch Abkommen mit jüdischen Organisationen treffen, um Jugendliche auszubilden, die auswandern wollten. Die Bauern bekamen dafür eine Menge Geld, hielten die jüdischen Kinder aber sehr kurz und ließen sie nicht zu nahe an sich heran.

Dort hatten Mutter und ich ihn besucht, und Adi erzählte uns, dass er und seine Kameraden sich wie Ausgestoßene vorkämen. Sie mussten sich draußen im Hof waschen. Bei klirrender Kälte.

Adi hatte die Kühe zu versorgen, er lernte das Melken, das Ausmisten, und wenn er zu früh am Tag fertig war, musste er die Kühe striegeln. Bisher hatte er angenommen, dass man das nur bei Pferden tue.

Die Bauersleute aßen nicht mit den Kindern zusammen, sondern füllten ihnen Blechnäpfe und schickten sie damit in ihre Unterkünfte. Lockerungen gab es nur, wenn einer der jüdischen Organisatoren eintraf, um sich nach ihrem Befinden zu erkundigen. Dazu musste er sich jedoch vorher anmelden, damit der Bauer Zeit hatte, sich vorzubereiten. Dann ließ er die Jungen vor dem Hachschara-Beauftragten, dem Ausbildungsbeauftragten also, das Reiten üben, Adi musste seine Melkkünste vorführen, und wenn der Besuch wieder weg war, schnauzte der Bauer die Jungen an: Sie hätten wie die Geldsäcke auf den armen Gäulen gesessen, und Adi werde nie das Melken lernen, weil er wahrscheinlich als Säugling bereits zum Geldzählen erzogen worden sei.

Mein Bruder erzählte uns das alles auf einem Spaziergang über feuchte Lehmwege unter dicht verhangenem Himmel. Er war damals schon sehr groß, sehr schmal und trug einen grauen Kleppermantel, in dem er richtig männlich aussah. Mutter hatte ihm den zum Schutz gegen das ständige Schmuddelwetter geschickt.

Adi fragte nach Vater, und Mutter sagte, dass er sich noch zur Kur in Meran aufhalte und sie auch nicht wolle, dass er so schnell zurückkehre. Die Deutschen hätten nämlich gerade alle Polen jüdischer Herkunft über die polnische Grenze abgeschoben, und Papa wäre es sicher genauso ergangen, wenn er daheimgeblieben wäre. Sie hoffe aber, dass sich die Deutschen bald beruhigen würden. Vor allem, wenn sie erführen, dass Papa und sie inzwischen von den Polen ausgebürgert worden seien.

Adi zog ein sehr bedenkliches Gesicht und meinte, dass das alles noch verschlimmern könne, da sie ja jetzt gar keinen nationalen Schutz mehr beanspruchen könnten.

Mutter machte eine wegwerfende Bewegung: Die Polen seien mindestens genauso schlimm wie die Deutschen. Eine verhängnisvolle Fehleinschätzung, wie sich bald darauf herausstellen sollte. Das Markanteste, das mir über all die Jahre von Adi in Erinnerung geblieben ist, war sein bedenklich verzogenes Gesicht und sein langer Kleppermantel.

«Erinnerst du dich noch an den Mantel, den du trugst, als Mutter und ich dich auf dem Bauernhof in der Mark Brandenburg besuchten? Ich hätte damals zu gern auch so einen gehabt. Aber Mutter sagte, es gäbe ihn nicht in meiner Größe. Damals haben wir dich zum letzten Mal gesehen. Wir wussten nur, dass die Hachschara euch in Kürze wegbringen wollte, wahrscheinlich nach Dänemark. Wann genau, stehe noch nicht fest. Aber du bestandest darauf, dich für längere Zeit von uns zu verabschieden. Danach haben wir nichts mehr von dir gehört.»

Mein Bruder schaut mich mit feuchten Augen an. «Zwei Tage später fuhren wir in Richtung Dänemark ab. Wir passierten ohne große Schwierigkeiten die Grenze und wurden zur Insel Fünen gebracht, wo man uns auf verschiedene Bauernhöfe verteilte. Ich kam bei einem Bauern unter, der kein Wort Deutsch sprechen wollte. Ich konnte ihn zwar auf Deutsch fragen, aber er antwortete nur auf Dänisch.

Er hatte Spaß daran, wie schnell ich die fremde Sprache lernte. ‹In einem halben Jahr sprichst du so gut Dänisch, dass kein Mensch mehr auf die Idee kommt, du könntest Ausländer sein›, sagte er mir eines Tages und strich mir übers Haar.

Auch hier musste ich arbeiten. Aber höchstens fünf Stunden am Tag, denn es kam lediglich auf die Ausbildung an. Danach durfte ich tun, was ich wollte. Das Essen war so reichlich und schmeckte so gut, dass ich wie ein Hefekloß aufging. Und wenn ich auf den dickärschigen Dänenrössern ausreiten wollte, steckte mir die Bäuerin eingepacktes Smørrebrød in die Tasche, weil sie Angst hatte, ich könne unterwegs verhungern. Seitdem reite ich für mein Leben gern. Später im Kibbuz konnte ich mich sogar auf den mächtigsten Kaltblütern halten.

Eines Abends, wir saßen gerade beim Abendbrot, machten mir beide den Vorschlag, mich zu adoptieren. Sie seien ja ihr Leben lang ohne Kinder geblieben, weiß der Himmel, weshalb gerade ihnen das habe passieren müssen. Und ich sei doch mit meinen zwölf Jahren in einem Alter, in dem ihr Sohn hätte sein können, wenn sie einen zustande gebracht hätten.

Ich war wie vor den Kopf gestoßen und wusste nicht, was ich antworten sollte. Als ich schließlich sagte, dass ich doch kein Waisenkind sei, zogen sie mitfühlende Gesichter und fragten, ob ich denn Nachricht von meiner Familie hätte. Im Übrigen seien die Deutschen gerade ohne Kriegserklärung in Dänemark einmarschiert und fingen schon an, nach Juden zu fahnden. Sie hätten große Sorge, dass es ihnen nicht möglich sein würde, mich zu schützen, wenn sie mich nicht als ihren Sohn ausweisen könnten. Noch seien die dänischen Behörden in der Lage, eine Adoption abzuwickeln. Ich möge nicht zu lange überlegen. Bald würde die Gestapo auch in Fünen einfallen.

Schon zwei Tage später waren sie da, und plötzlich hingen überall Plakate in deutscher und dänischer Sprache, dass sich alle Personen jüdischer Herkunft bei den angegebenen Stellen zu melden hätten. Noch in der gleichen Nacht kamen alle Bauern der Gegend zusammen, bei denen jüdische Kinder untergebracht waren. Sie beschlossen, sich mit Freunden, vor allem mit Fischern, in Schweden in Verbindung zu setzen, um die Flucht vorzubereiten und uns bis dahin zu verstecken.

Auch die Hilfsbereitschaft der schwedischen Fischer war überwältigend. Die Bauern hatten die ersten oberflächlichen Kontrollen der Gestapo noch abgewartet – die Deutschen gingen vorsichtig vor, weil sie die Dänen, die ja als reinrassige Arier galten, nicht gleich verprellen wollten – und erst in der Nacht darauf alle Kinder zusammengetrommelt.

Wir kamen in dicken, selbstgestrickten Pullovern und mit riesigen Fresskörben an die Boote, die in der tosenden See schon an den Stegen rollten. Alle Bauern hatten sich versammelt und verabschiedeten sich von uns, als wären wir ihre leiblichen Kinder.

Während die anderen in die Boote stiegen, flüsterte mir meine Bäuerin zu, dass der Krieg irgendwann vorbei wäre und die Deutschen sicher bald eins auf die Mütze bekämen. Dann sei es Zeit, zurückzukommen und den Hof zu übernehmen. Palästina sei doch viel zu heiß und ungesund.

Sie wollte mich gar nicht loslassen, und erst als einer der Fischer ungeduldig nach mir pfiff, stieß sie mich fast ins Boot. Die kleinen Fischkutter brauchten lange, um im aufgewühlten Wasser von der Küste wegzukommen.

Ich konnte die Bäuerin noch lange sehen. Sie stand ganz allein, winkte nicht, hatte nur ihr Haar, das sonst zu einer Schnecke geflochten war, gelöst und ließ es im Sturmwind wehen wie eine goldgelbe Flagge. Ich konnte den Anblick nicht mehr ertragen, hockte auf der Bank und schob meinen Kopf zwischen die Knie. Dann schlugen auch schon die ersten hohen Brecher gegen den Bug, und einige von uns begannen, sich zu übergeben.

Dass wir in Schweden landeten, bekamen wir gar nicht mit. Halb ohnmächtig wurden wir in rot angestrichene Häuser mit weißen Fensterrahmen getragen, ausgezogen und mit dicken Tüchern abgerubbelt, bis wir wieder zu uns kamen. Aber keiner von uns wollte die angebotenen Speisen anrühren. Nur schlafen, dachten wir. Nur schlafen.»

Wir sitzen stundenlang nebeneinander, und mein Bruder erzählt noch, wie sie bald darauf über die Sowjetunion, die Türkei und Syrien nach Israel gebracht wurden.

Erst gegen Abend beruhigt er sich ein wenig. «Ich weiß gar nicht mehr, wie wir in diese Baracke gekommen sind», sagt er schließlich verwundert. «Ich sehe mich nur hier auf meinem Bett sitzen und heulen, weil du mir erzählt hast, dass Vater gestorben ist. Und dass Mutter noch lebt. Die ganze Zeit schon suche ich in deinem Gesicht nach etwas, was mir von dir im Gedächtnis geblieben wäre. Aber ohne Erfolg.»

Jetzt ist sein Lächeln ein bisschen schief und ziemlich verlegen.

Mein Bruder rät mir, so schnell wie möglich Iwrit zu lernen. «Am besten, du gehst in einen Kibbuz. In die Arbeit eingespannt, lernst du am schnellsten, wie man normal redet, ohne andauernd die albernen Bibelzitate zu benutzen. Die meisten Einwanderer versuchen mit ihrem Bibel-Hebräisch zu imponieren und können nicht mal einen Blumenkohl kaufen. Es sei denn, du willst die Sprache gar nicht lernen, weil du gleich wieder weg möchtest?» Er steht mit seinen Krücken vor mir, lang aufgeschossen, dünn wie ein Spargel, und sieht mich forschend an.

Ich frage ihn, ob er sich in der griechischen Mythologie auskennt. «Da gibt es eine Göttin, Athene, deren Aufgabe, ich sag es mal verkürzt, die Förderung des Bildungswesens und der Wissenschaften ist. Man nennt sie auch die ‹Kuhäugige›. Wenn es ein männliches Pendant dazu gäbe …»

Aber ich habe Adi unterschätzt. Er schlägt mir mit seiner Krücke lachend die Beine weg, so schnell, dass ich es nicht mehr schaffe, zur Seite zu springen. Ich falle ziemlich hart auf meinen Hintern, schreie, dass die Kuhäugigkeit als Kompliment gemeint gewesen sei, und versuche, ihn damit zu besänftigen, dass er mir doch erzählt habe, er wolle Lehrer werden. Nur deshalb sei ich überhaupt auf diesen Vergleich gekommen.

Er steht über mir und hält mir eine Krücke unter die Nase: «Noch eine solche Frechheit, und du fliegst mit dem Kopf gegen die Eckkneipe.»

«Sagt man schon ewig nicht mehr in Berlin», verbessere ich ihn. «Herrgott, bist du lange weg gewesen.»

Wieder hat er diesen traurigen Blick. Ich stehe vorsichtig auf und möchte meinen großen Bruder am liebsten umarmen. Aber ist er es noch? Ist er nicht in einer Zeit hängengeblieben, die längst untergegangen ist?

«He», sage ich zu ihm, «mach mal deinen Kopf frei von diesen alten Vokabeln. Berlin ist ein mistiger, stinkender Trümmerhaufen. Nur wenig von dem, was du kanntest, existiert noch.»

«Warum ist Mama nicht mitgekommen?», fragt er und wendet mir den Rücken zu.

«Sag nicht immer ‹Mama› zu ihr. Auch so ein Wort, das ein bisschen lächerlich wirkt, wenn es ein Lulatsch wie du gebraucht.»

«Für mich ist und bleibt sie Mama. Egal, welche neuen Begriffe ihr dafür gefunden habt.»

«Ja, ja. Wenn sie dir früher einen Kuss irgendwohin gab, hast du dich da tagelang nicht gewaschen», brumme ich missmutig. Ich schaue zu Boden und spüre wieder seinen forschenden Blick.

«Wie nennst du sie denn?», will er nach einer Weile wissen.

«Mutter, wie sonst?»

«Na gut. Dann bleibt eben jeder bei seiner Ausdrucksweise. Kann ich dich bei der Gelegenheit bitten, mich Arié zu nennen? Du weißt, woran mich Adi erinnert.» Langsam humpelt er auf die Krankenbaracke zu. «Wenn die Abschlussuntersuchungen positiv verlaufen, werde ich wohl in der nächsten Woche entlassen, und du solltest dir überlegen, ob du dann in die Stadt oder in einen Kibbuz willst. Bei Chawa und unserem Großonkel würde ich jedenfalls an deiner Stelle nicht mehr allzu lange herumsitzen.»

«Bisher haben sie sich noch nicht beschwert.»

Vor dem Eingang zur Krankenbaracke bleibt er stehen, lehnt die Krücken an die Hauswand und legt mir die Hand auf die Schulter. «Du musst dich bald entscheiden», sagt er leise. «Gehst du in einen Kibbuz, gehe ich mit. Willst du in die Stadt, müssen wir uns eine Unterkunft suchen. Meine Ausbildung habe ich abgeschlossen, und Lehrer sind knapp. Ich könnte also erst mal für uns beide sorgen.» Als ich widersprechen will, klopft er mir beruhigend auf den Rücken. «Natürlich nur, solange du selbst kein Geld verdienst. Egal womit.» Er grinst mich an und humpelt in die Baracke. «Übrigens hast du meine Frage nach Mama immer noch nicht beantwortet.»

«Ich glaube, sie spürt, dass dies hier nicht ihr Land ist. Sie hat einen kolossalen Riecher für so was. Das ist alles.»

«Und du?» Mein Bruder bleibt hartnäckig. «Könntest du hier leben?»

«Was soll ich dir darauf antworten?», erwidere ich. «Ich bin doch erst ein paar Wochen im Land, wie soll ich das denn jetzt schon wissen?» Ich merke, dass ihn meine Wischiwaschiantwort irritiert.

«Du willst doch wohl nicht etwa in ein Land zurück, das uns Derartiges angetan hat? Was hast du denn da noch verloren?»

Wir setzen uns auf sein Bett und müssen flüstern, denn zwei Betten weiter liegt ein älterer Mann, hat in Höhe seines Bauches ein Buch auf der Bettdecke liegen und schnarcht leise. Es hört sich mehr wie ein Röcheln an, und das Buch zittert und scheint in der Luft zu schweben, wenn er einatmet. Ich schaue fasziniert zu ihm hinüber und bin gleichzeitig über die Geräusche erschrocken, die mir beinahe wie die eines Sterbenden vorkommen.

«Keine Angst», höre ich meinen Bruder sagen, als könne er meine Gedanken lesen, «der überlebt uns alle. Nachts dreht er erst richtig auf. Dann wechseln wir uns ab mit Nasezuhalten. Jede Nacht ist ein anderer dran. Merkwürdigerweise schnarcht er erst gegen Morgen weiter, wenn wir ihm einmal den Rüssel zugedrückt haben.»

«Brutal.»

«Ach, Unsinn. Er ist uns sogar dankbar. Schnarchen, meint er, sei ein Zeichen für ungenügende Luftzufuhr. Wenn es zu stark werde, könne sein Herz stehenbleiben. Er betrachtet uns quasi als seine Lebensretter.»

«Was fehlt ihm denn?»

«Er ist an der Hüfte operiert worden. Wir haben hier tolle orthopädische Chirurgen. Sie haben ihm die halb zertrümmerte Hüfte wieder zusammengenagelt und garantieren ihm, dass er in ein paar Monaten ganz normal laufen kann. In zwei Jahren wird er wohl nicht einmal mehr hinken. Stell dir das vor.

Mir wurde die Achillessehne zerschossen, und sie können mir keineswegs garantieren, dass ich jemals zu hinken aufhöre. Irgendwas ist kaputtgegangen, sodass ich die Zehen nicht mehr bewegen kann. Die Ärzte sagen, ich müsse damit rechnen, dass sie sich im Laufe der Zeit zusammenkrümmen und ich erneut operiert werden muss. Und das, meinen sie, wird sich regelmäßig wiederholen. Ich bin schon ein enormes Glückskind. Und jetzt erzähl mir endlich, warum Mama lieber in Deutschland bleiben will, aber leise.» Er drückt mir seine Krücken in die Hand und legt sich aufs Bett.

Erschreckend müde wirkt er, denke ich. Für einen kurzen Moment sehe ich das Gesicht eines alten Mannes. Ja, so wird er mit achtzig aussehen. Ich stütze mein Kinn auf seine Krücken, und er schaut mich erwartungsvoll an. «Los, setz dich. Ich höre.»

«Ich würde beim Erzählen lieber ein wenig auf und ab gehen.»

«Bloß nicht», flüstert er und bedeutet mir nochmals, mich hinzusetzen.

Ich berichte ihm also, dass Mutter zurzeit ein tolles Leben in Berlin führt. «Sie ging schon kurz nach dem Krieg in die Vollen. Offenbar wollte sie einiges nachholen. Sie hat sich ein richtiges kleines Imperium aufgebaut. Organisierte drauflos, hatte zeitweise gleich zwei Lastwagen laufen, die Textilien von Chemnitz nach Berlin brachten. Engagierte sogar einen Chauffeur für ihren Privatwagen. Einen Mercedes V170. Mutter saß immer auf den Fondsitzen, mit auf der Rückenlehne ausgebreiteten Armen, und ließ sich durch die Gegend fahren. Ich war sehr stolz auf sie, aber sie hat sich gern lustig über sich selbst gemacht. ‹Bequemer kann es dieser scheiß Hitler doch auch nicht gehabt haben›, sagte sie zu ihrem Chauffeur und spuckte Kirschkerne durchs offene Wagenfenster auf die Straße hinaus. Ich fuhr oft mit nach Chemnitz und lachte mich scheckig über sie.

Mit Männern hatte sie nichts im Sinn, soviel ich mitbekommen habe. Sie fing wohl mal was mit einem Jugoslawen an, der für sie arbeitete, aber der war schon bald wieder weg vom Fenster. Ich habe den Verdacht, dass sie immer noch mit unserem Vater zusammenlebt. Nachts hörte ich sie in ihrem Zimmer manchmal mit sich selber sprechen. Richtige Dialoge waren das.»

«Vielleicht sollte man ihr wünschen, dass sie jemanden kennenlernt», wirft Arié ein, «damit sie endlich aufhört, in der Vergangenheit zu leben.»

«Ob ihr das jemals gelingt, weiß ich nicht, aber im Augenblick wird ihr jeder Wunsch von den Augen abgelesen. Trotzdem überlegt sie ständig, auszuwandern, und schwatzt andauernd von Israel oder Brasilien.»

Ich beschreibe ihm die Wohnung, die Mutter in Wilmersdorf gemietet hat. «Die muss früher riesig gewesen sein. Vorne eine große Diele und hochherrschaftliche Zimmer mit deckenhohen Schiebetüren. Durch eine kleine Tür zu erreichen, schließt sich ein langer Korridor an, von dem zwei Schlafzimmer, ein Bad mit tief in den Boden eingelassener Wanne, zwei halbe Zimmer fürs Gesinde und am Ende eine große Küche abgehen, in der es einen direkten Zugang zum Gartentreppenhaus gibt. Kannst du's dir vorstellen?»

Er nickt.

«Der vordere Wohnungsteil ist bis zu den Schiebetüren ausgebombt. Mutter hat in der Diele und im ganzen ehemaligen Wohnbereich Bretter legen lassen. Von den halb verkohlten Deckenbalken hängen nackte Glühbirnen. Nachts nach Hause zu kommen und da durch zu müssen, ist ganz schön gespenstisch, sage ich dir. Es riecht auch immer noch leicht verbrannt.»

«Da kann sie in Haifa oder Tel Aviv weit luxuriöser wohnen.»

«Ja, aber die Miete! Für das, was sie in Berlin zahlt, kriegst du hier gerade mal ein Klohäuschen. Eben wegen der halben Ruine. Und der hintere Teil der Wohnung ist wirklich nicht zu schlagen. Mutter hat das erste Zimmer als Wohnzimmer, das zweite als Schlafzimmer eingerichtet, und mich hat sie kurzerhand in eins der Gesindezimmer gesteckt. Wie findest du das?»

«Schlimm.»

«Aber woher!» Ich muss lachen und erkläre ihm, dass mein Berliner Zimmer hier als großzügiges Schlafgemach gelten würde. «Mutter hat endlich mal ein bisschen Luxus gebraucht. Sie hat sich während unserer Zeit im Untergrund monatelang in Holzlauben, Splittergräben und bestenfalls in Wochenendhäusern herumdrücken müssen, bis wir endlich zu Hotzes kamen.»

«Wer sind die Hotzes?»

«Die haben uns versteckt. Hotze ist Kommunist und fanatischer Nazihasser. Sein Haus liegt in Kaulsdorf-Süd. Weißt du noch, wo das ist?»

Arié schüttelt den Kopf.

«Noch vor Mahlsdorf. Die S-Bahn fährt dorthin und dann weiter nach Strausberg. Vater war früher ein paarmal mit uns da. An Strausberg erinnerst du dich aber noch, oder?»

Mein Bruder sieht mich nur stumm an.

«Vater ist doch immer zur Weihnachtszeit mit uns hingefahren, weil es dort diesen guten Gänsebraten mit Grünkohl gab. ‹Der Strausberger Gänsebraten ist durch nichts zu übertreffen›, pflegte er zu sagen. ‹Und der Grünkohl ...› Mutter ist nur ein einziges Mal mitgekommen. Sie hasste es, wenn wir danach durch die Wälder liefen und um die Wette pupsten.»

Arié lacht leise. «Vater war von uns dreien das größte Kind.»

«Und du hast uns im Pupsen alle an Ausdauer übertroffen. Zum ‹Furzmeister von Strausberg› hat er dich gekürt.»

Ich sehe, wie meinem Bruder die Tränen in die Augen schießen. Sein Adamsapfel bewegt sich rauf und runter. Er möchte es vor mir verbergen, und ich tue so, als kriege ich es nicht mit.

«Wie ist er denn eigentlich gestorben?»

«Frag lieber nicht.»

«Wie ist er gestorben?», insistiert er.

Ich versuche, es ihm so schonend wie möglich beizubringen. «Mutter hat ihn noch aus dem KZ rausgeholt und ins Jüdische Krankenhaus einliefern lassen. Sie hat einen ziemlich jungen SS-Mann bezirzt, der sie auf der Straße angesprochen hatte. Sie hielt draußen oft ihre Handtasche vor den Judenstern, nahm sie aber sofort weg, als er auf sie zutrat. Er muss wie der Teufel weggelaufen sein. Hat aber vorher noch leise ‹Entschuldigung!› rausgebracht. Wenn Mutter das nachmacht, schmeißt du dich weg. Einige Tage später stand er plötzlich bei uns auf der Matte. Jedenfalls war er in der Prinz-Albrecht-Straße tätig, hat Mutter eine Audienz bei einem hohen Tier der SS verschafft, und der hat daraufhin Vater aus dem KZ Sachsenhausen freigelassen. Er muss wohl, auf Anfrage beim Lagerkommandanten, mitgeteilt bekommen haben, dass Vater, in welcher Umgebung auch immer, nicht mehr lange zu leben hätte. Man hatte ihm den Brustkorb eingetreten und wusste, dass er sich davon nicht erholen würde.»

Mein Bruder will nach meinen Händen greifen, die auf seinen Krücken liegen, schafft es aber nicht und hält sich im letzten Moment an einem der Schäfte fest. Wir schwanken beide, meine Beine fühlen sich wie Gummi an, und ich komme nur mühsam wieder ins Gleichgewicht, aber Adi rutscht langsam vom Bett herunter. Ich setze mich neben ihn auf den Boden und fasse es nicht: Er lacht. «Entschuldigung», sagt er. «Du hast so komisch ausgesehen. Dein Krückentanz eben war nicht ohne.»

«Genau so habe ich gelacht, als mir Mutter Vaters Tod mitteilte. Es war die pure Hysterie, aber sie hat mir eine geklebt, dass ich glaubte, auf meinem Hals säße kein Kopf mehr.»

«Wie hat er denn im Krankenhaus ausgesehen? Hast du ihn noch erkannt?»

«Nur an den Augen.»

Ich sehe meinen Bruder an, und in ihm steigt ein schreckliches Schluchzen hoch.

«Weißt du», sagt er nach einer Weile, «wie er gelitten haben muss? Dieser sensible, hochempfindliche Mann?» Er dreht sich weg und weint gottsjämmerlich. «Weißt du, wie viel er durchgemacht hat, bevor er endlich starb?»

Ich starre vor mich hin und gebe mir Mühe, mich nicht von ihm anstecken zu lassen. Plötzlich sehe ich Vater vor mir. Den zum Babykopf geschrumpften Schädel auf das Kissen gebettet. Die langsam nachwachsenden Stoppelhaare und die übergroßen grauen Augen, in denen schon der Tod arbeitete. Ich lege den Arm um meinen Bruder und flüstere stockend, es sei genug. Man könne es auch übertreiben. Dann weine ich ebenfalls lautlos vor mich hin. Wir streicheln uns gegenseitig über den Rücken. Wie abwesend.

Irgendwann helfe ich Arié wieder aufs Bett. «Vielleicht sollten wir uns auf seine Lebendigkeit konzentrieren», sage ich. «Vielleicht fällt uns zusammen noch manches ein, worüber wir lachen können.»

Arié nickt und sagt tonlos: «Die Zeit, um über sein Sterben zu sprechen, ist einfach noch nicht gekommen.»

Deinem Großonkel geht es nicht gut», sagt Chawa.
Ich bleibe in der Tür stehen. Mein Herz schlägt wie verrückt.

«Komm rein, er wartet schon auf dich.» Ihre Stimme zittert, während sie mir meine Tasche abnimmt und mir bedeutet, zu ihm hineinzugehen. Er streckt mir die Hand entgegen und schlägt mit ihr auf die Bettdecke, bevor ich sie erreichen kann.

«Setz dich», sagt er mit klarer Stimme. «Ich habe lange über deine Ängste nachgedacht. Natürlich gibt es für uns nach dem Tod keine Verwandlung in ein Tier. Wenn es sie aber gäbe», er sieht mich mit einem nahezu hinterhältigen Lächeln an, «was glaubst du, wäre wohl die für uns traurigste Tierart, in die wir schlüpfen könnten?»

«Ich weiß es nicht», entgegne ich nach einer Weile. «Mich würde erst mal interessieren, wie es dir geht.»

«Denk nach», sagt er.

«Ich weiß es wirklich nicht.»

Die Tür öffnet sich einen Spaltbreit. Chawa ist sicher ebenso unruhig wie ich.

«Ich werde es dir sagen», fährt Großonkel fort. «Die scheußlichste Wiedergeburt wäre die Verwandlung in einen Fisch. Der kann ja nicht mal schreien, wenn er erschlagen wird.» Er fängt an zu lachen. Doch sein Lachen geht in einen erschreckend hohl klingenden Husten über. Ich springe auf, und da steht Chawa auch schon neben mir.

«Er hat wahrscheinlich eine Lungenentzündung. Soll so wenig wie möglich sprechen und redet wie ein Buch. Wenn er so weiterquasselt, musst du raus», wendet sie sich an mich.

Großonkel greift nach meiner Hand und versucht, mich aufs Bett zurückzuziehen.

«Wo hat er sich das denn geholt?», frage ich und setze mich völlig erschöpft zu ihm. Seine Haut ist quittengelb, und seine Augen liegen so tief in den Höhlen, dass man sie nur manchmal hervorblitzen sieht. Chawa erzählt, dass er vorgestern trotz starken Windes nach oben gelaufen sei. Man habe ihn auf dem Rückweg gefunden und nach Hause gebracht. Er sei unterwegs ohnmächtig geworden.

Großonkel schüttelt heftig den Kopf und hustet weiter. Chawa schiebt eine Hand unter seinen Rücken und klopft mit der anderen sein Kissen auf. Dann greift sie fachmännisch unter seine Achseln und zieht ihn mühelos hoch, sodass er fast zum Sitzen kommt.

Er muss federleicht sein, denke ich erschrocken. «Er gehört ins Krankenhaus», flüstere ich Chawa zu, während er weiter den Kopf schüttelt. Wieder habe ich das seltsame Gefühl, dass er mein Flüstern verstanden hat. Chawa setzt sich neben mich und streichelt seine Hand.

«Man hat mich beurlaubt», sagt sie, «und unser Arzt aus dem Krankenhaus kommt jeden Tag zur Visite. – Er will zu Hause sterben», wispert sie mir ins Ohr, und ihre Stimme zittert noch mehr. «Er ist so stur. Ich kann dir gar nicht sagen, was ich hier durchmache.» Sie hat Tränen in den Augen und sieht mich voller Verzweiflung an. «Keine Angst», sagt sie dann etwas gefasster. «Es wird alles für ihn getan.»

«Wie spät ist es?», fragt Großonkel. Wir haben gar nicht gemerkt, dass er zu husten aufgehört hat.

Ich schaue auf meine Uhr. «Kurz nach sechs», sage ich.

«Ihr müsst mich nach oben bringen. Wenn ihr beide mich begleitet, schaffe ich es.»

«Den Teufel werde ich tun», erwidert Chawa. «Ich geb dich noch nicht her. Wenn wir dich nach oben bringen, schnappt er dich. Du könntest von Glück sagen, wenn du vorher Zeit hättest, ein kurzes Gebet zu sprechen. Im Ernst, Vater, du hast Fieber, und ich lasse dich nicht einen Schritt aus dem Haus gehen. Das würde nicht mal ein junger Mensch überleben.»

Er sieht sie strafend an und meint, es sei ihm versprochen worden, hundertfünf Jahre alt zu werden. Aber er dürfe nicht einen Tag seinen Spaziergang zu Ihm hinauf versäumen.

«Wer hat dir das versprochen?», fragt Chawa. «Gott etwa?»

Großonkel strahlt übers ganze Gesicht. «Der Arzt, zu dem du mich jedes Mal treibst», antwortet er gelassen und sieht mich dabei an. «Hilfst du mir?»

Ich nicke.

Chawa springt auf. «Seid ihr jetzt beide verrückt geworden?», schreit sie. «Er liegt hier auf den Tod, und du bestärkst ihn noch in diesem Unfug?»

«Wenn er auf den Tod liegt», überlege ich laut, «ist es doch egal, ob er hier, auf dem Weg nach oben oder in der Synagoge stirbt. Ich weiß, dass ich damit eine furchtbare Verantwortung auf mich nehme, aber ich habe das Gefühl, in seinem Bett wird er sich nicht gegen den Tod aufbäumen.»

«Zwei Verrückte», schreit Chawa, «das hält ja kein Mensch aus. Ich rufe sofort im Krankenhaus an, damit sie ihn abholen.» Krachend schlägt sie die Tür zu, und ich höre sie das Haus verlassen.

«Sie läuft nur zum Nachbarn, um dort zu telefonieren», sagt Großonkel gelassen. «Wir müssen auf dem Weg sein, bevor die Krankenwagen hier auftauchen. Sie kommen meist mit zweien, ich weiß bis heute nicht, warum.»

Er macht Anstalten, das Bett zu verlassen. Ich helfe ihm beim

Ankleiden, greife mir aus seinem Schrank einen dicken Wollschal, den er aus Polen mitgebracht haben muss, und binde ihm den um den Hals, während er noch mit dem Zuknöpfen der Hose beschäftigt ist. Dann halte ich ihm ein dickes Jackett und seinen Mantel hin und stütze ihn auf dem Weg zur Garderobe. Er keucht ein wenig, aber das kann der Hustenschleim sein. Und das hieße, dass der Husten lockerer würde. Vor der Garderobe drückt er sich seinen pelzbesetzten Hut auf den Kopf, und wir treten auf die Straße. Da erst sehe ich seine Füße. «Die Schuhe, Großonkel, die Schuhe!»

Jetzt schaut auch er auf seine schwarzbestrumpften Füße hinunter. «Bringst du sie mir?»

Ich bin schon auf dem Weg, da ruft er mir hinterher, dass sie sicher in Chawas Schrank versteckt sind. Ich renne in ihr Zimmer, wühle mich durch die Kleider und habe sie tatsächlich sofort in der Hand.

Während er an der Hauswand lehnt, ich vor ihm knie und er mir erst den einen, dann den anderen Fuß hinhält, murmelt er, dass es ja nur ein Versteck für die Schuhe gegeben haben könne – Chawas Schrank. «Sie weiß genau, dass ich den nie öffnen würde. Habe ich ja auch nicht. Und was kann ich schon dafür, wenn du dich an ihrem Eigentum vergreifst.»

Wir schaffen den Weg nach oben, ohne eine einzige Pause einlegen zu müssen. Ich kann mir nicht helfen, aber ich habe das Gefühl, dass ihn jemand treibt.

In der Synagoge setzt er sich gleich auf seinen gewohnten Platz und atmet schwer. Schweiß bildet sich auf seiner Stirn, und auch beim Abschlussgebet steht er nicht auf.

«Geht es noch?», frage ich. «Soll ich um Hilfe bitten?»

Er lehnt es heftig ab. «Wir werden eher unten sein als die ganze Truppe mit ihrem Krankentransport. Du wirst sehen.»

Auf der Hälfte des Weges kommen uns holpernd die Wagen entgegen und lassen ihre Sirenen heulen. «Hab ich's dir nicht gesagt? Immer zu zweit. Und wie sie gleich loslegen.» Er hält sich an mir fest, wir müssen beide lachen.

«Nicht husten, Großonkel. Bei meiner Lungenspitzentuberkulose habe ich auch immer versucht, den Husten zu unterdrücken. Das schont die Innereien.»

«Innereien?»

«Bronchien, Lunge. Die Entzündung breitet sich weniger rasch aus, glaub mir.»

«Was du alles weißt.» Er umarmt mich. «Mein einziger …» Er spricht nicht weiter. Dann ist der erste der beiden Krankenwagen da. Die Türen klappen nach hinten auf, und zwei Männer mit einer Trage laufen auf uns zu. Aus der Beifahrertür steigt nun auch der Arzt.

«Gott sei Dank», sagt mein Großonkel leise. «Das ist der, von dem ich dir erzählt habe.»

Der Doktor tritt uns in den Weg und will wissen, was wir hier eigentlich treiben. Ich antworte auf Englisch, dass wir oben in der Synagoge waren, um zu beten. Jetzt taucht auch Chawa auf, die im zweiten Krankenwagen gesessen hat.

«Willst du mir tatsächlich erzählen, dass ihr den ganzen Weg nach oben zu Fuß gegangen seid?», fragt sie.

«Siehst du hier irgendwo ein Auto?», fährt Großonkel dazwischen.

Der Doktor sieht ihn nachdenklich an. «Leg dich auf die Trage. Wir bringen dich erst mal ins Haus. Dort entscheiden wir, ob wir dich ins Krankenhaus mitnehmen müssen.»

«Kommt überhaupt nicht in Frage. Wenn du willst, kannst du mich hier an Ort und Stelle in deinem Wagen untersuchen. Fieber messen, Puls und Blutdruck kontrollieren, das wirst du doch auch hier können.»

Der Arzt schüttelt ungläubig den Kopf, macht dann aber eine einladende Geste, und als wir Großonkel in den Wagen helfen, wird mir noch einmal klar, wie wunderbar sein Hebräisch ist. Wie gestochen scheint mir seine Aussprache zu sein.

Im Wagen steckt ihm der Doktor das Fieberthermometer in den Mund und greift nach seinem Handgelenk. Nachdem er festgestellt hat, dass der alte Mann kein Fieber und einen Puls von achtzig hat, bittet er mich, ihm beim Ausziehen von Mantel und Jackett zu helfen. Als dabei der Hut herunterfällt, hebt ihn der Arzt voller Respekt auf und setzt ihn Großonkel behutsam auf den Kopf. Dann schnallt er ihm die Manschette des Blutdruckgeräts um den Oberarm und pumpt. «Donnerwetter», sagt er nach einer Weile, «ein Blutdruck wie ein Zwanzigjähriger. Wie es aussieht, wirst du Abraham an Jahren übertreffen.»

Die beiden Männer grinsen sich an.

«Manche Menschen haben eben zum Sterben kein Talent.»

Ich habe den Entschluss gefasst, die Sprache von der Pike auf zu lernen. Dann kann ich auch versuchen, weiter in meinem Beruf zu arbeiten», erkläre ich meinem Bruder.

«In welchem Beruf?»

«Ich bin Schauspieler.»

Arié schweigt.

Wir sitzen im Bus nach Petach Tikwa, wo wir beide bei Chawa und dem Großonkel unterkommen können. «Es wird eng werden», warne ich ihn. «Wir müssen uns ein Zimmer teilen, und das Bad ist zu bestimmten Zeiten nicht zu benutzen, weil Großonkel dann seine Waschungen verrichtet.»

Nach einem kurzen Zögern setze ich hinzu: «Großonkel ist nicht nur ein Verwandter. Großonkel ist ...», ich breche ab und sehe aus dem Fenster. Ist er mein Freund, mein Vater, alles in einem? Ich beschließe, alles das dem Begriff «Großonkel» einzuverleiben. «Er ist einfach Großonkel», murmele ich.

«Was sagst du?»

«Er hatte eine Lungenentzündung.»
«In dem Alter? Das ist tödlich.»
«Du sagst es.»
«Und wie geht es ihm?»
«Topfit. Er hat sie weggebetet.»

«Allzu lange dürfen wir dort aber nicht bleiben. Alte Leute sind nicht mehr so belastbar. Chawa müsste schon längst pensioniert sein. Aber sie ist einfach zu tüchtig. Ihr Pech.»

«Ich glaube, sie macht ihren Job immer noch gern. Sie würde sicher schnell abbauen, wenn sie nicht mehr arbeiten könnte.»

«Dabei verdient sie gar nicht viel. Das Haus ist immer noch nicht abbezahlt, und sie wohnen schon über dreißig Jahre darin.»

«Ein Wahnsinn», sage ich und betrachte die Orangenhaine auf beiden Seiten der Straße. «Ein Wahnsinn», wiederhole ich und meine diesmal den überwältigenden Duft, der aus den offenen Busfenstern zu uns hereindringt. «Ich werde meine Reisekasse anzapfen müssen. Es wird schwer sein, ihnen das Geld unterzujubeln. Sie sind verdammt stolz.»

Wir schweigen eine Zeit lang, und ich spüre den Blick meines Bruders.

Chawa lehnt wirklich jede finanzielle Unterstützung durch uns ab. Sie will nicht, dass wir etwas zum Wirtschaftsgeld beisteuern. Also bringen wir jedes Mal, wenn Arié zur Kontrolluntersuchung nach Tel Aviv muss, verschiedene Dinge mit. Vor allem Lebensmittel aus einem Delikatessenladen. Großonkel isst so gern die koschere Dauerwurst von dort.

Sie schimpft immer, das sei Geldverschwendung. «Manche Menschen leben eine Woche von dem, was ihr da wieder ausgegeben habt», sagt sie und schneidet gleich einige hauchdünne Scheiben ab. Unter gewaltigem Ächzen.

Die Wurst macht ihrem Namen alle Ehre, sie ist dauerhaft und sehr hart. Chawa lässt sie einfach auf dem Tisch liegen, doch Großonkel wagt sich nicht an sie heran. Aus Furcht, einer seiner Finger könnte beim Abschneiden draufgehen. Vielmehr wartet er geduldig Chawas Rückkehr ab und baut sich vor der Wurst auf. Nachdem sie ihm eine Scheibe in die Hand gedrückt hat, zieht er sich auf seinen Stuhl zurück, riecht, knabbert und kaut völlig selbstvergessen an ihr herum, stundenlang, ohne den Blick von Chawa abzuwenden.

«Die Wurst scheint ihn geizig zu machen», meint Arié und betrachtet ihn amüsiert. «Oder er möchte seine Zähne schonen.»

«Ach was», widerspricht Chawa. «Der Geschmack erinnert ihn an seine Kindheit. Der Laden, in dem ihr sie gekauft habt, gehört dem Enkel eines Schächters aus seinem Dorf in Polen. Der Großvater hat ihm wohl das Rezept vermacht.»

«Ist Großonkel denn nicht aus Lemberg?», fragt Arié.

«Aber nein. Sein Bruder, euer Großvater, ist nach Lemberg gezogen. Hat Karriere machen wollen. Eine Weile ist ihm das ganz gut bekommen. Euer Großonkel dagegen hasst die Stadt. Er war noch nicht ein einziges Mal in Tel Aviv. Und in Haifa war er auch nur, weil er dort an Land gegangen ist. Es hat lange gedauert, bis er sich hier eingelebt hat. Anfangs dachte ich, er macht schnell schlapp.»

Chawa besitzt eine Energie, die zum Fürchten ist. Sie arbeitet manchmal bis zu vierzehn Stunden am Tag. Kocht dem Großonkel vor, verschwindet ins Krankenhaus und schickt gegen Mittag eine Hilfsschwester, die ihm das Vorgekochte warm macht.

«Was ich mit dem Schlawiner schon erlebt habe», erzählt sie einmal und schaut dabei ihren Vater an, der am Tisch eingeschlafen ist. «Er hatte sich in eine der Hilfsschwestern verliebt und bestand darauf, dass nur sie ihm das Essen aufwärmen dürfe. Alle anderen machten es angeblich entweder zu heiß oder nicht heiß genug. Er behauptete, er habe sich einige Male so sehr die Zunge verbrannt, dass er sie tagelang nicht richtig habe bewegen können. Besonders beim Beten habe er gelitten. – Von wegen, die Zunge! Er hat sich was ganz anderes verbrannt. Sie sah wie eine waschechte Schickse aus. Blond, blauäugig und dünn. Wie eine Filmpuppe.»

Ich sehe, wie sich Großonkels Mund verzieht. Er hält zwar die Augen geschlossen, wirkt aber so, als könne er nur mühsam ein Lachen unterdrücken. Auch Chawa scheint es gemerkt zu haben. Jedenfalls setzt sie laut hinzu, dass die Puppe rasch nach Haifa geheiratet habe. Einen steinreichen amerikanischen Einwanderer. Großonkel schaut aus, als müsse er sich noch mehr beherrschen. Wenn er jetzt nur nicht gleich losprustet. Aus irgendeinem Grund wäre mir das peinlich.

«Er schläft», flüstert sie, und mir scheint, als könne auch sie kaum ein Lachen unterdrücken. Ob das ein Spiel zwischen ihnen beiden ist?

Großonkel geht es wieder fabelhaft. Er scheint aus einem Jungbrunnen getrunken zu haben. Auch Arié erholt sich zusehends. Seine Krücken braucht er nicht mehr, und er begleitet den Großonkel schon tapfer hinkend den Berg hinauf. Vom Beten allerdings hält er nicht viel. Er wartet lieber draußen vor der Synagoge auf den alten Mann.

«Das Warten würde mir überhaupt nichts ausmachen, wenn ich mich nur irgendwo hinsetzen könnte», sagt er.

Ich schlage ihm vor, sich im Bethaus ganz nach hinten zu setzen, aber Arié lehnt ab.

«Ich kann dieses melancholische Demutsgejammer nicht ertragen. Ich bin sicher, sollten wir irgendwann einem höheren Wesen begegnen, wird es sich uns garantiert nicht in der Weise zu erkennen geben, wie wir es erwarten.»

«Du sollst dir kein Bild von Ihm machen», sage ich und stoße ihn leicht vor die Brust.

«Eben, eben», erwidert er. «Und doch hat Er Moses den Rücken gezeigt, wenn man der Bibel glauben kann.»

«Vielleicht war es nur ein riesiger Felsbrocken, von der Abendsonne beschienen, den Moische für Seinen Rücken gehalten hat.»

Arié lächelt. «Mir scheint eher, dass Er ihm den blanken Hintern gezeigt hat, weil Er Moses und das Volk unten, das wie von Sinnen um das vergoldete Kalb tanzte, nicht mehr leiden konnte.»

«Vergoldet?»

«Aus massivem Gold war es ganz sicher nicht. Wo hätten sie das denn hernehmen sollen?»

«Interessante Idee. Vielleicht haben sie ja am Fuße des Berges Sinai Gold entdeckt, und Moische hat sie nicht weitergraben lassen. Wenn man die Stelle fände, an der sie ihre Party gefeiert haben, stieße man dort vielleicht auf eine Goldader.»

«Und die läge in Ägypten», ergänzt Arié.

Wir beschließen, in Ariés Kibbuz zu ziehen, nach Misra, in der Nähe von Afula. Kurz vor der Abreise mache ich Chawa noch ein Radio zum Geschenk. Klausner hat es für mich besorgt. Sein Bruder Leo, ein großes Tier bei der entstehenden Handelsflotte, hat eines der ersten Modelle aus israelischer Produktion abzweigen können.

Chawa mault zwar, das wäre doch nicht nötig gewesen, ihr alter Kasten tue es genauso. Vielleicht sogar noch besser, das sei schließlich ein Import aus Amerika. Aber dann dreht sie fasziniert an den Knöpfen herum, probiert jede Taste aus, und zwei Tage später finden wir ihren alten Apparat auf dem Sperrmüll an der Straßenecke.

Auf dem Weg nach Misra erzählt mir Arié, sein erster Kibbuz sei sehr reich gewesen, sogar einen Swimmingpool habe es gegeben. Er sei nur weggegangen, weil die frommen Kibbuzniks in der Überzahl gewesen seien und das Leben dort hätten bestimmen wollen. Auch das Privatleben. Misra dagegen werde mir bestimmt gefallen. «Es ist ein sozialistischer Kibbuz. Die ‹Mapai› hat das Sagen, die Partei der israelischen Arbeiter. Ich bin sicher, du wirst dich dort wohlfühlen. Freunde, die mit mir von Deutschland herübergekommen sind, leben immer noch da und haben sogar teilweise schon Familien gegründet.»

«Viele deutsche Juden also?», frage ich.

«So ist es. Mit der Sprache wird es keine Probleme geben.»

«Ich möchte aber Probleme haben.»

Arié sieht mich verwirrt an.

«Riesenprobleme, großer Bruder. Niemand dort darf Deutsch mit mir sprechen, verstehst du?»

«Na, das kann ja heiter werden», sagt er. «Schließlich wirst du arbeiten müssen. Und wie soll das gehen, wenn du dich nicht verständigen kannst?»

«Dann benutze ich dafür eben Hände und Füße. Außerdem, wenn Großonkel Iwrit spricht, verstehe ich jedes Wort. Na, vielleicht nicht jedes, aber fast jedes.»

«Du wirst dich noch wundern: Dein Großonkel spricht das Hebräisch der Bibelschule. Mehr oder weniger. Ein bisschen ans moderne Iwrit angepasst, aber es klingt altertümlich. Im Kibbuz spricht man anders. Knapp, kurz, klar. Man hat nicht viel Zeit. Deine Position wird die eines Angestellten einer Kommune sein.»

«Angestellter einer Kommune?»

«Den Mitgliedsstatus muss man sich erst verdienen. Wäre ja auch ungerecht denen gegenüber, die den Kibbuz aufgebaut haben. Manche Neulinge ordnen sich so schnell ein, dass ihnen die Mitgliedschaft schon nach verhältnismäßig kurzer Zeit angetragen wird.»

«Und wer entscheidet das?»

«Der Kibbuz. Die Mitgliederversammlung. Durch Abstimmung.»

In der Dämmerung erreichen wir Afula und werden, kaum dass wir aus dem Bus gestiegen sind, beinahe von einem Jeep überfahren. Arié wird mit großem Hallo begrüßt, und man fordert uns zum Einsteigen auf.

«Freunde aus Misra. Du triffst hier fast immer welche an der Bushaltestelle», flüstert mein Bruder mir zu.

Vor dem Speisesaal des Kibbuz setzen sie uns ab. Er unterscheidet sich nicht sehr von dem beim Militär. Es werden eine Menge Gerichte angeboten, die ich merkwürdigerweise nicht recht erkennen kann. Ich stehe an der Essensausgabe und starre auf Teller, Besteck und lärmende Kibbuzniks. Jemand spricht mich an, ich verstehe kein Wort und will nur trinken, trinken und nochmals trinken. Dann sehe ich auf den Tischen ganze Flaschenbatterien, setze mich und hebe sofort die Flasche an den Mund. Mir wird ein Becher hingeschoben, ich blicke in ein lachendes Gesicht mit schrägen Augen und breiten Wangenknochen.

Hübsch, denke ich.

Mein Bruder hat mit ein paar anderen Leuten mir gegenüber Platz genommen, aber ich verstehe auch ihn nicht mehr. Ich glaube, er ist dabei, mich ihnen vorzustellen. Mit aller Macht versuche ich, meinen Kopf von der Tischplatte wegzuhalten. Vergeblich. Sie hat eine zu große Anziehungskraft für mich.

Das Lachen um mich herum wird undeutlicher. Doch plötzlich ist die Stimme meines Bruders ganz klar. Als spräche er mir direkt ins Ohr.

«Er hat gesagt, er will hier kein Deutsch hören, Mäcki.»

«Clever», antwortet der mit Mäcki Angesprochene. «Aber so müde, wie der ist, würde er das ja auch nicht mehr verstehen.»

Das Lachen wird immer lauter. Ich will eingreifen, will ihnen sagen, dass ich sie sehr wohl verstehe, und protestieren, als ich merke, dass sie Deutsch sprechen. Wenn ich nur meinen Kopf von der Tischplatte hochbekäme.

Jetzt höre ich das Lachen einer Frau. Die Kirgisin, die Steppenwölfin. Ich würde auch gern lachen und fühle eine Hand auf meinem Kopf. Ist sie das? Oder Arié?

Dieses Gesicht kenne ich irgendwoher. Diese riesigen Augen, die hervorstehenden Wangenknochen und dieser lilafarbene Lippenstift. Ich kann es noch nicht einordnen, aber ich bin sicher, dass es mir schon einmal begegnet ist.

Ich reiße die Augen auf, starre die Tischplatte an und stemme mich hoch.

«Komm, Kleiner», sagt mein Bruder auf Deutsch. «Wir haben hier ein schönes Zimmer, und du kannst schlafen bis in die Puppen.»

«Ich will keine Puppen», erwidere ich und grinse nach allen Seiten.

Wieder sehe ich das Kirgisinnengesicht vor mir.

«Bist du betrunken, oder hast du dir einen Virus gefangen?»

«Noch nicht», flüstere ich und versuche, ihren Lippenstift zu erreichen.

«Ich glaube, dein kleiner Bruder braucht einen Arzt», sagt sie ruhig und fährt mir leicht über die Haare. Sie hat eine ähnlich angenehme Stimme wie mein Bruder. Nur heller. Außerdem spricht sie perfekt Deutsch, diese Steppenwölfin. Oder spreche ich schon so gut Hebräisch?

Jetzt bin ich schon zwei Wochen in Misra und habe noch immer keinen Finger gerührt. Arié sagt, ich sei nur knapp an einer Lungenentzündung vorbeigeschrammt, und deshalb habe bisher auch keiner von mir verlangt, dass ich arbeite.

Mäcki Markus, ein korpulenter Mann mit rötlicher Haut und wasserblauen Augen, besucht mich oft. Arié war schon in Deutschland mit ihm befreundet. Auch Zwi, ein dunkelhaariger, hagerer Bursche, gehörte zu seiner Clique. Sie sitzen gerade mal wieder an meinem Bett und werfen sich Stichworte ihrer gemeinsamen Erlebnisse zu. Wie sie in Storkow von deutschen Bauern getriezt worden sind. Und wie sie später, kurz vor Kriegsbeginn, nach Dänemark verfrachtet wurden und dort bei Bauern Unterschlupf fanden. «Weißt du eigentlich, dass dein Bruder beinahe von seinen Bauersleuten adoptiert worden wäre?», fragt mich Zwi.

«Er hat es mir erzählt», sage ich.

«Und dann die Fahrt über die Sowjetunion, die Türkei und Syrien bis hierher! Die Syrer haben uns besonders freundlich begrüßt. Wenn die geahnt hätten, was aus uns werden würde.»

«Was ist denn schon aus euch geworden?», provoziere ich.

«Kuhbauern mit kommunistischem Einschlag.»

«He, he!», ruft Arié amüsiert.

«Und was hat der junge Mann mit seinem ferneren Leben vor?», fragt Zwi.

«Hebräisch lernen und Theater spielen», erwidere ich prompt.

Keiner sagt etwas. Sie scheinen auf eine Erklärung zu warten. Arié nickt bedächtig, und Mäcki fragt ihn, so, als wäre ich gar nicht da, ob ich die Gemeinschaft etwa dazu benutzen wolle, mich auf eine Theaterkarriere in der Stadt vorzubereiten.

Statt meines Bruders antworte ich ihm, dass ich vorhabe, hier im Kibbuz hart zu arbeiten, und dafür keinen Lohn erwarte – lediglich den, die Landessprache zu lernen. Mäcki macht eine beschwichtigende Geste und strebt auf die Tür zu. Kurz bevor er verschwindet, lächelt er noch einmal versöhnlich und sagt, dass man auch Mitglied im Kibbuz werden könne, wenn man in der Stadt beschäftigt sei. Auf Außenposten sozusagen.

«Wie geht das denn?», frage ich Arié später, und er erklärt mir, dass man seinem Beruf nachgehen könne, wo immer man wolle, ohne sein Verhältnis zum Kibbuz lösen zu müssen. «Auch einige Regierungsmitglieder sind ihrem Kibbuz noch eng verbunden. Sie leben in Tel Aviv, Jerusalem oder Haifa und können sich von ihrem Gehalt das nehmen, was sie zum Leben brauchen. Man rechnet das nicht nach. Denn sie sind so erzogen, dass sie alles, was sie nicht unbedingt benötigen, dem Kibbuz überweisen.»

Ich will ihn nicht kränken, scheine aber doch reichlich ungläubig dreinzublicken, denn Arié bemüht einen Vergleich: «Wenn du dir ein Haus baust, wirst du doch alles dafür tun, dass es so solide und geschützt wie möglich ist, oder nicht? Vor allem in diesem Land hier. Und wenn die Bausumme, die du zur Verfügung hast, nicht ausreicht, wirst du eben einen Kredit aufnehmen, den du dann mit deinem Verdienst abzahlst, stimmt's?» Er wartet mein bestätigendes Nicken gar nicht erst ab, sondern fährt gleich fort: «Der Kibbuz ist dein Zuhause. Deine Familie lebt dort, zu deren Existenz du beitragen willst, ganz egal, wo du deiner Beschäftigung nachgehst. Das hat sich hier im Land so entwickelt, und es hat mit unserer Vergangenheit zu tun, wenn du verstehst, was ich meine. Es gibt Mitglieder, die in Europa oder Amerika arbeiten. Ich kann dir berühmte Musiker nennen, die ein Heidengeld verdienen und es fast komplett nach Hause tragen, obwohl die Kibbuzleitung sie immer wieder auffordert, ruhig ein bisschen mehr für sich auszugeben. Aber diese Leute wissen eben, dass der Kibbuz ihnen jede noch so kostspielige Ausbildung finanziert hat, wenn ihr Talent nur groß genug war, es zu fördern.»

«Gibt es in solchen Fällen eigentlich eine schriftliche Abmachung?», frage ich neugierig.

«Braucht es so etwas zwischen Familienmitgliedern?», gibt er zurück.

«Aber wenn einer seine Bindung löst, muss er seine Ausbildung zurückzahlen.»

«Nein. Das ist das Risiko des Kibbuz. Pech für die Gemeinschaft, wenn es mal passiert. Aber meistens lohnen sich unsere Investitionen.»

An meinem ersten Arbeitstag werde ich zur Nachtwache in den Ställen eingeteilt. Eigentlich bin ich verpflichtet, eine Waffe bei mir zu tragen, aber da ich mich strikt geweigert habe, drückt man mir eine Trillerpfeife in die Hand und beschwört mich, sie ja zu benutzen, wenn ich verdächtige Bewegungen oder Geräusche wahrnehme. «Nicht erst selber untersuchen, was es sein könnte, sondern gleich laut pfeifen.»

Ich schiebe also Nachtwache. Eine Woche lang. Und schon in der ersten Nacht habe ich Probleme. Wenn ich den Stall mit den Maultieren betrete, fletscht eines von ihnen die Zähne, sobald ich die Stablampe einschalte. Sein großes, gelbes Gebiss blitzt im Lichtkegel, und ich betrachte mir den Kerl von nahem. Aber je näher ich komme, desto unruhiger wird er, dreht mir den Rücken zu und trommelt wütend mit den Hinterhufen gegen die halbhohe Bretterwand, die uns voneinander trennt. Dann wirft er sich ganz plötzlich wieder herum und rollt so wild mit den Augen, dass ich glaube, sie müssten mir gleich vor die Füße fallen.

Ob er sich beruhigt, wenn ich ihm eine Handvoll Hafer in seine Krippe werfe? Die blecherne Futterkiste ist nur halb gefüllt, und ich muss mich tief hineinbeugen, um an das Getreide zu kommen. Doch die Miene des Mulis wird auch durchs Füttern nicht freundlicher. Im Gegenteil. Kaum hat es den Hafer gefressen, dreht es mir wieder seinen Hintern zu und trommelt diesmal so lautstark auf den Bretterverschlag, dass ich fürchte, gleich werde der ganze Kibbuz zusammenlaufen.

Ich beschließe, das Weite zu suchen und nach den Schafen zu sehen. In ihrem Stall ein einzelnes Blöken zur Begrüßung, dann paradiesische Stille. Der Trommler kann mich kreuzweise! Keine zehn Pferde bringen mich wieder in den Maultierstall. Ich mache es mir auf einem Schemel bequem, nehme ein von Arié geliehenes Wörterbuch zur Hand, richte den Strahl der Stablampe auf die Zeilen und lerne Vokabeln.

Erst als der Morgen graut, kann ich endlich in unser Zimmer

verschwinden. Arié ist längst wach. Seine Narben schmerzen. Er wird wohl in den nächsten Tagen wieder nach Tel Aviv ins Krankenhaus müssen. Wenn er Pech hat, behalten sie ihn sogar dort.

Wir gehen zusammen frühstücken, und auf dem Rückweg zeige ich ihm das verrückte Muli. Arié tritt nahe an das Tier heran und streicht ihm kurz über die Nüstern. Es rührt sich nicht von der Stelle, blinzelt nur ein bisschen. Auch als ich mich herantraue, zeigt es keinerlei Regung. «Vielleicht ist es die Lampe», sage ich zu Arié. Er zuckt mit den Schultern und meint, dass man nur selten den Grund für die Unruhe wisse, die manche Tiere in der Nacht befällt. «Lass doch deinen Scheinwerfer heute Abend mal aus, wenn du auf Patrouille bist.»

«Und woher soll ich dann wissen, ob sich jemand im Stall versteckt?»

«Wird schon keiner. Außerdem, wenn erst mal einer drin ist, hilft dir die Lampe auch nicht weiter.»

In der vierten Nacht passiert es. Ich habe meinen Bruder noch nach Afula zur Egged-Station begleitet. Gleich nach meiner Rückkehr trete ich den Nachtdienst an. Ich setze mich wieder zu den Schafen und blättere in meinem Wörterbuch, als ich ein leises Rascheln in meiner Nähe höre. Es scheint mal vom Boden, dann wieder vom Dach zu kommen und wird immer lauter, immer unheimlicher. Auf einmal ist es direkt unter meinem Schemel.

Ich springe auf und greife nach der Stablampe. Sie funktioniert nicht. Vermutlich hat die Batterie ihren Geist aufgegeben. Jetzt merke ich, dass auch die Schafe unruhig werden. Ich nehme mir vor, mir für die nächste Nacht einen Stock zu organisieren. «Auf irgendeine Weise wird man sich ja wohl wehren dürfen, Vater», sage ich laut. Unverhofft springt die Stablampe an, und ich starre einer riesigen, fetten Ratte in die Augen. Mit grellem Pfeifen rast sie quer durch den Stall, rennt die Holzwand hoch und verschwindet hinter einem Deckenbalken.

Nun raschelt es plötzlich von allen Seiten, oben, unten, neben und hinter mir, und die Schafe fallen ins Konzert ein. Ihr Blöken klingt unglaublich blöde und hilflos zugleich. Ich werfe den Schemel gegen die Wand, in der Hoffnung, wenigstens eines dieser fetten Rattenviecher zu treffen. Aber kein Quieken ist zu hören, kein Todesröcheln, nur das Rascheln scheint sich noch zu steigern. Wenn die Schafe bisher nicht von ihnen angeknabbert wurden, wird es sicher auch heute Nacht nicht passieren.

Ich beginne meinen Rundgang durch die Stallungen und schaue als Erstes bei den Mulis vorbei. Absolute Stille. Ich öffne die Tür ein bisschen weiter und wage mich, ohne meine Lampe zu benutzen, ein gutes Stück hinein. Da sehe ich einen Schatten auf mich zukommen.

Das verrückte Muli, denke ich entsetzt und spüre im selben Augenblick seinen Atem. Ich will zurückweichen, aber das Biest schneidet mir den Weg zur Stalltür ab. Steht davor und sieht mich schnaubend an. Die einzige Deckung, die mir einfällt, ist die blecherne Futterkiste. Kaum bewege ich mich vorsichtig in ihre Richtung, geht das Mistvieh zum Angriff über. Ich haue ihm mein Wörterbuch auf die Nüstern, reiße die Klappe auf und mache einen Hechtsprung in die Kiste. Ich ahne die dichte Staubwolke um mich herum, und meine Bronchien fangen sofort an, sich zu wehren. Ich huste wie ein Schwindsüchtiger. Zu allem Überfluss steckt auch noch das Vieh seinen Kopf durch die Deckelluke und schnaubt mich hasserfüllt an.

Großonkel irrt, wenn er die Wiedergeburt als Tier leugnet. Entweder ist das hier ein alter Nazi oder ein beleidigter Araber, denke ich wutentbrannt, während ich mir die Seele aus dem Leib huste.

Das Wörterbuch liegt irgendwo draußen im Stall herum, also greife ich mit der Linken eine Handvoll Hafer und schleudere sie dem Muli in die Augen. Mit der rechten Hand will ich ihm auf die Nüstern hauen, rutsche aber ab und lande auf seinen großen Zähnen. Das Vieh wiehert laut auf und zuckt mit dem

Kopf zurück. Schnell taste ich nach dem Deckel und lasse ihn krachend zufallen.

Ich spüre förmlich, wie meine Fingerknöchel anschwellen, fluche vor mich hin und fange erneut an, wie ein Irrer zu husten.

«Wie komme ich hier raus?», schreie ich. «Wie komme ich denn bloß hier raus?»

Jedes Mal, wenn ich die Klappe vorsichtig hochdrücke, sehe ich das Vieh seine Zähne blecken. Dann höre ich, wie es sich zu entfernen scheint, doch als ich den Deckel öffne, steckt es mir seinen Schädel entgegen, und ich habe Mühe, mich wieder in Sicherheit zu bringen.

Gegen Morgen rufe ich um Hilfe und werde schließlich von einer Gruppe Kibbuzniks befreit. Bevor ich in mein Zimmer gehe, schaue ich noch einmal zum Muli hinüber. Es steht friedlich in seiner Box und sieht mich mit einem kleinen Blitzen in den Augen an.

Die Seiten von Ariés Wörterbuch liegen über den ganzen Stallboden verstreut. Der Einband ist nicht mehr zu sehen. Das Vieh scheint ihn gefressen zu haben.

Arié ist seit drei Wochen Lehrer an einer Abendschule in Tel Aviv. Er paukt mit Einwanderern Hebräisch und die jüngere Geschichte des Nahen Ostens.

Als er mich übers Wochenende besucht, macht er einen abgespannten Eindruck. Er hat sich eine Art Spazierstock angeschafft und sieht mir zu, wie ich mit Mäcki Markus Wasserleitungen übers Feld lege, Rohre zusammenschraube, und hilft uns beim Ausprobieren des Wasserdrucks, wobei er bis auf die Haut nass wird.

Weder Mäcki noch ich bringen ihn dazu, mehr über seinen

neuen Job zu erzählen. Er klagt über starke Schmerzen in der Ferse und sagt, dass er wahrscheinlich bald wieder operiert werden müsse. Wir versuchen, ihn aufzuheitern, und Mäcki berichtet von meiner kläglichen Vorstellung bei der Olivenernte. «Dein Bruder kriegt es einfach nicht fertig, die Oliven von den Ästen zu streifen. Er nimmt kiloweise Blätter mit, aber die Oliven lässt er hängen.»

«Weil sie noch unreif sind», widerspreche ich.

«Bei den anderen sind sie nicht unreif, obwohl sie in derselben Plantage arbeiten», grinst Mäcki. «Aber weißt du, was er hervorragend kann? Er legt die Jutesäcke so symmetrisch unter die Bäume, dass sie wie Kunstwerke aussehen. Nur da, wo sie liegen sollen, liegen sie nicht. Die Mitarbeiter fluchen wie die Russen, weil sie noch Stunden später alle danebengefallenen Oliven aufklauben müssen. Typisch Schauspieler.»

«He, he», sagt mein Bruder. «Lass deine blöden Vorurteile.» Er hakt sich bei mir unter, und wir machen uns auf den Weg zum Speisesaal.

«Nehmt meinen Traktor», bietet Mäcki an. «Ich muss erst reparieren, was ihr verbrochen habt. Im Ernst, der Trecker muss ohnehin ins Dorf, und ich habe hier noch eine Weile zu tun.»

«Für uns ist Feierabend. Wenn du unbedingt Überstunden machen willst, kannst du ja den Traktor nehmen. Wir laufen lieber», rufe ich ihm über die Schulter zu.

«Arié, fahrt mit dem Traktor», schreit Mäcki besorgt, «denk an deinen Fuß!»

«Ich denke ständig an ihn», gibt Arié zurück. «Mach bald Schluss, wir warten auf dich mit dem Essen.»

Doch Mäcki winkt ab und fingert bereits kniend an den Rohranschlüssen herum.

«Das mit der Olivenernte habe ich auch lange nicht begriffen», sagt Arié. «Es ist verdammt schwierig. Vor allem für Neulinge. Man lässt sie mit Vorliebe an diese Arbeit heran und kann sich dann nicht sattsehen an ihrer Ungeschicklichkeit. In den Moschawim, den Dörfern außerhalb des Kibbuz, gibt es Pflücker, die in ein paar Minuten einen ganzen Baum abernten können. Kunststück, sie arbeiten im Akkord. Allerdings geht auch manch ein Baum ein bei dieser rabiaten Behandlung.»

Ich bleibe stehen und baue mich vor ihm auf. «Was ist eigentlich los? Ich merke doch, dass was nicht stimmt. Es ist doch nicht der Fuß, der dir wehtut, oder?»

Arié antwortet nicht und will weitergehen.

«Hast du Liebeskummer? Ich habe dich noch nie von einem Mädchen sprechen hören.»

«Quatsch. Es gibt da eine Frau in einem anderen Kibbuz. Aber sie macht mir keinen Kummer. Den mache ich ihr.»

«Also?»

«Ich weiß einfach nicht ...» Er malt mit seinem Stock Linien in den Sand, sieht auf und macht eine hilflose Geste. «Weißt du wirklich so genau, was du bist oder was du werden willst? Du kommst mir so übertrieben selbstsicher vor. Anscheinend kann dich nichts irritieren. Du hast beschlossen, Schauspieler zu werden, und schlägst diesen Weg ein, ohne zu wissen, ob du auch genügend Talent dafür hast.»

«Hab ich.»

«Sagst du.»

«Wenn ich's nicht wüsste, würde ich es nicht werden wollen.»

«Hast du schon mal mit anderen darüber gesprochen?», bohrt er weiter. «Ich meine, haben andere, die etwas davon verstehen, dir bestätigt, dass du das Zeug zum Schauspieler hast?»

«Ja.»

Meine Antwort scheint er gar nicht mitzubekommen. Unversehens sprudelt es aus ihm heraus. Dass er das Gefühl habe, den falschen Weg eingeschlagen zu haben. Dass die Wahl des Lehrerberufs wohl mehr auf idealistische Motive zurückgehe und weniger auf ein echtes Bedürfnis. So richtig sei ihm das allerdings erst klargeworden, seit er die Neueinwanderer unterrichte. Nur mit Mühe könne er die Geduld aufbringen, ihr Gejammer anzuhören. Ständig würden sie sich darüber beklagen, dass er sie das neue Hebräisch lehre. Warum sie denn nicht ihr altes, aus Europa mitgebrachtes Hebräisch sprechen dürften? Das hätten sie von Kindheit an gelernt, und damit könne man sich sicher auch hier verständigen. Es gebe schließlich in allen Sprachen der Welt Dialekte, das könne doch nur eine Bereicherung sein.

«Ich versuche pausenlos, ihnen klarzumachen, dass ihr Hebräisch in Wahrheit nur eine Mischung aus deutschen, polnischen, russischen, jiddischen und sonstigen Wörtern ist, die sie aus den jeweiligen Diasporaländern mit sich geschleppt haben. Mit dem Iwrit, das in Israel gesprochen wird, hat das nun mal nichts zu tun. Ich erkläre, dass es ein Irrtum ist, wenn sie ihre Sprache als Althebräisch bezeichnen, nur um einen Gegensatz zum heutigen Iwrit zu konstruieren. Ich predige, dass es zwingend notwendig ist, an die Sprache anzuknüpfen, die die Juden einst in Israel gesprochen haben, und unverzichtbar, sie mit heutigen Begriffen anzureichern, die man zur damaligen Zeit einfach noch nicht kannte. Ich sage ihnen, dass ihr Widerstand nur eine Bequemlichkeit des Alters ist, die man bekämpfen muss, und erzähle ihnen, dass auch die alten Israeliten, als sie aus dem Sinai einwanderten, nicht nur eine eigene Staatsform, sondern auch eine eigene Sprache entwickeln mussten. Aber meinst du, ich könnte sie überzeugen? Nicht die Spur.»

«Unterrichtest du denn nur alte Säcke? Also mich hättest du mit deinen Argumenten überzeugt. So wie du die eben formuliert hast. Jetzt erzähl mir bloß nicht, dass du kein Talent zum Pädagogen hast. Außerdem überträgt sich dein Hang zu gestelzten Formulierungen jetzt sogar schon ins Deutsche. Du bist und bleibst eben ein Pauker.»

Ich versuche, ihn zum Lachen zu bringen, aber er reagiert nicht, sondern fuchtelt nur mit seinem Stock in der Luft herum.

«Ich habe kein Talent!», schreit er, und ich erschrecke. So habe ich ihn noch nie erlebt. Er ist ganz bleich. Nur seine Stirn ist unnatürlich rot.

«Mensch, beruhige dich, Arié», sage ich. «Das ist doch kein Grund, sich so aufzuregen. Ich will nicht, dass dir was passiert.»

«Was soll mir denn passieren?», antwortet er mit einem Mal wieder ganz ruhig. «Zum Pädagogen ist man doch nur dann geeignet, wenn man unendliche Geduld mitbringt. Und die habe ich einfach nicht, verstehst du?»

Wir schweigen eine Weile und setzen unseren Weg fort. Dann fragt er unvermittelt, wer mir bei meiner Berufswahl zugeredet habe. Von irgendwoher müsse ich doch eine Anregung oder einen Anstoß bekommen haben. Mein Entschluss, Schauspieler zu werden, mache auf ihn den Eindruck einer feststehenden Tatsache, und diese Sicherheit bei einem Siebzehnjährigen frappiere ihn.

Was will er?, denke ich. Will er von mir hören, dass er den falschen Beruf gewählt hat? Von mir, einem selber noch unerfahrenen Burschen? He, großer Bruder, wenn ich nur wüsste, was ich dir sagen kann. Seine Art, sich auszudrücken, gefällt mir wirklich. Aber sie erinnert mich eben auch an meine Pauker aus den ersten Schuljahren und an Hans Kochmann. «Hans Kochmann kennst du sicher nicht mehr, oder?», frage ich ihn.

«Wer ist Hans Kochmann?»

«Der Mann, der mich in der Zeit, als wir in Berlin untergetaucht waren, heimlich unterrichtet hat. Pauker und Halbjude mit Berufsverbot. Klapperte jüdische Haushalte ab und bot sich als Privatlehrer an. Auch für Erwachsene. Auf diese Weise lernte er Vater kennen. Er hatte eine richtige Blechstimme, und Vater konnte sein scheppendes Organ so täuschend echt nachahmen, dass Mutter in der Küche glaubte, wir hätten Kochmann zu Besuch. Eigentlich müsstest du ihn noch gekannt haben, oder warst du damals schon auf Hachschara?»

«Kann sein, aber was hat das mit meiner Frage zu tun?»

«Kochmann hat uns in der illegalen Zeit mindestens einmal in der Woche besucht, zu Beginn jedenfalls. Er war ‹Mischling zweiten Grades› und durfte sich noch ungehindert und ohne Judenstern bewegen. Ich glaube, er wollte mir vor allem deshalb Bildung vermitteln, weil er heimlich in Mutter verliebt war. Zurzeit lebt er mit einer ihrer Freundinnen zusammen, wahrscheinlich möchte er die Verbindung zu ihr nicht verlieren. Aber Mutter kann ihn nicht ausstehen und schafft es nicht immer, das vor ihm zu verbergen. ‹Halbjuden, besonders deutsche Halbjuden, wissen nicht, wohin sie gehören. Kochmann ist auch so einer›, behauptete sie immer. ‹Am liebsten möchte er Nazi sein und schämt sich seines jüdischen Vaters, versichert aber offiziell jedem Juden, dass er sich seiner deutschen Mutter schäme und daran denke, bald endgültig zum jüdischen Glauben überzutreten, obwohl Gott für ihn ja gar nicht existiere. Weder ein jüdischer noch ein christlicher. Ihm komme es, wie er immer wieder betont, einzig und allein auf Solidarität an.› Mutter findet ihn, auf Deutsch gesagt, zum Kotzen, respektiert aber sein kolossales literarisches Wissen und ist ihm dankbar für das, was er mir beigebracht hat.»

«Und was hat er dir beigebracht?» Arié steuert mit großen Schritten auf den Speisesaal zu, an dem wir nun beinahe angelangt sind. Ich habe Angst, dass er dabei über seinen Stock fällt. «He, ich komme nicht nach, mit meine kurzen Beene!», rufe ich.

Er bleibt stehen und fängt zu lachen an. «Das hast du früher oft geschrien, wenn wir zusammen zum Bahnhof Bellevue gegangen sind. Na, du bist ja auch heute noch nicht viel größer.»

«Und du kannst ab jetzt alleine weitergehen», sage ich. «Guten Appetit. Ich warte hier auf Mäcki.»

Arié kommt auf mich zugehumpelt und legt seinen Arm um mich. «Spaß beiseite. Was hat dir der Kochmann beigebracht?»

«Literatur», antworte ich mürrisch.
«Literatur? Weiter nichts?»
«Was sonst noch?»
«Na, beispielsweise Mathe, Sprachen, Geometrie.»
«Davon hatte er keine Ahnung. Er sprach bei jeder Gelegenheit über Literatur. Von Goethe über Hauptmann bis zu Thomas Mann. Es war faszinierend, wie er Bücher wiedergab, wie er sie interpretierte. Wenn ich sie dann später las, hatte ich einen ganz anderen, viel friedlicheren Eindruck von ihnen. Aber das war auch der Grund, warum ich nach und nach lernte, mir selber ein Urteil zu bilden. Aus seiner Art, Texte zu deuten und über Stellen zu sprechen, die ihm nicht präzise genug formuliert waren, hörte ich ein ständiges Meckern heraus. Kochmann kritisiert Goethe, Kochmann kritisiert Thomas Mann. Einmal nahm er mir einen Kafka-Band, den ich von Martchen Schewe geborgt hatte, aus der Hand und sagte, das sei keine Lektüre für mich. Es sei kränkelnde, morbide Literatur, an die ich mich erst heranwagen dürfe, wenn ich einen eigenen sicheren, fundierten Geschmack hätte. Aber da bekam er von Martchen eins übergebraten: ‹Jetzt fehlt nur noch, dass Sie Kafka zum Prototypen jüdisch-degenerierten Kunstschaffens machen. Mein Gott, was wären Sie für ein toller Nazi geworden, wenn Ihnen Ihr jüdischer Vater nicht dazwischengefunkt hätte!›

Trotzdem, er hat mich gelehrt, Texte lebendig zu interpretieren. Als er mir eines Tages in Gegenwart von Mutter sagte, an mir werde wahrscheinlich ein Schauspieler verlorengehen, da ich den Krieg ja voraussichtlich nicht überleben würde, und wenn doch, dann sicher in einem Land, dessen Sprache ich nie so perfekt erlernen könne, wie es für diesen Beruf nun mal nötig sei, da protestierte Mutter wütend und nannte ihn einen Hammel.

Das waren Zeiten! Da wurden noch Auseinandersetzungen geführt, mein Lieber! Ich sage dir ganz ehrlich, manchmal fehlt mir direkt der Druck, den diese ständige Lebensbedrohung verursacht hat. Auch Martchen, die Deutsche, die sich in Gefahr begab, weil sie uns bei sich versteckte, wäre wahrscheinlich ohne diese Angst ihrer Lebensaufgabe beraubt worden. Es brachte ihr einfach Genugtuung, solchen Bestien wie den Nazis Todeskandidaten abspenstig zu machen und sie über den Krieg zu bringen, Leben zu retten. ‹Wenn Max Schauspieler werden will, dann wird er es werden. Und zwar früher, als Sie denken›, hat sie Hans Kochmann nur gesagt.»

Wir sitzen im Speisesaal, warten auf Mäcki, der anscheinend immer noch nicht mit seiner Bewässerungsanlage klarkommt, und Arié fordert mich nochmals auf zu erzählen, wer mich so wirkungsvoll in meiner Berufswahl bestärkt habe. Kochmann allein könne es ja wohl nicht gewesen sein. Auch er habe früher den «Faust» gelesen, aber ihn habe nur eine Figur nachhaltig beeindruckt, und es habe ihn geärgert, dass sie die negativste im ganzen Stück sei.

«Man macht sich nicht lustig über Leute, die am Sinn ihrer Existenz oder der Welt überhaupt zweifeln, wie Mephisto das tut. Ich habe den ‹Faust› später noch einmal gelesen, in einer fabelhaften hebräischen Übersetzung von Bialik, aber mein Eindruck blieb derselbe.»

«Siehst du – das ist der Unterschied zwischen einem Pauker und einem angehenden Komödianten. Mir fallen gleich Darstellungsmöglichkeiten ein, dir kommen nur philosophische Gedanken. Kannst du dich in eine Erscheinung wie Mephisto hineinversetzen? Was für ein Kerl! Das Schlitzohr darf einfach alles. Selbst Gott kann ihm nicht an den Karren fahren. Von wegen Gleichgewicht der Schöpfung. Oder nimm ‹Richard III.› von Shakespeare. Er schickt Kinder in den Tower, lässt Leuten die Köpfe abhacken, und keiner kann dagegen an. Stell dir vor:

Für drei Stunden am Abend bist du der Alleinherrscher. Darfst befehlen, morden und ganze Welten in den Untergang treiben. Ist das nicht irre?»

«Ein zweiter Hitler willst du doch wohl nicht werden, oder?» Arié ist empört.

«Auf der Bühne? Warum nicht!» Ich sehe ihn an und bestaune insgeheim die Naivität, mit der er in solche Diskussionen einsteigt. «Ist es nicht unsere Aufgabe, den Leuten zu zeigen, was in jedem von uns steckt? Ausnahmslos. Wir unterscheiden uns doch nur durch die höher oder niedriger liegenden Wutbarrieren, mit denen wir ausgestattet sind. Haben wir sie erst einmal übersprungen, wird selbst der kühlste Kopf zum Despoten.»

Das Mienenspiel meines Bruders wechselt von hellem Entsetzen zu ungläubiger Bewunderung, und in mir macht sich die Erkenntnis breit, dass hier gerade ein Rollentausch stattfindet. Arié, der lange, vier Jahre ältere Arié, schrumpft zu meinem kleinen Bruder. Mein Schrecken vor diesem Bild ist allem Anschein nach nicht weniger groß als der seine, mit dem er mich, das Brudermonster, betrachtet.

Ich lenke ab und erkläre ihm, dass Kochmann lediglich den Anstoß gegeben habe. «Und das auch nur, weil er mich mit dramatischen Texten bekannt gemacht hat. Unser Vater hat wohl als Erster begriffen, was mit mir los ist. ‹Entweder wird er ein großer Verbrecher oder ein verrückter Komödiant›, hat er einmal zu Mutter gesagt. Sie hat diesen Satz immer wieder zitiert. Besonders in letzter Zeit, als sie meinen Hang zum Theater spürte.»

«Dann sollte sie Gott danken, dass du zur Bühne willst», sagt Arié und fängt zu lachen an.

«Ach, sag das nicht. Die lukrativere Karriere macht man sicher mit der Alternative», sage ich und versuche ein diabolisches Grinsen.

Arié scheint verunsichert. Ich fasse nach seiner Hand auf

dem Tisch. «Beruhige dich: Was die Alternative betrifft, hat mich unser Vater weit überschätzt. Ich hoffe nur, dass er es mit dem Komödianten nicht auch getan hat. Auf alle Fälle habe ich vor anderthalb Jahren im Deutschen Theater Berlin vorgesprochen. Den ‹Faust› konnte ich ja von vorn bis hinten auswendig.»

Damals brauchten sie Statisten für eine «Hamlet»-Inszenierung. Ich wurde genommen und musste völlig blödsinnige Kostüme anprobieren. Trikots, Pluderhosen, Jacken mit Puffärmeln. Ich sah aus wie eine Badehure aus der Mulackstraße. Trotzdem kam der Regisseur während einer Probenpause auf mich zu und fragte, ob ich Schauspieler werden und vielleicht etwas vorsprechen wolle.

«Ja», sagte ich.
«Und was?»
«Faust.»
Die Pause vergesse ich nie.
«Wie alt bist du denn?»
«Einundzwanzig», log ich.
«Na gut.» Er stieg in den Zuschauerraum hinunter und fragte, ob ich irgendein Requisit bräuchte.
«Ein Pult», verlangte ich.

Das wurde schnell gebracht, und ich legte los. Kaum hatte ich begonnen, brach das Pult zusammen: Ich hatte meine ganze Verzweiflung in das ‹Ach› des ersten Verses – «Habe nun, ach, Philosophie» und so weiter – gelegt und mit der Faust aufs Pult geschlagen. Dem war es nicht gewachsen. Aber niemand sagte etwas. Man schob mir nur leise einen neuen Tisch hin. Darüber war ich ganz glücklich, weil ich es als Aufforderung begriff, fortzufahren. Zum Schluss fragte man mich, ob ich nicht auch etwas Anspruchsloseres zu bieten hätte.

«Nur noch etwas aus ‹Don Carlos›. An der Leiche des Posa.»

«Na gut», seufzten sie.

Anschließend wollte mich der Regisseur sofort engagieren. Da bat sich plötzlich eine hohe, fast weiblich klingende Stimme aus dem Zuschauerraum eine Frage an mich aus, bevor man mich ins Intendanzbüro hinaufbegleiten würde: Warum ich in dem Vers «Drum habe ich mich der Magie ergeben» das «drum» so intensiv, beinahe aufdringlich betonen würde.

Ich antwortete ins Dunkle hinunter, dass Faustens Verzweiflung darüber, dass das Wissen des Menschen stets begrenzt sein werde, ihn zu den Geistern treibe und er sich darum, also *drum*, der Magie verschreiben wolle.

«Gut und schön», erwiderte die Fistelstimme, «aber Priorität hat ‹die Magie›, der er sich verschreiben will. Nur wenn sie an dieser Stelle zum zweiten Mal Erwähnung fände, könnte man dem ‹drum› eine höhere Bedeutung angedeihen lassen, nicht wahr?»

Darauf wusste ich nichts mehr zu entgegnen und hörte, nach einigem Geflüster, jemanden sagen, dass der junge Mann dort oben dem von ihm zitierten Text ja noch gar nicht gewachsen sei. Er, Gustaf, müsse da Gnade walten lassen. Gelächter.

Doch der mit ‹Gustaf› Angesprochene erwiderte, diesem jungen Mann sei sogar allerhand zuzutrauen. «Mehr, als so manch anderem, der sich hier schon eines festen Engagements erfreut.»

Auf dem Weg ins Intendantenzimmer sprach mich im Dunkel der Hinterbühne ein Mann an, der höflich und gleichzeitig sehr bestimmt meine Textauswahl kritisierte. Ich sei doch höchstens achtzehn oder neunzehn Jahre alt, da wäre vielleicht die bescheidene Rolle eines jugendlichen Liebhabers besser geeignet gewesen, mein Talent unter Beweis zu stellen.

In meiner Erregung fauchte ich ihn an, das müsse er schon mir überlassen. Außerdem hätte ich nichts anderes in petto gehabt und wolle eigentlich auch gar kein Schauspieler werden. «Meine Mutter hat immer gesagt: ‹Was für ein Beruf: Kommt raus und macht Faxen.›»

Ich hörte ihn kurz auflachen. Dann fragte er, ob Mutter denn gar nicht ins Theater gehe.

«O doch», erwiderte ich, «sooft sie kann. Zuzusehen, wie andere Faxen machen, ist doch sehr amüsant. Mit ihr zusammen habe ich hier sogar die Wiederaufnahme des ‹Hamlet› gesehen. Sie fand den Darsteller der Titelrolle umwerfend und alles andere nicht so doll. Aber ich war ganz hin und weg. War dreimal drin und musste ganz schön dafür blechen. Nur deshalb habe ich mich gemeldet, als das Theater Statisten suchte – ich wollte die Veranstaltung mal aus der Nähe sehen.»

«Und?», fragte er und trat dichter an mich heran. Er war noch in Kostüm und Maske. Jetzt erst erkannte ich ihn. Er war sogar noch größer als Arié. Genauso dünn und ungeheuer edel. Wenn er auf der Bühne nur den Mund aufmachte, bekam ich sofort Herzklopfen. Vergaß den Theatersaal und befand mich in Dänemark zu Zeiten Shakespeares. Selbst die teilweise jämmerlichen Komödianten um ihn herum störten mich nicht. Ich nahm sie gar nicht wahr.

Und nun stand er plötzlich vor mir, Horst Caspar, der Dänenprinz. Stand da in seinem Trauerkostüm und unterhielt sich mit mir. Ich wäre am liebsten vor ihm niedergekniet; wenn er nicht ein Deutscher gewesen wäre, hätte ich ihn um Verzeihung gebeten und ihn angefleht, mein Lehrer zu werden.

«Das war der alles entscheidende Augenblick. Verstehst du?» Ich habe mich in glühende Begeisterung geredet. Arié nickt.

Dann trabte ich ins Intendanzbüro. Horst Caspar, der sich mir höflich vorgestellt hatte, ging ein paar Schritte neben mir her und riet mir noch einmal, beim nächsten Vorsprechen nur Rollencharaktere jüngeren Alters zu wählen. Natürlich seien der Faust oder der Hamlet weitaus interessanter als irgendein affiger jugendlicher Liebhaber, aber ohne die entsprechende Lebenserfahrung könne man solche Rollen einfach nicht in den Griff bekommen, das habe nichts mit Mangel an Talent zu tun.

Er nahm meine Hand und schüttelte sie, während er mir «toi, toi, toi» für die Verhandlung in der Intendanz wünschte. Dann verschwand er in Richtung der Herrengarderobe.

Im Büro wurde mir dann ein Anfängervertrag angeboten. Ein Herr von Wangenheim und der mit der Fistelstimme empfingen mich. Jetzt klang sie allerdings viel liebenswürdiger, viel angenehmer. Sie sprachen sich übrigens beide mit «Gustav» an, was mich ziemlich verwirrte. Als sie das bemerkten, lachten sie, und der mit der Fistelstimme klärte mich darüber auf, dass sie tatsächlich beide den gleichen Vornamen besäßen, er sich aber am Ende mit «f» schreibe, während Herr von Wangenheim, der Intendant des Hauses, es vorziehe, seinen «Gustav» mit «v» enden zu lassen. Er, Gustaf Gründgens sei sein Name, sei nur hier, um mir einen guten Tag zu wünschen, und hoffe sehr darauf, mich bald als Kollegen des Deutschen Theaters begrüßen zu dürfen. Daraufhin reichte er mir seine Hand, eine sehr weiße, rötlich behaarte Hand. Sie fühlte sich weich an und ein bisschen wabbelig. Dann ging er. Vielmehr, er verschwand. Die Tür schloss sich völlig lautlos hinter ihm. Eine ganz normale Tür, dachte ich noch, das muss ich auch gleich ausprobieren, wenn ich den Raum verlasse.

Bevor Herr von Wangenheim mir den Vertrag vorlas, bat er mich, genau zuzuhören. Ich machte ihn, ganz höflich natürlich, darauf aufmerksam, dass ich ihm die Arbeit vielleicht abnehmen und den Vertrag selber lesen könne, aber er bestand darauf, ihn mir vorzulesen. Jeden einzelnen Paragraphen. Ich wurde immer ungeduldiger und rutschte auf meinem Stuhl herum, doch er schien es gar nicht wahrzunehmen. Schließlich zitierte er noch, dass man das Alter von einundzwanzig Jahren erreicht haben müsse, um eigenhändig unterschreiben zu dürfen, schob mir das Formular über den Tisch und hielt mir seinen Füller hin.

Ich war schon im Begriff zu unterschreiben, da legte er seine Hand auf die meine. «Du hast doch alles genau mitbekommen, was ich dir eben vorgelesen habe, oder?»

«Klar.»

«Schön. Dann hast du ja anscheinend das nötige Alter, um deinen Wilhelm drunterzusetzen. Wann bist du eigentlich geboren?»

«1927», log ich, «im Januar.»

«Na, dann passt ja alles», sagte er fröhlich. «Du musst schon entschuldigen, dass ich so pingelig bin. Nach deutschem Recht würde der Vertrag nämlich annulliert werden, wenn du bei deiner Altersangabe geflunkert hättest. Aber zurzeit unterstehen wir ja den Besatzungsmächten, und deren Gesetze kenne ich nicht so genau.»

«Grundverschieden können sie ja nicht sein.»

«Sag das nicht. Wenn deutsches und sowjetisches Recht völlig übereinstimmen würden, hätte es sicher keinen Krieg gegeben.»

«Moment, Moment! Wovon sprechen Sie eigentlich? Nazigesetze kann man ja wohl nicht als ‹Recht› bezeichnen.»

«Richtig, aber es hat schließlich auch vor den Faschisten ein deutsches Recht gegeben, das sich erheblich von dem der Sowjets unterschieden hat.» Er sah mich begütigend an. «Nun setz dich wieder hin und sag mir endlich dein wahres Alter.»

«Sechzehn. In vier Monaten.»

«Kein Problem. Du lässt einfach deinen Vater unterschreiben.»

«Der ist tot.»

«Und deine Mutter?»

«Die ist gegen das Theater.»

«Ist dein Vater Soldat gewesen?»

«Er war im KZ.»

Jetzt stand Gustav von Wangenheim auf. «In welchem?»

«Sachsenhausen.»

«Scheiße», sagte von Wangenheim und setzte sich wieder. «War er ein Politischer?»

«Er war Jude.»

Er sah mich lange an. Die Stille wurde unerträglich.

«Sagen Sie jetzt nichts Falsches», flüsterte ich.

«Ich werde mich hüten», erwiderte er ebenso leise. «Ich überlege nur, wie wir deine Mutter rumkriegen können. Ist sie auch Jüdin?»

«Voll.»

Er drehte sich einen Moment weg und tat so, als ob er krampfhaft nachdächte.

«Du musst mir schon helfen. Ich kenne deine Mutter ja nicht.»

«Sie ist eine große Verehrerin von Gustaf Gründgens.»

«Na, das ist doch was! Du gehst jetzt nach Hause und sagst kein Wort zu deiner Mutter. Alles Weitere überlässt du uns. Lass mir nur deine Adresse da. Und eure Telefonnummer, wenn ihr eine habt.»

«Und was ist mit dem Vertrag?» Ich griff zögernd danach.

«Der bleibt hier. Keine Sorge. Wir machen keinen Rückzieher.»

Ich schweige.

«Und weiter?», bohrt Arié.

«Eigentlich mag ich das nicht, was jetzt kommt», sage ich nach einer ganzen Weile.

«Los, weiter. Solange Mäcki noch an seinen Röhren herumschraubt, haben wir Zeit. Du wirst mir doch nichts verheimlichen wollen?»

«Ich weiß nur, was Mutter mir über das Telefongespräch erzählt hat: Ihr sei vor Schreck der Hörer aus der Hand gefallen, als sie den Anruf bekam und eine freundliche Dame sagte, sie wolle sie mit Gustaf Gründgens verbinden. Und dann sei er auch schon am Apparat gewesen. Sie habe die Stimme sofort erkannt. Er muss sehr lange auf sie eingeredet haben. Mutter sprach von einer ganzen Stunde. Aber ich kann mir nicht vorstellen, dass er mehr als zwanzig Minuten brauchte. Sie lief anschließend jedenfalls wie hypnotisiert durchs Haus. Hotze, dem sie gleich davon erzählte, fragte mich nur, was die Frauen an diesem Mann bloß fänden. Der sei doch schwul.»

«Ist er?», unterbricht Arié.

«Er hat's erfunden!»

«Vielleicht hat er sich in dich verliebt?»

«Huch», sage ich. «Jedenfalls versprach Mutter, den Vertrag zu unterschreiben, wenn ich mich verpflichten würde, nach Israel zu fahren, um nach dir zu suchen. Über den Urlaub lasse das Deutsche Theater mit sich reden, versprach er ihr.»

«Bist du denn schon aufgetreten?», fragt Arié.

«Die haben mich erst mal in die Schule des DT gesteckt. So stand es auch im Vertrag. Es war mir aber erlaubt, während der Ausbildung kleine darstellerische Aufgaben zu übernehmen.

Im Unterricht meckerten sie ständig an meiner Stütze herum. Ob ich denn nie etwas von Atemtechnik gehört hätte. Wenn ich so weitersprache, könne ich meine Stimmbänder bald als Steinschleudern benutzen. Man gab mich zu einer Stimmbildnerin, die sich wochenlang mit mir abmühte. Eine Frau Pederzani, die voller Stolz fortwährend ihre italienische Mutter erwähnte, eine große Sängerin, von der sie ihre Atemtechnik übernommen habe. Sie sah aus wie die Hexe aus ‹Hänsel und Gretel›. Ihre Unterlippe stand so weit vor, dass man fürchten musste, es würde in ihren Unterkiefer hineinregnen. Ich habe mich ständig auf den Boden legen müssen, dann stieg sie mit beiden Füßen auf meinen Bauch, und ich sollte sie mit meiner Zwerchfellatmung nach oben drücken. Wenn ich das anfangs nicht gleich schaffte, wippte sie so stark auf mir herum, dass ich glaubte, meine Gedärme träten mir aus dem Mund. Einmal ließ ich sogar einen Riesenfurz. Aber auch das hielt sie nicht davon ab, weiterzuwippen. ‹Das ist gesund!›, schrie sie nur. ‹Die ganze falsche Luft zieht nach unten ab.›»

Arié muss so lachen, dass ihm fast der Atem wegbleibt.

«Eins aber will ich dir noch sagen», beende ich meinen Bericht, als er sich ein wenig beruhigt hat, «ich bin später nie wieder heiser geworden. Selbst bei den wildesten Ausbrüchen während des Schauspielunterrichts nicht. Die alte Hexe war Klasse!»

Wir sind so ins Gespräch vertieft, dass wir gar nicht merken, dass plötzlich Mäcki vor uns steht, und neben ihm der Lippenstift. Sie scheint ihn immer noch zu benutzen. Ihre Lippen sind passend zu ihren Fingernägeln angemalt: lila. Außerdem trägt sie keine Uniform mehr, sondern ein dünnes Kleidchen. Aus Rohseide, wie mir scheint. Darunter zeichnen sich ein knapper Schlüpfer und ein Büstenhalter ab.

«Schalom», sage ich.

«Habt ihr schon gegessen?», fragt Mäcki.

«Wir haben auf dich gewartet», sagt Arié.

«Auf euch», verbessere ich ihn und schaue den Lippenstift an.

Sie lächelt und streckt mir die Hand hin. «Luba», sagt sie. «Ich heiße Luba. Und schau nicht so blöd.»

«Bist du Russin?»

«Ich bin aus Leipzig.» Sie setzt sich neben Arié auf die Bank und verkündet, dass sie Hunger habe. Ob ihr jemand etwas mitbringen könne. «Es soll Chazilim geben.»

«Eierfrüchte», übersetzt mein Bruder. «Paniert und gebacken. Dafür lässt du jedes Schnitzel liegen. Die Zubereitung ist übrigens eine jüdische Erfindung. Schmeckt wie paniertes Kalbfleisch, ist allerdings längst nicht so teuer und viel gesünder.»

Weiß ich doch längst, denke ich, aber ich will ihm die Freude nicht nehmen, mir etwas zu erklären.

Dann zieht Arié los. Ich folge ihm. Wir nehmen Tabletts,

und während er die Chazilim auf seinen Teller häuft, bleibe ich lieber bei jüdisch-polnischer Küche: feine Nudelsuppe mit Rindfleisch.

«Was für ein Tag ist heute?», frage ich.

«Der sechste Tag. Freitag», antwortet mein Bruder. «Wir haben Schabbat. Nimm dir Chazilim dazu. Du wirst es nicht bereuen. Wie lange bist du schon im Land? Doch mindestens fünf Monate.»

«Sechs», berichtige ich.

«Und hast noch nie Chazilim gegessen? Eine Schande.»

«Hab ich wohl. Aber die von Chawa waren so grandios, dass ich mir die Erinnerung an den Geschmack nicht verderben will.»

«Sind aber sehr lecker hier», insistiert er.

«Kann schon sein», brumme ich und schöpfe noch eine Kelle Suppe auf meinen Teller. «Weißt du noch? ‹Lokschen mit Jauch› hat Mutter immer zur Nudelsuppe gesagt. Die hier ist beinah so gut wie ihre.»

Arié hält kurz seine Wange an meine, dann gehen wir wieder zum Tisch, wo er Luba einen Teller mit Chazilim hinschiebt. Sie nippt an ihrem Mineralwasser und greift mit spitzen Fingern nach einer der Scheiben.

Ich sage ihr, dass wir auch Besteck mitgebracht haben, aber sie erklärt mir nur, dass das Herumgeschneide an den Dingern für ihren Geschmack nicht sehr appetitlich aussehe. «Jesus sprach zu seine Jünger, wer keen Löffel hat, isst mit de Finger», zitiert sie.

Dann deutet sie auf mich. «Woraus ist das?»

«Hauptmann. ‹Biberpelz›», antworte ich großspurig. Obwohl ich gar nicht sicher bin, dass es stimmt.

«Donnerwetter!» Sie nickt anerkennend und lutscht das Fett von ihren Fingern ab.

Auch Mäcki hat sich mittlerweile wieder eingefunden, und alle drei mampfen ihre Eierfrüchte, während ich bedächtig meine Nudelsuppe löffle und mich frage, weshalb sie so einträchtig nebeneinandersitzen, aber eben geschlossen mir gegenüber. Zumindest Arié hätte neben mich kommen können. Sie sind eine Familie, sage ich mir. Für sie bin ich ein Fremdkörper. Vielleicht sogar einer aus dem Feindesland.

«Ist dir eigentlich schon aufgefallen, dass du die ganze Zeit Iwrit mit uns gesprochen hast?», wendet sich mein Bruder an mich. «Bis auf ein paar Worte, die dir fehlen. Und selbst an die wenigen deutschen Worte hast du hebräische Endungen angehängt.»

«Er hat auch fast keinen jeckischen Akzent», ergänzt Luba und hebt anerkennend den Daumen.

«Das können wir doch gar nicht beurteilen», mischt sich Mäcki ein. «Ich bin mir sicher, dass wir unseren deutschen Akzent bis zum heutigen Tag nicht abgelegt haben. Wenn ich zähle, tue ich das immer noch auf Deutsch. Und bei dir, Luba, kann man sogar ein leichtes Sächseln heraushören.» Er grinst. «Aber du bist ja auch erst seit zwei Jahren hier.»

Luba stemmt sich hoch, so, als ob es unter großer Anstrengung geschehe. Ihre Lippen haben jetzt einen bläulichen Schimmer, und ihre Haut an den Armen und im Gesicht schimmert perlweiß.

Wahnsinn, denke ich. Ist es das Abendlicht? Sie sieht aus wie eine chinesische Porzellanfigur, und aus ihrem Mund kommt ein leises, melodisches Pfeifen.

«Ich gehe aufs Zimmer. Bin hundemüde.»

«Soll ich dir helfen?», bietet Mäcki an.

«Lass mal, ich schaff's auch ohne dich. Schabbat Schalom.» Sie lächelt etwas mühsam und geht langsam, aber mit festen Schritten die Tische entlang zur Tür.

«Was hat sie denn?»

«Sie hat einen ihrer Anfälle», sagt Arié.

«Was für Anfälle, um Gottes willen?»

«Asthma», erwidert Mäcki. «Sie ist hier, um sich zu erholen. Zum Militär wird sie wahrscheinlich nicht mehr zurückkönnen. Ich sehe mal nach ihr. Hoffentlich hat sie ihre Medikamente und den Inhalierapparat dabei.»

«Luba ist schwer asthmatisch und hält sich verdächtig oft in diesem Kibbuz auf», erklärt mir mein Bruder. «Eigentlich sollte sie sich in einem ganz anderen Kibbuz erholen. In Mischmar Ha'emek. Sie ist seit langem mit einem der Kibbuzniks dort befreundet. Waren zusammen beim Militär. Als er entlassen wurde, hat er sie gebeten mitzukommen, aber sie liebt die Stadt.»

«Und woher kennst du sie?»

«Ich kenne ihren Freund. Wir wurden zusammen verwundet. Auf dem Weg nach Jerusalem. Ausgerechnet gegen die Arabische Legion haben sie uns eingesetzt. Die einzige Truppe, die man wirklich ernst nehmen musste. Jordanier, von britischen Offizieren ausgebildet und befehligt. Als wir eine ihrer Stellungen stürmten, merkte ich zuerst gar nicht, dass es mir die Achillessehne zerfetzt hatte. Anfangs fühlte es sich wie eine Betäubungsspritze an. Lubas Freund lag da mit zerschmettertem Hüftknochen. Recht spät erst wurde uns klar, dass wir auch von hinten angegriffen wurden. Sie waren viel besser bewaffnet als wir, und mich wundert heute noch, dass wir schließlich doch die Oberhand gewannen. Einen britischen Offizier haben wir gefangengenommen. Er meinte, dass wir ihn umgehend freilassen müssten. Wir nahmen ihn mit in unsere Ausgangsstellung, und er redete ohne Punkt und Komma auf uns ein. Aber wir taten, als verstünden wir ihn nicht.

Im Quartier trafen wir zum ersten Mal auf Luba. Sie organisierte Krankentransporte und leistete Erste Hilfe. Während wir vor Schmerzen stöhnten, fluchte der Engländer auf die säuischen Juden, die ihm nicht zuhören würden, und sagte, dass die Deutschen leider doch nicht ganze Arbeit geleistet hätten. Luba holte aus und schlug ihm derart aufs Maul, dass er zurücktaumelte. Die kleine Person. Stell dir vor. Dann befahl sie ihm, den Mund aufzumachen. Sie müsse sich möglicherweise dafür entschuldigen, dass sie ihm einen Zahn ausgeschlagen habe. Gehorsam riss er gleich seinen Mund auf. Sie schaute hinein, rüttelte sanft an seinen Vorderzähnen und sagte: ‹Die stehen ja alle noch wie eine Eins. Na, das ist aber enttäuschend.› Dann schlug sie nochmal zu. Das war Luba. Trotz unserer viehischen Schmerzen krümmten wir uns vor Lachen. Mein Kumpel hat sich sofort in sie verliebt. Ich auch.»

«Und?»

«Ich glaube, ich war zu schüchtern. Am selben Abend, wir warteten immer noch auf den Sanitätswagen, der uns nach Tel Aviv bringen sollte, waren wir dabei, als sie einen ihrer Asthmaanfälle bekam. Sie hatte Befehl, uns nicht aus den Augen zu lassen und den Sani zu rufen, falls es Komplikationen geben sollte. Stattdessen lagen wir auf unseren Tragen und sahen zu, wie sie blau anlief. Ihr Mund war kreisrund geöffnet, als zöge sie durch einen unsichtbaren Schlauch Luft ein oder als würde sie jemand furchtbar würgen. Wir waren starr vor Schreck. Dann schrien wir um Hilfe, trommelten wie verrückt mit den Händen auf den Boden und versuchten, uns von der Trage zu rollen. Trotz ihrer Atemnot wollte Luba uns mit Gesten beruhigen, doch sie war unfähig, sich von ihrem Stuhl zu erheben. Wie angekettet saß sie da. Der Sani wusste wohl schon von ihrem Problem. Er drückte ihr ein Mundstück zwischen die Lippen, an dem ein kleiner roter Ballon befestigt war. Den trägt sie heute noch immer bei sich.»

«Und jetzt?», frage ich. «Hat sie jemanden, dem sie hinterherläuft?»

«Ich nehme an, du bist es. Sie hält dich für den verrücktesten Kerl, der ihr je begegnet ist. Meschugge, aber mutig. Du brauchst mir auch nichts zu erzählen. Sie hat uns das Ganze in allen Einzelheiten geschildert.»

«Wer ist ‹uns›?», frage ich. Ich spüre, wie Ärger in mir hochsteigt.

«Sei friedlich. Sie hat mit großem Respekt von dir gesprochen. Wir haben uns nur ein bisschen amüsiert.»

Wochen später wohnt Luba immer noch bei uns im Kibbuz. Sie hat einen Jeep organisiert und lädt mich nach Afula ins Kino ein. Ich warte auf den richtigen Moment. Sie sitzt am Steuer und hört sich ruhig meine Vorwürfe an.

«Dein Bruder hatte ein Recht darauf, zu erfahren, wer du bist», sagt sie schließlich, «und auf was für einen Kerl er sich da gefasst machen muss. Stimmt es eigentlich, dass deine Mutter auch so ein wüster Besen ist?»

«Noch ein Wort, und du fliegst aus dem Jeep», drohe ich.

«Versuch's mal.» Sie lacht kurz auf und schlägt mit der flachen Hand aufs Lenkrad. Dann fängt sie ein bisschen an zu husten. Ich sehe sie erschrocken an. «Keine Sorge. Ich habe alles bei mir», beruhigt sie mich.

Wir sehen einen Film mit Audrey Hepburn. Als wir im dunklen Kino sitzen, schaue ich heimlich zu Luba neben mir und stelle fest, dass die beiden Schwestern sein könnten.

Anschließend fahren wir nach Nazareth hinauf und gehen arabisch essen. Es schmeckt köstlich. Hummus, Techina, Couscous. Ich kann nicht genug kriegen. Aber Luba macht mich noch auf eine andere Vorspeise aufmerksam. Ein rötlicher Brei, der sehr interessant riecht. «Du musst ein Stück von der Pita, dem Fladenbrot hier, eintunken. Ach was, mach eine kleine Schaufel mit dem Fladen und nimm dir ordentlich was drauf.»

Ich schiebe mir einen Berg von dem rötlichen Brei in den Mund. Hervorragend. Schmeckt einfach fabelhaft. Luba sieht mich gespannt an. Ich reiße ein neues Stück vom Fladen ab und will es in den rötlichen Brei hineinschieben, da geht es los. Ich springe auf, schreie wie wild und habe das Gefühl, mir hätte jemand eine brennende Fackel in den Mund geschoben. Ich führe einen wahren Veitstanz auf. «Wasser!», schreie ich. «Wasser!»

«Kein Wasser!», ruft Luba und versucht, mich wieder auf

den Stuhl hinunterzudrücken. «Brot, trockenes Weißbrot.» Damit schiebt sie mir ein riesiges Stück Fladenbrot in den Mund. «Kauen!», befiehlt sie, während sie sich die Lachtränen aus den Augenwinkeln wischt.

«Du bist das größte Miststück des Jahrhunderts», presse ich mühsam hervor. Meine Kehle brennt wie Feuer.

Nachts schlafen wir miteinander. Nur mit dem Küssen will es nicht so klappen. Meine Zunge ist noch angeschwollen und tut höllisch weh.

Der Kibbuz geht mir auf den Keks», brumme ich missmutig. «Irgendwann, und zwar bald, muss ich wissen, ob ich in diesem Land bleibe oder nicht.»

Mein Bruder sieht mich groß an, sagt aber nichts.

«Hast du verstanden?», erkundige ich mich auf Deutsch, nachdem er immer noch nicht antwortet.

«Ich habe verstanden. Es wird tatsächlich Zeit, einen Entschluss zu fassen. Also: Wie soll es weitergehen?»

«Ich habe mir aus der Bibliothek einen Goethe-Band ausgeliehen. Dramen. In der Übersetzung von C. N. Bialik. Man sagte mir, es gäbe keine bessere.»

«Richtig.»

«Ich habe versucht, so gut ich konnte, die ‹Iphigenie auf Tauris› mit Wörterbuch zu lesen und den großen Monolog des Orest auswendig zu lernen.»

«Okay, gern», sagt mein Bruder, setzt sich aufs Bett und mimt den Zuschauer.

«Wenn du dich über mich lustig machen willst – das muss ich nicht haben.»

«Ich mache mich nicht lustig, ich versuche nur, dir deine Nervosität zu nehmen.»

«Du kennst das Stück?», frage ich, um Zeit zu gewinnen.
«Selbstverständlich. Fang an.»
«Hebräisch ist natürlich eine sehr schwierige Sprache. Passt überhaupt nicht zum Griechischen.»
«Viel mehr als Deutsch. Denk nur an den Anfang des Alphabets. Griechisch: Alpha, Beta, Gamma, Delta. Hebräisch: Aleph, Bet, Gimel, Dalet. Und jetzt fang an, oder lass es bleiben.»

Bei den ersten Versen stottere ich so herum, dass ich gleich unterbreche. «Mensch, das ist das erste Mal, dass ich etwas in einer Fremdsprache einstudiere!»

«Reg dich ab. Es war gar nicht so schlecht. Du wärst sicher noch reingekommen, hättest du dich nicht unterbrochen.»

«Ich fange nochmal an.»

Arié nickt. Ich versuche, nicht an Sprache und Aussprache zu denken, sondern an den Inhalt. Aber es will mir nicht so recht gelingen. Immer wieder habe ich das Gefühl, es höre sich ganz furchtbar an. Du musst es bis zum Ende schaffen, egal, was passiert, sage ich mir. Es ist doch nur dein Bruder, der dir zuhört. «Jetzt sag was», fordere ich ihn auf und ziehe mir einen Stuhl heran.

«Beeindruckend, mit welcher Chuzpe du so was abziehst. Ich hätte nicht den Mut dazu.»

«Ist das alles?»

«Nein», erwidert er. «Ich hatte den Eindruck, du beobachtest mich während deines Vortrags. Wolltest du deine Wirkung auf mich überprüfen?»

«Unsinn!»

«Es kam mir aber manchmal so vor. Hast du die Rolle auch auf Deutsch einstudiert?»

«Nein.»

«Was anderes? Ich wäre mal neugierig darauf, was sich mit dir tut, wenn du auf Deutsch spielst. Zeig mir doch mal was aus dem ‹Faust›.»

Plötzlich habe ich selbst Lust dazu. Schon nach den ersten

Sätzen fühle ich, wie ich abhebe. Alle Einstudiertheit scheint verschwunden. Die Verse kommen leicht und flüssig, als wären sie eben erst geschrieben worden. Auch das «drum habe ich mich der Magie ergeben». Ich betone das Wort «Magie», ohne viel Aufhebens davon zu machen. Spreche sogar die Erdgeist-Szene mit und setze die Stimme des Erdgeistes dadurch ab, dass ich sie flüstere.

«Ende», sage ich, als es vorbei ist, und lasse mich auf meinen Stuhl fallen, um mich erst einmal zu beruhigen.

Ich bin heilfroh, dass Arié nicht gleich losredet. Langsam komme ich so weit aus der anderen Welt zurück, dass ich zu ihm hinüberschauen kann. Er hat den Kopf gesenkt, und ich kann sein Gesicht nicht sehen. Unvermittelt steht er auf und kehrt mir den Rücken zu.

«Eigentlich müsste ich dir jetzt sagen: Geh zurück nach Deutschland. Was du da eben gezeigt hast, wirst du im Hebräischen nie erreichen. Nicht, weil die Sprache das nicht hergäbe, sondern weil du sie niemals so wirst benutzen können.» Er dreht sich zu mir um und kommt auf mich zu. Ganz langsam legt er die Arme um mich und drückt mich fest an sich, sodass wir uns nicht anschauen können. «Und doch – wenn du nur die Hälfte von dem im Hebräischen zustande bringst, können die Zuschauer hier weiß Gott zufrieden sein.»

Ich schiebe ihn von mir weg, um ihm in die Augen zu sehen. «Wärst du an meiner Stelle damit zufrieden?»

«Nein. Aber lass es uns wenigstens versuchen. Ich will dir helfen. Komm zu mir nach Tel Aviv. Ich selbst habe zwar nur ein Zimmer, das ich mit jemandem teilen muss, aber für dich werden wir sicher auch was finden. Wir werden jede freie Stunde zum Studium benutzen. Du musst deinen Akzent loswerden. Der deutsche Akzent hört sich im Hebräischen ziemlich gemein an.»

«Ich bin sicher, kein einziger Einwanderer spricht akzentfrei.»

«Stimmt», sagt er, «aber es gibt solche und solche Akzente. Der russische ist sogar sehr gefragt. Viele unserer Schauspieler an der Staatsbühne pflegen ihn. Er klingt wunderbar. Man könnte es eine sprachliche Symbiose nennen. Dieser Akzent und das Iwrit sind wie füreinander geschaffen. Der deutsche dagegen ...» Er macht eine wegwerfende Handbewegung.

«Magst du die deutsche Sprache nicht?»

«Ich liebe sie. Man kann, so glaube ich, in keiner anderen Sprache ausdrücken, was man in ihr ausdrücken kann. Nur als Akzent im Hebräischen ist sie eine Katastrophe. Vielleicht, weil sie so eigenwillig im Klang ist.»

«Du lässt nichts durchgehen, was? Der geborene Arschpauker», sage ich und muss lachen. «Du weißt gar nicht, wie hervorragend du noch Deutsch sprichst. Ist dir klar, dass wir die ganze Zeit Deutsch gesprochen haben?»

Arié geht nicht auf meine Bemerkung ein. «In der Ausbildungszeit haben wir uns ans Einstudieren von Theaterstücken gemacht. Unter anderem auch an deutsche. So ganz bin ich nie mit ihnen zurechtgekommen. Am ehesten gefiel mir noch der Schiller. Aber auch da schaute immer aus irgendeiner Textstelle diese fatale Todessehnsucht hervor. Wie im ‹Faust›. Der hat sogar gleich zu Anfang den Giftbecher in der Hand. Und wer hält ihn dann vom Selbstmord ab? Der Teufel! Der nagelt ihn ans Irdische fest und verweigert ihm die Selbstauslöschung, die ihm vielleicht die ewige Bewusstlosigkeit bescheren könnte. Teuflisch, teuflisch, nicht wahr? Leben, irdische Existenz, als das Betätigungsfeld des Satans. Nein, wir haben uns da lieber an die Realität Shakespeares gehalten. Aber ich gebe zu, der Sog dieser Gedanken, oder sollte ich besser sagen: dieser Ideologie, ist stark. Auch hier, während du die Texte sprichst. Übrigens war ich ein guter Marquis Posa im ‹Don Carlos›. Ich habe mit den Studienkollegen mal das ganze Stück einstudiert.»

«Los, sprich mal was vor», fordere ich ihn auf. «Jetzt bist du dran.»

«Ich werde mich hüten», sagt er nach einem Moment vielsagenden Zögerns und lächelt ein bisschen gequält. «Überleg dir lieber, was du von meinem Vorschlag hältst. Am nächsten Wochenende will ich deine Antwort haben.»

Ich denke noch Tage über das nach, was mein Bruder gesagt hat. Vor allem über die Todessehnsucht in der deutschen Literatur. Beschreibt sie eine charakteristische Geisteshaltung, die sich bereits in finsterer Vorzeit entwickelte? Von den Nibelungen über den faustischen Giftbecher, Wagner, Thomas Mann bis, ja, bis zum rauschhaften Untergang im Führerbunker? Andererseits stellt er ausgerechnet Shakespeare dagegen. Und das, obwohl auch Hamlet sich nach dem ewigen Schlaf sehnt. Schade, dass mir das im Gespräch nicht eingefallen ist. Mal sehen, was er am nächsten Wochenende dazu sagen wird.

Aber es kommt gar nicht dazu. Arié ist voller Stolz, dass er ein Zimmer für mich gefunden hat. Man müsse nur noch einen Mitbewohner suchen, denn ich allein könne das nicht zahlen.

Ich erzähle ihm, dass Chawa mir geschrieben hat und fragt, wie lange ich noch im Kibbuz bleiben wolle. Großonkel sei nur mit Mühe davon abzuhalten gewesen, sich auf den Weg hierher nach Misra zu machen. «Dein Zimmer wartet immer noch auf dich.» Arié überlegt, dass es vorerst gar keine schlechte Idee wäre, in Petach Tikwa zu bleiben. Es sei keine halbe Stunde Fahrt von dort nach Tel Aviv. Wenn ich das jeden Tag auf mich nehmen wolle? Ich bin sofort einverstanden.

«Was ist mit Luba?», fragt er. «Hat sie sich inzwischen mal blicken lassen?»

«Seit über einer Woche nicht mehr.»

Er schüttelt den Kopf. «Sei bitte vorsichtig mit ihr.» Er will weitersprechen, zögert dann aber und meint nur, dass sie nach einer festen Beziehung giere und man ja nicht unbedingt ein Opfer dieser Gier werden müsse.

Ich spüre, dass er eigentlich etwas anderes sagen will, und bin weiß Gott sehr neugierig darauf, dringe aber nicht weiter in ihn. Irgendwann wird er sich nicht mehr zurückhalten können. Das ahne ich.

Vierzehn Tage später reiche ich Urlaub ein und fahre nach Petach Tikwa, wo ich vorher meine Ankunft durch eine Postkarte angekündigt habe. Chawa hat zur Begrüßung meine geliebte Nudelsuppe gekocht. Dazu gibt es mageres Rindfleisch mit Meerrettich und Barches, ein selbstgebackenes Weißbrot aus geflochtenem Teig. Und das alles, obwohl gar kein Schabbat ist. Ich falle über das Essen her, und Großonkel sieht mir mit weit aufgerissenen Augen zu. Er kann nicht fassen, wie man so riesige Portionen so schnell hinunterschlingen kann. «Das verträgt ja nicht mal ein Wiederkäuer», staunt er und schlägt die Hände zusammen, als wolle er mir Beifall klatschen. «Morgen bist du todkrank», prophezeit er mit ernster Miene, aber ich spüre seine innere Freude, die ihn überwältigen will. So glücklich sind sie, dass ich wieder da bin, dass sie bis tief in die Nacht hinein mit mir zusammensitzen und ich ihnen einiges von dem berichte, was ich im Kibbuz erlebt habe.

Irgendwann sehr spät bringen wir Großonkel ins Bett, und Chawa führt mich in die Küche zurück. Sie kredenzt ihren reifen Wischnik, den herrlichen Kirschenschnaps, und erzählt mir, dass Klausner bei ihnen gewesen sei, sich eingehend nach mir erkundigt und gesagt habe, wie traurig er darüber sei, dass ich mich in dieser ganzen Zeit nicht einmal bei ihnen gemeldet hätte.

Ich merke, dass ich immer betrunkener werde, klage mich als einen undankbaren Armleuchter an und frage nach dem Schutaf.

«Oh», sagt Chawa und tunkt ihren Schöpflöffel wieder in den Wischnik, «er hat sich aus dem Geschäft zurückgezogen. Klausner hat ihn zur Hälfte ausgezahlt und ihm eine Bank gekauft. Auf der sitzt er jetzt vor dem Laden, sieht dem Verkehr auf der Straße zu und lebt von der monatlichen Rente, die ihm Klausner von der anderen Hälfte zukommen lässt. Seit dem Tag, an dem der Schutaf zum ersten Mal auf der Bank gesessen und die Leute in ein Gespräch verwickelt hat, floriert das Geschäft wie nie. Sie alle warten natürlich darauf, dass er seine stadtbekannten Anfälle bekommt, setzen sich zu ihm oder stehen um ihn herum und diskutieren darüber, wie man mit offenen Augen bloß so tief schlafen kann. Klausner meint, er werde sich noch zum echten Wahrzeichen Haifas entwickeln.»

Langsam wird es hell, und Chawa brüht einen starken schwarzen Tee auf.

«Wenn ich mich jetzt noch hinlege, verschlafe ich den Messias», sagt sie.

«Aber in dem Zustand kannst du doch nicht ins Krankenhaus», warne ich sie mit schwerer Zunge.

«Du kennst mich nicht!», ruft sie und rudert mit den Armen in der Luft herum, als wollte sie fliegen lernen. «Ich schwanke nicht, ich lalle nicht, und meine Maulbinde verrät mich nicht.»

Ich sehe sie fragend an.

«Mein Mundschutz, du Dummkopf.» Sie fährt mir mit vertrauter Geste durchs Haar. «Geh jetzt schlafen.»

Doch vorher frage ich sie noch, ob ich eine Weile bei ihnen wohnen könne. «Ich habe vor, mich an einem Theater in Tel Aviv zu bewerben, muss aber vorher einiges einstudieren. Petach Tikwa liegt einigermaßen günstig. Außerdem muss ich nicht jeden Tag in die Stadt. Und wenn es später mit einer Anstellung klappt, kann ich mir ja vielleicht eine andere Unterkunft suchen.»

Chawa setzt sich wieder hin und sieht mich mit tränennassen

Augen an. Sie schluckt und schluckt und kann nichts sagen. In der Absicht, meine Hände zu streicheln, wirft sie mein Wischnik-Glas um. Im selben Moment fängt der Wasserkessel an zu pfeifen. Sie springt auf, nimmt den Kessel vom Herd und greift sich einen Putzlappen. Während sie das Tischtuch abtupft, murmelt sie fortwährend: «Da wird sich der Vater aber freuen.»

Arié besucht uns und bringt Luba mit. Wir laden Großonkel und Chawa zum Essen ein. In ein koscheres Restaurant in Tel Aviv. Wir bestellen uns ein Sammeltaxi und fahren ganz feudal in die Stadt. Chawa würde so gern mal italienisch essen, aber Großonkel ist nicht dazu zu bewegen. Und das, obwohl ihm Chawa erklärt, dass es in ganz Israel kein einziges Restaurant gebe, das nichtkoschere Speisen anbieten dürfe. Das gelte auch für die italienischen.

Großonkel beäugt Luba misstrauisch, Chawa dagegen ist sehr angetan von ihr. Schon im Taxi unterhalten sich die beiden angeregt miteinander.

«Wo hast du sie denn getroffen?», frage ich Arié später, als wir nebeneinander am Pissoir stehen.

«Sie gibt einfach keine Ruhe. Taucht dauernd in der Schule auf und fragt nach dir.»

«Und deshalb bringst du sie gleich mit? Bei mir hat sie sich wochenlang nicht mehr blicken lassen. Wahrscheinlich will sie ihren Freund in Mischmar Ha'emek nicht aufgeben.»

«Du musst ja einiges mit ihr angestellt haben», sagt er, ohne mich anzusehen, «ich dachte, ich mache dir eine Freude.»

«Ist dir gelungen.»

Als wir ins Restaurant zurückkommen, ist Luba gerade dabei, zu zahlen.

«He», sage ich, «das übernehmen wir.»

«Plustre dich nicht so auf», antwortet sie. «Ich habe meinen Sold für die letzten beiden Monate ausbezahlt bekommen, und Krankengeld und, und, und.»

«Trotzdem, kommt gar nicht in Frage.»

«Wie du willst», sagt sie lächelnd und steckt ihr Geld wieder in die Börse.

«Du warst beim Militär?», fragt Großonkel plötzlich. Ich habe den Eindruck, es ist sein erster Satz an diesem Abend.

«Vor Jerusalem», antwortet Arié an ihrer Stelle. «Dort haben wir uns auch kennengelernt.»

«Und du kommst aus Europa?»

«Wie wir alle», mische ich mich jetzt ein.

«Es gibt auch Leute, die hier geboren sind», sagt er, und seine Augen werden immer heller. Ich weiß, dass er jetzt in sich hineinlacht. Ich weiß es einfach.

Zwei Tage später wird Großonkel wieder bettlägerig. Seine Gänge zur Synagoge hält er zwar strikt ein, doch die Ruhestunden dehnen sich immer weiter aus. Sogar das Frühstück nach der morgendlichen Bergtour lässt er seit zwei Tagen ausfallen.

Chawa bittet Luba und mich, im Haus zu bleiben und ein Auge auf ihn zu haben, solange wir noch keine anständige Wohnung in Tel Aviv gefunden haben. Es würde sie doch sehr beruhigen. Sie will ihre Arbeit im Spital nicht gleich völlig aufgeben. Und von der Idee, ihn dort unterzubringen, will er nach wie vor nichts wissen.

Luba meint, die Busverbindung sei ja nicht schlecht und außerdem gebe es in diesem Land gar keine echten Entfernungen. Ich bin einverstanden, und sie zieht zu mir in mein Zimmer.

An einem der nächsten Tage – Chawa ist im Spital, und ich sitze an Großonkels Bett – horchen wir beide fast gleichzeitig auf. «Luba ist von ihren Einkäufen zurück», sage ich, da fragt Großonkel, indem er sich steil aufsetzt, weshalb sie so einen beängstigenden Lärm mache. Sofort bin ich auf den Beinen und laufe ins Nebenzimmer. Seltsam, frage ich mich, wie kann es sein, dass der alte, schwerhörige Mann das mitbekommen hat und ich nicht?

Luba liegt flach auf ihrer Matratze. Ihre Lippen und ihr Gesicht haben eine bläuliche Farbe angenommen. Sie ringt nach Atem, und das hört sich wie ein kreischender Sägeton an. Ich stehe wie angewurzelt und völlig hilflos da. Scheiße, denke ich, Scheiße, sie stirbt, und ich kann nichts dagegen tun.

Dann fällt mir ein, dass ich Chawa anrufen könnte. Vielleicht kann sie so schnell wie möglich einen Arzt organisieren. Ich will gerade zu den Nachbarn sprinten, da steht Großonkel im Türrahmen und versperrt mir den Weg.

«Nimm das Kissen, richte sie auf und stopfe es ihr in den Rücken», befiehlt er. Sein Ton erlaubt keine Widerworte. «Du musst ihr das Atmen erleichtern. Hat sie keine Medikamente dabei? Sie ist doch eine schwer asthmatische Person.»

Er greift nach ihrer offenen Reisetasche und wühlt darin herum, während ich die keuchende Luba hochhieve und sie mit dem Kissen abstütze. Großonkel scheint gefunden zu haben, wonach er gesucht hat. Er schiebt ihr das Mundstück des Inhalationsgerätes in den Mund und drückt auf den Ballon. Luba, inzwischen nahezu ohnmächtig, scheint darauf anzusprechen. Mit gierigen Atemzügen saugt sie ein, was Großonkel ihr in die Lunge hineinpumpt, fängt zwischendurch zu husten an und verlangt gleich darauf das Mundstück wieder zurück, das Großonkel ihr bei jedem Hustenanfall aus dem Mund nimmt. Allmählich verliert ihre Haut die Leichenfarbe. Großonkel hat jetzt ein Taschentuch in der Hand und tupft ihr damit den Schweiß von der Stirn.

«Sieh nach, ob sie Tabletten in der Tasche hat.»

Luba nickt und versucht, die Tasche zu sich heranzuziehen. Mechanisch krame ich nach den Tabletten, halte Luba zwei verschiedene Schachteln unter die Nase. Sie deutet erschöpft auf eine der beiden.

«Pump weiter!», befiehlt Großonkel. «Sie braucht lauwarmes Wasser.» Er steht auf und geht in die Küche.

«Dieser Mann wird mir immer unheimlicher», sage ich leise. Luba verzieht den Mund. Will sie ein Lächeln andeuten?

«Woher nimmt er das alles?», frage ich. «Eben noch lag er auf seinem Bett und konnte sich kaum rühren.»

Großonkel kommt mit dem angewärmten Wasser zurück, ich schiebe Luba eine Tablette zwischen die Lippen, die inzwischen wieder ihre normale Farbe haben, sie hebt zwei Finger hoch, ich schiebe noch eine Tablette nach. Dann reicht Großonkel ihr das Glas. Luba versucht vorsichtig, die Tabletten zu schlucken, und ich schaue Großonkel an. Er blickt, halb vorgebeugt, besorgt auf sie herab. Als sie fertig ist, drückt Luba mir das leere Glas in die Hand und verlangt mit einer Handbewegung ihr Mundstück zurück. Sie nimmt mir auch den Ballon ab und flüstert mir ein schwaches «Danke» zu.

«Es geht ihr besser. Lass sie schlafen, wenn sie schlafen will. Ich leg mich auch wieder hin.» Damit verschwindet er, und ich höre, wie er sich nebenan mit einem schweren Seufzer auf sein Bett fallen lässt.

Am nächsten Morgen ist er kaum mehr wachzukriegen. Wie leblos liegt er da. Die Augen halb offen.

«Großonkel!», rufe ich. «Es ist Zeit für dein Morgengebet. Man erwartet dich oben.»

Er reißt die Augen auf. «Wo?», fragt er. Dann fängt er an zu lachen. Es ist ein ganz helles, kindliches Lachen. «Wo erwartet man mich, Michail?» Er spricht meinen Namen russisch aus und versucht, sich aufzurichten. «Na, wo erwartet man mich?»

«Oben, in der Synagoge», stottere ich verwirrt, während er

sich wieder in die Kissen sinken lässt. Er schließt die Augen und atmet ganz ruhig. Seine Haut sieht beinahe rosig aus, wie die eines Kinderpopos, denke ich. Dann stehen Chawa und Luba neben mir. «Der Arzt wird jeden Augenblick hier sein», sagt Chawa. «Ich habe schon mit dem Krankenhaus telefoniert.» Ihre Stimme zittert verdächtig. «Er hat fast noch nie sein Morgengebet versäumt. Er weiß doch, dass es immer weniger werden, die sich morgens dort oben zum Beten treffen. Ohne ihn könnten es heute sogar weniger als zehn sein. Dann findet der Gottesdienst nicht statt, und seine Freunde müssen unverrichteter Dinge wieder gehen.»

Sie spricht mit leicht erhobener Stimme, als wolle sie ihn ermuntern. Aber er schlägt nicht einmal die Augen auf, sagt nur mit seiner lauten Greisenstimme: «Geht einen Augenblick hinaus, ich habe mit Michail zu reden.»

Die Frauen sehen sich an. Luba legt den Arm um Chawas Schultern und führt sie hinaus. «Schließ die Tür!», befiehlt Großonkel. «Sie können einfach keine Türen hinter sich schließen.» Jetzt öffnet er die Augen und zwinkert ein paarmal.

«Ich werde dir weder als Lamm noch als Fisch erscheinen. Du kannst sie also ohne Furcht weiter verzehren.» Seine Wortwahl ist jetzt beinahe biblisch. «Und ob mich oben jemand erwartet – wer weiß das schon. Also kann ich dir auch nicht auf den Kopf spucken. Michail, mein liebster Großneffe, mein Tod wird dir hoffentlich nicht viel Kummer bereiten. Ich habe nur eine Bitte an dich: Pass auf dieses Mädchen auf. Sie hat eine schlimme Krankheit. Du könntest irgendwann einmal zu spät kommen.»

Er lehnt sich zurück und macht eine lange Pause. Ich tue das, was er mir bei Luba empfohlen hat: Ich stopfe ihm das Kissen fest in den Rücken. Er lächelt mich an, und ich sehe seine Wangenknochen unter der dünnen Haut durchschimmern.

«Großonkel», sage ich leise, «ich will dich nicht über deinen Tod reden hören, verstehst du? Ich will es einfach nicht!»

Mein Herz schlägt so laut, dass ich vermute, er kann es hören. Neben dem Bett kniend, lege ich einen Arm um seinen Kopf. Ganz vorsichtig. Er scheint es nicht zu spüren. Dann fange ich jämmerlich zu schluchzen an. «Ich will dich nicht verlieren, hörst du?», stottere ich. «Es ist so ungerecht, es ist alles so ungerecht.»

Ich kann nicht mehr weiterreden und presse behutsam meinen Kopf gegen den seinen. Nach einer Weile spüre ich seine kühle Hand an meinem Hals. Seine Finger klopfen leicht dagegen. Ich schaue ihn an. Seine blauen Augen leuchten, als hätte man eine Kerze in seinem Kopf angezündet. Plötzlich steigt eine ungeheure Wut in mir hoch.

«Wenn du nicht einmal weißt, ob man dich oben erwartet», frage ich laut, «zu wem hast du denn dann all die Jahre gebetet? Für wen hast du die tagtäglichen Mühen auf dich genommen, morgens und abends dorthinauf zu steigen?»

«Gute Frage, gute Frage», erwidert er leise. «Aber wer kann schon mit Sicherheit sagen, dass es Ihn nicht gibt? Und welche Mühe hat es mich schon gekostet? Bin ich nicht gerade deshalb so alt geworden, weil ich mich dieser Mühe unterzogen habe? Und könnte das nicht letzten Endes Gottes Trick gewesen sein, um mich am Leben zu erhalten? Wer weiß das schon? Ich habe miterlebt, wie ein großer Teil meiner Familie, ein großer Teil unseres Volkes umgekommen ist. Vernichtet in der Hölle des Hasses. Ich sehe, wie dieser Hass alle anderen Teile der Welt infiziert und mit blindwütigem Mord überzieht. Ich durfte Beobachter bleiben. Habe meine Hände rein gehalten, obwohl das auch in diesem Land nicht immer leicht gewesen ist. Habe ich ein Nichts angebetet? Mag sein. Jedenfalls wurde ich nicht massakriert und war auch nicht gezwungen, andere zu massakrieren. Zeitweilig habe ich geglaubt, es meinen Gebeten danken zu müssen.»

«Du weißt es nicht», schluchze ich. «So kannst du nicht gehen. Du weißt es doch noch nicht.»

«Wer weiß schon etwas.» Seine Stimme wird schwächer. «Dann geh nicht. Warte, bis du etwas gefunden hast.» «Finden? In diesem Leben? Wer weiß denn, wen er anbetet, Michail. Wenn Er da ist, dann nicht über oder unter dir, sondern in dir. Hör mir jetzt zu. Im Schrank, ganz oben unter meinen Gebetsmänteln, liegt eine braune, sehr alte Tasche. Sie ist mit einem dünnen Strick zusammengebunden, weil das Schloss schon lange nicht mehr funktioniert. Nimm sie an dich. Sie war für deinen Großvater, meinen Bruder, gedacht. Bis vor einigen Jahren habe ich noch gehofft, ihn irgendwann einmal wiederzusehen. Wollte einfach nicht glauben, dass ihn eine Granate zerrissen hat, verstehst du? Jetzt musst du statt meiner auf ihn warten. Vielleicht meldet er sich ja bei dir. In unserer Familie ist man schon immer sehr alt geworden. Vor allem die Männer. Wenn sie nicht im Krieg oder in der Gaskammer umgekommen sind. Versprich mir, dass du sie nicht vor deinem vierzigsten Lebensjahr öffnest.» Er streicht mir über die Schulter. «Jetzt geh zu deinem kranken Mädchen, und schick Chawa zu mir.»

Ich nehme die Tasche an mich, ohne sie näher zu betrachten. Auf dem Weg nach draußen höre ich ihn fragen: «Warum ungerecht?» Ich drehe mich noch einmal zu ihm um. «Wie viel Zeit hat man uns denn zusammen gegeben?», antworte ich und gehe hinaus.

Gegen Morgen schlafe ich ein, werde aber bald wieder wachgerüttelt. Luba versucht mich hochzuziehen, und von draußen höre ich Chawas heisere Stimme. Ich bleibe, nur mit meinen Schlafanzughosen bekleidet, stehen, halte mich am Türpfosten fest und traue mich keinen weiteren Schritt zu machen. Luba stößt mich von hinten an: «Geh schon. Schau ihn dir noch einmal an. Der Tod hat sein Gesicht nicht zerstören können. Da habe ich schon ganz andere Leichen gesehen. Er hat Glück gehabt.»

Ich will ihr eine knallen, aber sie hat sich schon umgewandt und steht am Fenster.

Zögernd betrete ich Großonkels Zimmer und bin erstaunt über den kaum merklichen Ausdruck von Ironie auf seinem Gesicht. So, als wolle er sagen: «Glaubt, was ihr wollt. Jedenfalls ist der Tod nicht das, was ihr von ihm haltet. Ich darf nur nicht darüber reden.» Seine Lippen sind fest zusammengepresst, seine Augen halb geschlossen, sodass noch ein Stück der Pupillen zu erkennen ist. Sie sehen aus, als läge feiner Staub darauf.

Unwillkürlich schaue ich zu Chawa, die am Fußende des Bettes steht, die Hände um das eiserne Geländer gekrallt, und mich mit weit geöffnetem Mund anstarrt. Sie hat ihre Klageschreie bei meinem Eintritt sofort abgebrochen. Mit einer flehenden Geste zeigt sie auf Großonkels Augen und presst dann ihre Hand auf die ihren. Seine Haut fühlt sich kühl und trocken an, als ich seine Lider behutsam schließe.

Mein Bruder erfährt die Nachricht vom Tod unseres Großonkels im Krankenhaus, in dem er sich zu einer mehrtägigen Nachuntersuchung aufhält. Wir sitzen zusammen im Aufenthaltsraum, und ich erzähle vom Begräbnis und der schlichten Bretterkiste, in der er in die Grube hinuntergelassen wurde. Chawa regt sich noch jetzt darüber auf. Frömmigkeit hin, Frömmigkeit her, seine letzte Wohnung, findet sie, hätte komfortabler sein können.

Der Rabbi hatte sich ausführlich über Großonkels Alter ausgelassen. Dass es Gottes, des Ewigen, Wille gewesen sei, ihn hundert Jahre alt werden zu lassen. Bei diesen Worte hatte sich Chawa den Mund zuhalten müssen, um nicht laut aufzulachen: «Könnt ihr euch das vorstellen? Euer Großonkel ist seit drei Jahren achtundneunzig Jahre alt gewesen.» Sein ganzes Leben lang habe er nicht geschwindelt, was sein Alter betraf. Im Gegenteil. Er sei sogar stolz darauf gewesen, habe sich damit gebrüstet, er werde ohne Probleme die hundert überschreiten. Es sei nun einmal Gottes Wille, ihn zu einem neuen Methusalem zu machen. Doch vor drei Jahren hatte er plötzlich jeden weiteren Geburtstag ignoriert. «Ich glaube einfach nicht, dass Er sich das Alter eines jeden von uns merken kann. Stell dir vor, Chawa, bei fast drei Milliarden Menschen, das schafft nicht einmal Er. Ich weiß, dass Er mich nach dem Hundertsten sterben lassen will, und wenn ich Ihm jeden Tag für meine achtundneunzig Jahre danke – was wird Er schon erfahren? Hauptsache, wir sagen es nirgendwo und nirgendwem anderen.»

Seine kleine Schwindelei hat geklappt. Fast hätte er noch das Hundertzweite erreicht.

Chawa bittet Luba und mich, bei ihr wohnen zu bleiben und sie jetzt nicht allein zu lassen. Sie würde sich sonst ein Zimmer im Krankenhaus suchen, aber das sei bestimmt nicht in Großonkels Sinne, wie ich mir sicher vorstellen könne.

Wir überlegen nicht lange. Jetzt in Tel Aviv eine Wohnung suchen? Wo ich es doch so eilig habe, beim Theater vorzusprechen?

«Das Angebot kommt uns wie gerufen», sagt Luba, «vielleicht finde ich sogar einen Job bei dir im Krankenhaus. Oder in der Stadt.»

Chawa nickt und streichelt Lubas Hände, die auf der Tischplatte liegen. Luba zieht sie langsam zurück, aber Chawa scheint es nicht zu bemerken.

«Ich habe noch ein paar Sachen beim Militär, die ich endlich abholen muss. Würde es dir was ausmachen, wenn ich sie einstweilen hier unterbringe?»

Chawa schüttelt heftig den Kopf und versucht erneut, Lubas Hände zu streicheln. Dann springt sie auf und schleppt den grünen Wischnik-Bottich an. Sie stellt drei Wassergläser auf den Tisch und gießt ein. Ich fische mir nach und nach immer mehr Kirschen aus dem Bottich und bin natürlich der Erste, der nicht mehr gerade gucken kann. Es wird ein Riesenfest zu Ehren meines Großonkels. Bis tief in die Nacht hinein.

Arié schreibt mir, dass das «Hakameri», die Kammerspiele in Tel Aviv, Interesse habe, mich kennenzulernen:
«Ich habe ein neues Zimmer in der Stadt und eine neue Anstellung in einer fabelhaft ausgestatteten Schule gefunden. Das Zimmer ist sehr geräumig. Aber du willst ja mit Luba zusammenwohnen. Na, vielleicht überlegst du dir das ja noch.

Jedenfalls habe ich mit einem gewissen Gershon Klein Kontakt aufgenommen. Er stammt aus Deutschland und hat den dementsprechenden Akzent im Hebräischen. Ich habe ihm einiges von dir erzählt und ihn wohl neugierig gemacht. Wende dich an ihn. Er ist, gemeinsam mit seinem Bruder Werner, so etwas wie der kaufmännische Leiter des Theaters, soweit man bei einer kommuneähnlichen Organisation davon sprechen kann.

Stell dir einen winzigen Kibbuz vor, in dem jeder gleichberechtigt ist und in allen wichtigen Beschlüssen mitreden kann. Und das im Theater! Man glaubt gar nicht, dass so etwas möglich ist. Ist es aber. Sie sind sehr erfolgreich. Die modernste Bühne des Landes. Das Theater für junge Leute. Der Gegenpart zum Staatstheater.

Selbst mit jeckischem Akzent kann man dort auftreten. Gershon Klein zumindest tut das. Ich habe ihn in ‹Der Schatten› gesehen. Eine äußerst gelungene Aufführung. Aber er? Gruselig. Ein Schweizer aus Zürich hat die Inszenierung gemacht. Wie gesagt, sehr sehenswert.

Melde dich bei Gershon Klein, und melde dich bei mir.»

Mein Bruder hat zugeschlagen. Er spricht wie ein Erwachsener, denke ich bei mir, wie mein Förderer. Irgendwie fühle ich mich wohl damit. Er ist wieder mein großer, langer Bruder, der einen Schritt macht, wo ich zwei machen muss.

Als ich ein paar Tage später im Zentrum von Tel Aviv am Mugrabi stehe, dem Gebäude, in dem sich auch das Kammertheater befindet, läuft mir der Schweiß in Strömen herunter. Hitze oder Angst?, frage ich mich und komme zu keinem Entschluss.

Gershon Klein lässt nicht lange auf sich warten. Spielt auch nicht den großen Theatertycoon. Er ist ein kleiner Berliner mit blauen Augen und einer riesigen Nase, die weit aus seinem Gesicht hervorragt. Ich hätte ihn trotzdem nie für einen Juden gehalten, wenn er mir in Berlin begegnet wäre. Er begrüßt mich auf Hebräisch und will als Erstes wissen, was für ein Landsmann ich bin.

«Sachse», sage ich. «In Chemnitz geboren.»

Er lacht laut auf und beginnt zu sächseln, so, wie sich der Berliner das vorstellt.

«Nee, nee», protestiere ich. «Ich bin mit einem Jahr da weg und nach Berlin gezogen.»

Gleich schwenkt er wieder auf Hebräisch um. Mit einem Berliner Akzent, dass es meinem Bruder die Schuhe ausziehen würde. Mann, ist das irre! Seine Wortwahl ist biblisch und sein Akzent so scharf, dass man selbst in Kreuzberg nicht merken würde, dass er Hebräisch spricht.

Er erklärt mir, dass man am hiesigen Theater versuche, reines Iwrit zu reden. Anders als an der «Habima», der Staatsbühne, an der man als Darsteller nicht anerkannt werde, wenn man keinen starken russischen Akzent habe. Allerdings sei er, im Gegensatz zu den dortigen Kollegen, nicht der Meinung, dass erst der russische Akzent der hebräischen Sprache die Würze gebe. Ich verkneife mir das Lachen und frage ihn, wie sich denn das reine Hebräisch anhöre. Ich könne mir nicht vorstellen, dass man noch weiß, wie die alten Israeliten geklungen haben. Wie die Sabres etwa, die hier im Land geborenen jüngeren Leute?

Er schüttelt den Kopf.

Oder wie die Einwanderer aus den Berliner Arbeiterbezirken?

Er beißt sich auf die Lippen, und sein Blick verfinstert sich. Ich denke schon, jetzt kann ich gleich wieder gehen, da prustet er los. «Mensch», sagt er, als er sich wieder beruhigt hat, «du bist ja eine ganz hinterhältige Nummer.» Er nimmt mich beim Arm und zieht mich durch eine eiserne Tür in einen stockdunklen Raum.

«Du stehst jetzt mitten auf der Bühne», sagt er. «Sie ist zwar nicht besonders groß, aber man kann einiges mit ihr anstellen. Wir spielen hier sogar Klassiker. Hast du schon mal Klassiker gespielt?»

«Nie», antworte ich.

«Klassische Rollen sind das A und O. Man gibt sie mir nur nicht. Wegen meiner Statur. ‹Marc Anton› zum Beispiel. Kannst du dir mich in der Rolle vorstellen? Ich bin eins sechzig.»

«Wer weiß denn schon, wie groß der in Wirklichkeit gewesen ist», erwidere ich.

Gershon Klein nickt. «Napoleon, den könnte ich beispielsweise ...» Er unterbricht sich und denkt anscheinend nach, während wir immer noch im Dunkeln stehen. «Der soll sogar nur eins fünfzig gewesen sein. Es gibt da ein Stück von Hasenclever.»

«Nie gehört.»

«Es heißt ‹Napoleon greift ein›. Aber in den Spielplanberatungen lehnt man es immer wieder ab. Wenn auch nur knapp.»

«Warum?»

«Hasenclever ist Deutscher. Kein Nazi, beileibe nicht, aber eben doch Deutscher. Was ich mir schon den Mund fusslig geredet habe. Brecht dagegen! Von dem können sie hier nicht genug kriegen. Man legt immer neue Übersetzungen vor. Vergeblich. Der Kerl ist ungeheuer misstrauisch. Ist der etwa nicht Deutscher? Aber jetzt scheint es bald zu klappen: Lindtberg, der Zürcher Regisseur, hat offenbar sein Vertrauen gewonnen.

Er muss B. B. nur noch davon überzeugen, dass er selbst, Lindtberg, genügend Hebräisch versteht, um die Qualität der Übersetzung beurteilen zu können.»

Plötzlich gehen zwei, drei Scheinwerfer an, und ich versuche, den Zuschauerraum zu erkennen.

«Lindtberg», höre ich Klein weiterreden, «ist auch der Regisseur, der den ‹Schatten› von Jewgeni Schwarz inszeniert hat. Ein politisches Märchen in drei Akten. Wir haben damit ungeheuren Erfolg. Die Leute reißen sich um die Karten. Dabei haben wir schon die dreißigste Vorstellung hinter uns. Jemand, der damals die Aufführung in Berlin gesehen hat, behauptet, diese hier sei weitaus kompetenter. Hast du zufällig ...»

Ich unterbreche ihn. «Ja, ich habe sie gesehen. Eine Sensation.»

«Soll Gründgens inszeniert haben.»

«Hat er. Und ich kann mir nicht vorstellen, dass es jemals eine bessere Inszenierung geben wird. Die Leute haben auf Klappstühlen bis zum Morgen vor der Kasse gewartet, um noch eine Karte zu ergattern. Und das, obwohl sämtliche Theater ungeheizt sind. Es gibt keine Kohle. Die Zuschauer kommen mit Decken und Plumeaus, um sich während der Vorstellung wenigstens einigermaßen warm zu halten.»

Ich merke, wie ich immer geschwätziger und großspuriger werde. Aber er hat mich provoziert mit seiner «weitaus kompetenteren Inszenierung». Und übertreiben tue ich ja nicht.

Gershon Klein schaut mich mit großen Augen an, will offenbar gerade eine weitere Frage stellen, da höre ich eine ausgesprochen angenehme Stimme, die mir zuruft, ich möge doch in den Zuschauerraum herunterkommen. Über eine kleine Treppe steigen wir hinab.

«Joseph Millo», stellt sich die angenehme Stimme vor. Er spricht fließend Deutsch, mit einem winzigen Akzent, und schüttelt mir ausgiebig die Hand. «Ich stamme aus Prag, und Sie sehen mir tatsächlich ähnlich. Auch wenn Sie ein kleines bisschen jünger sind als ich.» Er klopft mir wohlwollend auf die Schulter.

«Dein Bruder hat mich darauf aufmerksam gemacht», sagt Gershon Klein fast entschuldigend. «Er hat Joseph in ‹Der Schatten› gesehen und sofort eine gewisse Ähnlichkeit zwischen ihm und dir festgestellt.»

«Schauen Sie», beginnt Millo, «ich suche jemanden, der für mich ein ... ach, wie sagt man das auf Deutsch? So eine Art *substitute* ist, wissen Sie?»

«Eine Art Ersatz?», versuche ich zu helfen.

«Etwas in der Art. Ersatz heißt das?»

«Oder Zweitbesetzung.»

«Können Sie mich ersetzen?»

«Glaube ich nicht. Sie sind viel schöner.»

Beide lachen. «Bist du ein Komiker?», fragt Millo auf Hebräisch.

«Nein, Komiker sind eher melancholisch.»

«Oder traurig.» Er ist ernst geworden. Seine großen blauen Augen forschen in meinem Gesicht und machen mich zunehmend nervös.

Woher diese vielen blauen Augen?, frage ich mich. Sind wir vielleicht gar nicht mehr so reinrassig, wie Hitler uns beschrieben hat? Oder sind schon die alten Israeliten so blauäugig gewesen? Woher dann meine dunklen Augen? Alles Blödsinn! Kein Mensch ist heute mehr reinrassig. Selbst Hitler war's nicht. Wer weiß, was der sich in Österreich alles an Fremdblut eingefangen hatte.

«Worüber lachst du?» Millo fängt plötzlich an zu grinsen, und Klein grinst pflichtschuldigst mit.

«Ich dachte gerade an Hitler und seinen Rassenirrsinn und an eure blauen jüdischen Augen.»

«Bist du vielleicht ein bisschen meschugge?», fragt er weiter.

Statt zu antworten, ziehe ich die Schultern hoch.

«Warst du im KZ?»

Ich winke ab. «Ich habe mich mit meiner Mutter in Berlin versteckt, und wir sind durchgekommen.»

«Irgendwann musst du deine Trauer loswerden, Habibi.»

Wir gehen zusammen die kleine Treppe wieder hoch, und Millo bittet mich, etwas vorzusprechen. «Ganz egal was. Ich will nur mal dein Iwrit hören.»

Ich schaue die beiden an und kann meine immer stärker werdende Depression nicht abschütteln, während ich den Monolog des Orest aufsage.

«Es ist der Weg des Todes, den wir treten: Mit jedem Schritt wird meine Seele stiller», beginne ich. Als ich den letzten Vers gesprochen habe, schweigen sie, während ich dumpf vor mich hin starre.

«Könntest du das noch einmal auf Deutsch vortragen?», fragt Millo schließlich.

Ich nicke, gehe bis an die Brandmauer zurück und bleibe, ihnen den Rücken zugewendet, dicht davor stehen. Anfangs flüstere ich fast, bin sicher, dass sie mich kaum hören, und doch empfinde ich den Text so, wie ich ihn nie zuvor empfunden habe. Ich weiß gar nicht mehr, wann ich mich wieder zu ihnen umgedreht habe, wann ich dicht vor ihnen zum Stehen gekommen bin. Sie sitzen vor mir auf der Rampe. Beide haben die Köpfe gesenkt, und Joseph Millo fragt leise, ob ich vielleicht noch etwas auf Deutsch vortragen könne.

«‹Faust›», sage ich.

«Bitte.»

Ich bin wie in einem Rausch. Sie lassen mich, wie Arié vor ein paar Wochen, auch den Erdgeist mitsprechen, und ich spüre, wie mir die Tränen in die Augen steigen. Ich stehe wieder auf der Bühne des Deutschen Theaters und höre die quäkende Stimme von Gründgens.

«Schluss», sage ich.

«Ja.» Millo kommt auf mich zu und nimmt meinen Kopf in seine Hände. «In deiner Muttersprache bist du natürlich noch überzeugender. Das ging mir hier anfangs genauso. Im Tschechischen war ich unschlagbar. – Wer hat dir geholfen, den Orest auf Hebräisch einzustudieren?»

«Mein Bruder», antworte ich.

«Auf der Bühne ist dein Hebräisch weitaus akzentfreier als beim alltäglichen Dialog. Was ist dein Bruder von Beruf?»

«Lehrer.»

«Fabelhaft. Kann er mit dir auch den Professor im ‹Schatten› einstudieren?»

«Was?», frage ich erschrocken.

«Mein Flugzeug nach Prag geht in vierzehn Tagen. Ich bleibe für zwei, drei Monate dort. Man hat mich zu einer Inszenierung am Prager Nationaltheater eingeladen.»

«Das heißt, dass ich die Rolle in vierzehn Tagen nicht nur perfekt beherrschen, sondern auch noch spielen soll?»

«So sieht es aus.»

«Das schaff ich nie.»

«Gib mir die Adresse vom Brüderchen und überleg es dir bis heute Abend. Wir können täglich proben. Mit dem gesamten Ensemble.»

«Und wozu brauchst du dann meinen Bruder?»

«Als Sprachcoach.»

«Schaff ich nicht», wiederhole ich.

«Bis heute Abend», erwidert er, steigt die Treppe hinunter und öffnet eine der Türen des Zuschauerraumes. «Wenn du es schaffst, gibt es keinen besseren Ersatz!», ruft er mir noch zu. «Die Leseprobe ist um acht.» Dann ist er verschwunden, und ich sehe Gershon Klein an. «So ist er nun mal», sagt der nur knapp und greift nach meiner Hand.

Ich treffe Arié vor der Schule. Er wird blass, als ich ihm vom Vorsprechen berichte.

«Heute Abend?», fragt er ungläubig.

«Leseprobe.»

«Die sind verrückt», sagt er.

«Kannst du sie nicht überreden, mir eine andere Rolle anzubieten? Der Part des Professors nimmt doch gar kein Ende. Sie könnten's ja erst mal mit etwas Bescheidenerem versuchen.»

Arié sieht mich lange an. «Pass auf», schlägt er dann vor, «ich komme heute Abend mit zur Leseprobe. Das Ensemble kann noch gar nicht dabei sein, denn zur gleichen Zeit läuft ja eine Vorstellung. Und sicher nicht ‹Der Schatten›, denn da spielt Millo selber mit. Nachher werden wir uns dafür oder dagegen entscheiden.»

Wir stehen immer noch auf dem Schulhof, und ich zögere. Doch dann taucht plötzlich Joseph Millo auf. Er sieht über mich hinweg und reicht meinem Bruder die Hand.

«Arié Dagan?», erkundigt er sich.

Mein Bruder bejaht.

«Hast du einen Moment Zeit?»

«Ich habe noch eine Stunde zu geben, dann bin ich frei.»

«Gut», sagt Millo. «Kennst du das Café ‹Cassit› in der Dizengoff?»

«Ich werde es schon finden.»

«Wir warten dort auf dich.» Damit hakt Millo mich unter und zieht mich vom Schulhof.

Als wir das «Cassit» betreten, kommt der Besitzer sofort auf Millo zu, und sie begrüßen sich sehr herzlich. «Draußen oder drinnen?», will er wissen.

«Drinnen. Machst du meine Ecke für uns frei?»

«Wenn du mir einen Moment Zeit gibst, verscheuche ich die Leute, die dort sitzen.»

«Das ist übrigens Michael Dagan, ein neues Mitglied unseres Theaters.»

Ich denke, ich höre nicht richtig. Gerade will ich Millo fragen, ob er eine Macke hat, da erklärt er schon weiter, dass ich aus Deutschland komme, Schweres mitgemacht habe und ein etwas ungewöhnlicher Typ sei. «Ein Jecke eben.»

Der Wirt lacht lauthals, fasst gleichzeitig nach meiner Hand und meinem Oberarm und schüttelt mich kräftig. Sein Lachen ist toll. Ich habe den Eindruck, sein Gesicht öffnet sich dabei wie eine Schranktür. Fasziniert schaue ich auf seine Zähne, übergroß, weiß und in der Sonne glitzernd.

«Bassstimme», sagt Millo und zeigt auf ihn. «Er könnte eine Riesenkarriere machen, aber außer Jiddisch spricht er nur ein ziemlich mieses Hebräisch. Sprachbegabung gleich null. Los, setzen wir uns.»

Der Wirt geht zu den Gästen an Millos Tisch hinüber, kommt zurück und bittet uns, einen Moment Geduld zu haben. Eine Viertelstunde später taucht auch Arié schon auf. Exakt zum richtigen Zeitpunkt. Millos Tisch ist gerade frei geworden.

Arié verhält sich abwartend und lässt Millo reden. Der behauptet, wir würden kein großes Risiko eingehen, denn im Notfall gebe es noch einen zweiten Ersatz. Er lässt sich das Wort «Ersatz» förmlich auf der Zunge zergehen. Der Kollege sei zwar kein großer Schauspieler, beherrsche aber die Rolle und könne jederzeit einspringen. Er bräuchte höchstens zwei Proben mit dem Ensemble.

«Ich brauche mehr», sage ich vorlaut und möchte mir im selben Augenblick auf den Mund hauen.

«Ist mir klar», sagt Millo.

«Fein», stellt Arié fest, «dann bist du ja aus allem raus. Für meinen Bruder ist es nämlich riskant, zumal man an deinem Theater ohne Souffleuse arbeitet und er, wenigstens in den nächsten Monaten, noch nicht improvisieren kann, wenn er mal nicht weiterweiß.»

«Es gibt keine Souffleuse?», frage ich fassungslos.

«Nun ja», wendet sich Millo an Arié, «vielleicht könntest

du ja die ersten Abende in der Nullgasse sitzen und ihm die fehlenden Worte zuflüstern.» Er schaut mich breit grinsend an und ergänzt: «Falls sie fehlen sollten.»

«Na, was ist?», fragt jetzt Arié mich: «Hättest du Lust? Mit mir als Souffleur?»

«Das hast du doch noch nie gemacht», rufe ich erschrocken.

«Kann sich alles in den nächsten zwei Wochen einspielen.»

Ich schaue von einem zum anderen. Haben die sich abgesprochen? «Wie billig ist denn dein zweiter Ersatz?», frage ich Millo hinterhältig.

«Dreißig Pfund», erwidert er blitzschnell.

«Fünfzig», schieße ich zurück. Gott sei Dank, jetzt bin ich raus aus dem Geschäft.

«Abgemacht. Heute Abend um acht zur Leseprobe. Im Theater oder hier im ‹Cassit›, ganz wie ihr wollt.»

«Im ‹Cassit›.» Ich bin so schnell, dass mein Bruder den Mund gar nicht erst aufbekommt.

«Okay. Dann also hier um acht.» Millo erhebt sich, wirft lässig einen Schein auf den Tisch und ist weg.

«Viel zu viel», sagt Arié zum Wirt. «Es waren doch nur drei Kaffee.»

«Er wollte sicher, dass ihr noch was esst. Der Kleine hier sieht ja auch wie ein Hühnchen aus. Was haltet ihr von einem erstklassigen Kigel mit einem schönen Stück Rindfleisch? Ist das was für euch?»

«Aber ja!», sage ich, und unser Wirt zieht sich geschäftig in die Küche zurück.

«Glaubst du, sein Kigel kommt an den von Mama ran?», fragt Arié.

«Erinnerst du dich überhaupt noch, wie der schmeckt?»

«Klar», sagt er, und später, während wir genüsslich kauen, bemerkt er kennerhaft: «Hier mischt man ihn ein bisschen mit gekochten Kartoffeln. Mama hat nur geriebene verwendet, und ihre Backform scheint etwas höher gewesen zu sein. Trotzdem, durchaus essbar.»

«Der Kigel ist sogar viel krosser als bei Mutter», sage ich mit vollem Mund. «Und das Fleisch zergeht einem auf der Zunge.»

Als wir zahlen wollen, winkt der Wirt ab. «Für Josseles Geld könnt ihr hier noch einmal essen. Bis bald. Und viel Glück mit Spucke.»

Pünktlich um acht sind wir zurück. Millo verspätet sich um etwa eine halbe Stunde, und der Wirt kredenzt uns einen türkischen Kaffee, in dem der Löffel stehen bleibt.

«Cheskel», stellt er sich vor, «heute Nachmittag sind wir gar nicht dazu gekommen. Man sagt auch ‹Jiddele› zu mir.»

«Arié Dagan», sage ich und zeige auf meinen Bruder. «Michael», sagt der und zeigt auf mich.

Dann taucht Millo auf, unterm Arm eine vollgestopfte Aktenmappe. Er wirft drei Exemplare des Stückes auf den Tisch und bestellt ebenfalls Kaffee.

Ich beginne zu lesen. Stotternd. Immer noch habe ich Schwierigkeiten mit den fehlenden Vokalen. Aber nach einer Stunde habe ich mich eingelesen. Hier und da unterbrechen sie mich, verbessern ein bisschen meine Aussprache und lassen mich zum Ende kommen.

«Spiel du nur einen zerstreuten Professor, dem sein Schatten abhandenkommt. Alles andere machen dann schon deine Partner», sagt Millo. «Du hast zwei Tage Zeit, den ersten Akt zu lernen. Am Mittwoch sehen wir uns um elf auf der Bühne.» Dann verabschiedet er sich.

Ich sehe meinen Bruder an. «Was habe ich denn da gelesen? Wie war denn das?»

«Entsetzlich. Aber er hat gar nicht zugehört.»

«Hab ich gemerkt. Er hat ständig in seinen Papieren gekramt und darin herumgekritzelt.»

«Anscheinend besteht er darauf, dass du die Rolle spielst. Du musst ihn beim Vorsprechen sehr beeindruckt haben, sonst wäre das hier anders abgelaufen.»

«Ich glaube eher, er vertraut darauf, dass du mir den Text einpaukst», vermute ich.

«Das werd ich auch. Kannst du den ersten Akt bis morgen einigermaßen lernen?»

«Ich versuch's. Aber sonderlich wohl ist mir nicht dabei.»

«Wenn wir sehen, dass es nicht geht, kannst du immer noch abspringen», beruhigt mich Arié.

Am nächsten Abend unterbricht Arié mich nahezu bei jedem Wort, bemängelt meinen jeckischen Akzent, spricht mir jede Silbe einzeln vor. Er macht mich so nervös, dass ich mich nach ein paar Stunden an keinen Satz mehr erinnern kann. «Nicht aufgeben», tröstet er mich. «Du musst dich erst an den Klang der Sprache gewöhnen, ihn dir zu eigen machen, sie aufsaugen. Sonst hörst du dich an wie ein deutscher Professor aus Heidelberg.»

Um fünf Uhr früh fallen wir erschöpft in unsere Betten. Chawa macht uns zwei Stunden später einen starken Kaffee. Dann nimmt Arié den ersten Bus nach Tel Aviv, und ich gehe noch einmal Wort für Wort den ersten Akt durch. Chawa hört mir staunend zu und befindet, dass es ein schönes Stück sein müsse. Sie könne sich gar nicht mehr entsinnen, wann sie zum letzten Mal ein Theater besucht habe. Wo hätte sie denn auch die Zeit dazu hernehmen sollen?

«Und was sagst du zu meinem Akzent?», frage ich sie.

«Noch ein bisschen deutsch», sagt sie vorsichtig.

«Deutlich deutsch?»

«Man hört, wo du herkommst.»

Sie steht auf und versucht, in die Küche zu entwischen. «Mich stört es nicht», sagt sie beim Hinausgehen.

«Wo ist denn eigentlich Luba?», will ich wissen. Chawa stellt die Kaffeetassen in die Spüle. «Hat sie eine Nachricht für mich hinterlassen?»

«Ich weiß nur, dass sie in den Kibbuz gefahren ist», antwortet sie, ohne mich anzusehen.

«Nach Misra?»

«Nein, nach Mischmar Ha'emek.»

«Sie muss wohl über Nacht dort geblieben sein.»

«Sieht ganz so aus.»

«Grüß sie von mir, wenn du sie siehst.» Dann verlasse ich das Haus und fühlte mich ziemlich elend.

Die Probe verläuft überaus freundlich und entspannt. Die ersten Kollegen treffen um zwanzig Minuten vor elf ein, wir trinken noch schnell einen Kaffee in einem Bistro gegenüber dem Mugrabi, dann erscheint auch Millo, und wir schlendern langsam ins Theater.

Meinen Schatten spielt ein hochgewachsener Mann, der sich mir schon im Café als Yitzhak Shiloh vorgestellt und mich gleich tief beeindruckt hat. Wir sitzen auf der Bühne, um einen langen Tisch herum, und Millo macht mich auch mit den anderen bekannt. Gershon Klein ist dabei, Hanna Meron, Jossef Jadin und Irene Orna Porat. Sie spielt die weibliche Hauptrolle und spricht ein äußerst korrektes Hebräisch, kaut die Worte richtiggehend durch und sieht dabei ein bisschen wie ein Nussknacker aus. Das erinnert mich an die Sprechübungen in der Deutschen Schauspielschule.

Hanna Meron dagegen wirkt lässig, beinahe nachlässig, bestellt im Bistro gegenüber fortwährend Tee mit Zitrone und scheint die Diva des Theaters zu sein. Alle gehen sehr vorsichtig mit ihr um.

Meron verzieht keine Miene. Sie spricht ihren Text ohne jede

Betonung, ohne jeden Ausdruck und betrachtet mich ständig mit ihren leicht hervorstehenden grünen Augen. Sie traut mir nicht, denke ich. Nach einer Weile wendet sie sich an Millo. «Er scheint ja brav gelernt zu haben. Auch sein Akzent könnte schlimmer sein. Bei Irene ist er viel deutlicher.» Die eintretende Stille spricht Bände. Millo räuspert sich, sagt aber nichts. «Er wirkt nur furchtbar unpersönlich. Es geht so gar nichts von ihm aus. Was findest du bloß an ihm?»

«Ja, das frage ich mich auch», sage ich über ihren Kopf hinweg zu Millo. «Sie hat vollkommen recht. Ich bin absolut unpersönlich.»

«Dann ändere das», faucht sie mich an, immer noch mit steinerner Miene.

«Wie soll das gehen? Das ist doch gerade meine Persönlichkeit.»

«Was?»

«Na, die Unpersönlichkeit», antworte ich und sehe Millo vorwurfsvoll an.

Jetzt ist kein Halten mehr. Die Orna Porat fängt lauthals zu lachen an. Auch Jossi Jadin, ein schwerer Mann und riesig groß, hält sich nach kurzer Zeit den Bauch. Nur Millo und Gershon Klein blicken ungerührt.

«Ich schlage vor, wir gehen aufeinander ein. Ich weiß, das Stück steht schon lange auf dem Spielplan», wende ich mich direkt an Hanna Meron, «und ich stelle mir vor, man kann sich leicht langweilen bei Umbesetzungsproben, aber es könnte trotzdem nicht schaden, dem Partner erst mal zuzuhören. Vielleicht will er ja was ganz Bestimmtes.»

«Das ist nicht zu erkennen», sagt sie unvermittelt auf Deutsch.

Ich lasse mich nicht beirren. «Kann doch sein, dass ich Sinn und Inhalt des Textes ausloten will, bevor ich loslege. So ist es mir jedenfalls beigebracht worden.»

«Na wunderbar, dann könnt ihr hier ja gleich ein Deutsches

Nationaltheater gründen.» Hannas Ton wird immer leiser und schärfer.

«Hanna», mischt sich Irene ein; auch ihr Ton ist jetzt nicht mehr der höflichste: «Hör auf, dich über unsere Herkunft zu mokieren. Unser junger Kollege bemüht sich sehr ernsthaft und mit sehr ordentlichem Iwrit um die Rolle. Nimm ihm nicht den Mut.»

Millo räuspert sich erneut, schweigt aber immer noch.

«In Ordnung», sagt Hanna. «Ihr könnt die erste Szene ja mal ausprobieren und euch kollegial miteinander bekannt machen. Ich gehe rüber ins Bistro und trinke derweil einen Espresso. In dieser Szene bin ich schließlich nicht dabei, wie du hoffentlich noch weißt.»

Allmählich finde ich in die Rolle. Der Professor ist ein blöder Naivling. Er verliebt sich in die Prinzessin von gegenüber, aber es gelingt ihm nicht, über seinen Schatten zu springen, denn der ist schneller. Er drängt sich zwischen den Professor und die Prinzessin, erschleicht sich die Gunst der Minister und macht Anstalten, dem kreuzbraven Gelehrten die Prinzessin wegzuschnappen. Der Part des ‹Schatten› ist viel interessanter.

Millo hört mir aufmerksam zu, und Irene zieht mich langsam und ohne dass ich mir dessen bewusst bin, mehr und mehr ins Stück hinein. Wenn ich hänge, also textlich nicht weiterweiß, springt Millo als Souffleur ein. Er spricht ein wunderbar melodisches Hebräisch. Im «Cassit» ist mir das gestern gar nicht so aufgefallen.

«Klingt doch schon recht ordentlich», meint er. «Du warst ganz schön fleißig. Lasst uns einen Kaffee trinken, und dann nehmen wir uns die zweite Szene mit dem Schatten vor.»

Yitzhak Shiloh, der «Schatten», sitzt im Zuschauerraum. Auf einmal ist mein allmählich gewonnenes Selbstbewusstsein wie weggefegt. Ich lege die Hand über die Augen und schaue hinunter. Er winkt mir zu. Dann geht er nach draußen.

Nach der Kaffeepause stehen wir zusammen auf der leergeräumten Bühne – den Tisch und die Stühle hat man weggeschafft – und beginnen den Dialog. Ich spüre sofort, Yitzhak Shiloh ist außergewöhnlich. Seine ganze dürre Gestalt scheint unter Strom zu stehen. Alles an ihm bewegt sich. Es ist, als wäre er aus Gummi. Manchmal wächst er in die Höhe, dann wieder schrumpft er zu einem kurzbeinigen, rollenden Etwas zusammen, das wie ein Schatten hinter mir herläuft. Er geht so sehr in der Situation auf, dass ich nicht an die Fremdsprache denke und alle Unsicherheit verschwindet.

«Du legst das Schwergewicht auf die Angst», stellt Shiloh fest, als wir ans Ende der Szene gekommen sind. «Das gefällt mir. Hast du wirklich Angst?»

«Sicher.»

«Vor mir?»

«Vor wem denn sonst?»

Er grinst Millo an. «Du hattest nie Angst vor mir.»

«Ich kenne dich zu gut», antwortet Millo. «Lasst uns Schluss machen für heute. Hanna habe ich eh schon nach Hause geschickt. Morgen um elf fangen wir gleich mit ihr an.»

Shiloh grinst noch breiter: «Mach dir keine Sorgen, sie ist nicht so bissig, wie sie tut.»

Ich gehe ins Bistro hinüber und lasse mir Tee mit Zitrone bringen. Ohne Zucker. Das soll den Durst am besten löschen. Um diese Zeit sind kaum noch Gäste da. Nur Irene Orna Porat sitzt in einer Ecke und winkt mir zu, an ihren Tisch zu kommen. Ich bestelle an der Theke Hummus mit Fladenbrot und setze mich zu ihr.

«Sehr vernünftig», sagt sie und zeigt auf mein Teeglas. «Was hast du dir zu essen bestellt?»

«Hummus.»

«Ist nicht berühmt hier. Es gibt ein hervorragendes arabisches Restaurant in der Ben-Jehuda-Straße. Witzigerweise kochen sie dort auch jiddische Küche. Und sehr gut. Dat is lecker», fügt sie auf Deutsch hinzu und strahlt dabei übers ganze Gesicht.

«Wo kommst du her?», frage ich neugierig.

«Na woher schon. Aus Köln natürlich.»

«Da war ich noch nie.»

«Dann haste auch noch nit jelebt, Jung», sagt sie. «Köln ist jetzt platt. Da steht kein Stein mehr auf dem anderen. Aber vor den Bombenangriffen war die Stadt die allerschönste auf der Welt.»

«Das sagt fast jeder von seiner Heimatstadt.»

«Dat stimmt allerdings. Und woher bist du? Aus Berlin?»

«Getroffen.»

Mein Hummus kommt, und sie bestellt sich noch einen Tee. Ich tunke mein Fladenbrot in den Brei und fange an zu essen. Sie schaut mir versonnen zu und schüttelt den Kopf. «So kurz im Land und schon solche Sachen essen. Das muss an der Rasse liegen.»

Ich sehe verblüfft hoch.

«Nee, nee», lenkt sie sofort ab. «Meine Familie wurde nie vom Rassenwahn angesteckt. Ich will dir jetzt nicht damit kommen, dass wir viele jüdische Freunde hatten. Hatten wir nicht. Meine Eltern waren nur der Ansicht, dass alle Menschen gleich sind.»

«Bist du keine Jüdin?»

«Ich war gut katholisch. Bis ich meinen Mann kennenlernte. Hier bin ich dann zum jüdischen Glauben übergetreten. Ich bin der Meinung, dass wir alle – Katholiken, Protestanten, Moslems – uns die olle Judenbibel zum Vorbild genommen haben. Dass sie unsere Quelle ist. Ich mag Quellen», sagt sie und bekommt wieder diesen versonnenen Blick. «Und ich mag vor allem meinen Mann. Übrigens», sie greift nach ihrem Teeglas, «falls Hanna mich mal wieder als Katholikin beschimpfen sollte, erstens, sie meint es nicht so, und zweitens bin ich es ja auch gar nicht mehr. Hanna ist Atheistin, und damit brüstet sie sich gern. Wir haben aber mal in einem Kibbuz an der Nordgrenze gastiert, und der wurde in der Nacht, während wir noch aßen, mit Artilleriebeschuss belegt. Niemals zuvor oder danach habe ich jemanden so intensiv beten sehen wie sie.»

Sie lacht so herzlich, dass der Wirt von draußen hereinkommt und sie fragend anblickt.

«Hanna ist eine erstklassige Schauspielerin», fährt sie fort, als sie sich wieder eingekriegt hat, «zu Beginn der dreißiger Jahre war sie Kinderstar in Berlin und ist dann früh schon hierhergeflüchtet. Anscheinend hat sie immer noch Probleme mit meiner reinrassigen deutschen Herkunft. Vielleicht hätte ich die an ihrer Stelle auch.»

Sie lacht wieder und klopft mir leicht auf die Hand. «Jedenfalls brauchst du dir keine Sorgen zu machen. Hanna spielt nur am Anfang die große Diva. In der Arbeit ist sie überaus fair. Mit mir hat sie es zuerst auch doll getrieben. Bis mein Mann sie sich vorgeknöpft hat.»

Irene sieht auf meinen leeren Teller. «Du musst mir keine Gesellschaft leisten, wenn du gehen willst. Ich bin mit meinem Mann verabredet. Wir wollen ins Kino. Ich habe heute einen meiner wenigen freien Tage.»

«Ich warte auf meinen Bruder. Wir werden im ‹Cassit› vorbeischauen und dann weiterarbeiten.»

«Masel tov», sagt sie. «Das da drüben muss er wohl sein, oder?»

Wir arbeiten bis spät in die Nacht. Auf der Probe am nächsten Morgen bin ich wie gerädert. Frau Meron lässt mehr als eine Stunde auf sich warten. In der Zwischenzeit gehe ich mit Millo meinen Text durch. Manches spricht er mir vor, und ich höre wieder die k.u.k-Melodie durchklingen.

Shiloh, unser «Schatten», trifft eher ein als Hanna Meron, und wir wiederholen die Szene vom Vortag. Diesmal gibt er noch mehr Gas. Seine Bewegungen ahmen riesige Boden- oder Wandschatten nach, dann wieder rollt er sich wie eine Kugel zusammen, um kleiner als ich, das Original, zu wirken. «Wenn das Licht dazukommt», erklärt Millo, als hätte er meine Eindrücke erraten, «hat es erst die richtige Wirkung.»

Na, das kann ja heiter werden, sage ich mir und schrumpfe vor lauter Respekt innerlich zusammen. In der Gründgens'schen Inszenierung in Berlin hat Heinz Drache den «Schatten» gespielt. Ausgezeichnet, wie ich damals fand. Aber jetzt? Überhaupt kein Vergleich! Dieser Shiloh tanzt die Rolle und schlägt dabei gleichzeitig einen derart trockenen, fast plaudernden Ton an, dass ich manchmal den Eindruck habe, es stünden zwei verschiedene Darsteller vor mir. Wenn die Meron auch nur annähernd so gut ist, habe ich doch gar keine Chance, vom Publikum überhaupt wahrgenommen zu werden. In Berlin, bei Gründgens, hat ihre Rolle die Gisela Trowe gespielt. Fabelhaft! Die Meron wird es schwer haben, mich zu überzeugen.

Ich versuche mit allen Mitteln, mir Mut zu machen. Und dann steht sie vor mir. Mit zierlich ausgestellten Ballettfüßen, grüßt nicht, sondern springt direkt hinein in die Szene. Sie muss uns schon vorher zugesehen haben. Auch sie dreht ganz schön auf, übertreibt die Attitüde der Prinzessin maßlos und ist trotzdem absolut glaubwürdig. Der jungmädchenhafte Ton, den sie anschlägt, steht in krassem Widerspruch zu ihren eiskalten Glubschaugen und gibt der Figur etwas betörend Bösartiges.

Nee, sage ich mir am Ende der Probe, da kannst du nicht mithalten.

Am Abend schildere ich Arié haarklein meine Eindrücke und beschwöre ihn, für mich zu Millo zu gehen und ihm mitzuteilen, dass ich das Handtuch werfe. «Selbst wenn ich die Sprache besser beherrschen würde, könnte ich denen nicht das Wasser reichen.»

«Na gut.» Arié ist jetzt wieder ganz der große, fürsorgliche Bruder. «Lass uns heute noch ein bisschen arbeiten, dann überschläfst du das Ganze, und wenn du morgen früh immer noch aussteigen willst, dann sagst du ihm das. Du! Verstehst du? Du gehst einfach zu ihm und erklärst ihm deine Gründe.»

Doch auf der nächsten Probe bringe ich es noch nicht fertig. Teils, weil ich vielleicht zu feige, teils aber auch, weil ich so fasziniert von den beiden Schauspielern bin.

Heute ist auch Gershon Klein dabei. Auf der Bühne scheint er Deutsch zu sprechen, obwohl er seinen hebräischen Text aufsagt. Klinge ich etwa auch so? Ich bin schockiert. Ich setze mich unten in den Zuschauerraum und höre ihm zu. Auf einmal sitzt Irene Orna Porat neben mir und flüstert mir zu, es sei kein Wunder, dass er nur eine ganz kleine Rolle habe.

Die Proben werden immer länger, und Millo verkündet, dass wir morgen in der Originaldekoration proben werden. «Die Kulissen können dann gleich stehenbleiben.» Er sieht mich an: «Am Abend ist ‹Der Schatten› angesetzt. Du kannst hinkommen und deinen Bruder mitbringen, wenn du möchtest. Wäre vielleicht ganz ratsam.»

Dieser letzte Satz hat's in sich. Ich zittere am ganzen Körper – wahrscheinlich sieht es wie ein Wutanfall aus – und erkläre meinen Rücktritt. «Ich schaffe es einfach nicht», sage ich. Was heißt «sage»? – Ich brülle es und stürme auf den Ausgang zu, doch Yitzhak Shiloh ist schneller. Er fasst mich bei den Schultern und hält mich zurück.

«Bist du verrückt geworden?», fragt er in einem hebräisch klingenden Jiddisch. Dann fällt er wieder in seine Muttersprache zurück. «Willst du hier schon eine Leistung à la Laurence Olivier abliefern?»

Die anderen stehen fassungslos um uns herum. Ich sage kein Wort. Dann wendet sich Millo an Gershon Klein. «Ich bin der Meinung, er kann es schaffen, aber die Angst kann selbst erfahrenere Schauspieler kaputtmachen. Ruf unseren *substitute* an und sage ihm, dass wir für morgen um elf Uhr eine Probe mit ihm ansetzen.»

«Das wirst du nicht tun, Gershon», sagt plötzlich Hanna Meron mit ruhiger Stimme. «Selbst nach den paar Tagen ist Michael schon besser als euer *substitute*.»

Millo zuckt mit den Achseln. «Willst du ihn zwingen?», fragt er.

«Überreden», erwidert sie. «Ich fange gleich damit an. Komm, Michael! Wir trinken einen Kaffee.» Sie streckt ihre Hand nach mir aus, und ich nähere mich ihr nach einigem Zögern.

«Was plagt dich denn am meisten?», fragt sie mich in lupenreinem Deutsch, während wir das Theater verlassen. «Los, erzähl!»

«Dass ihr so gut seid.»

«Siehst du», sagt sie, ohne mit der Wimper zu zucken, «so ehrlich versuchst du auch die Rolle zu spielen. So schnörkellos. Ob das schon dein Talent ist oder nur ein unschuldiger Dilettantismus, wird sich noch herausstellen. Auf jeden Fall ist es wirkungsvoll. Wir sind alle baff.»

Wir nähern uns jetzt dem «Cassit», wo ich ohnehin mit Arié verabredet bin. «Dein Iwrit ist erstaunlich. Dein Bruder hat ganze Arbeit geleistet.»

Wir setzen uns an einen der Tische, die draußen auf dem Trottoir stehen, und bestellen Kaffee. «Wann ist er nach Israel gekommen?», will sie wissen.

«Schon 1940. Nach einer langen Wanderung. Von Dänemark über Schweden, Sowjetunion, Türkei, Syrien.»

«Und die Eltern?»

«Meinen Vater haben sie im KZ fertiggemacht. Meine Mutter lebt noch. Sie hat uns beide in Berlin durch den Krieg gebracht.»

Sie schaut mich nachdenklich an. «So eine Mutter hast du?»

Hässliche Frauen sind eigentlich die schönsten, denke ich unvermittelt. Noch dazu, wenn sie einen so anschauen können.

«Fabelhafte Frau. Wo ist sie jetzt?»

«In Berlin.»

«Verrückt. Das muss doch die Hölle dort sein.»

«Ist gar nicht so schlimm. Die Theater sind wieder geöffnet, die Kinos auch. Man kann sogar die neuesten amerikanischen Filme sehen.»

«Spielt die Volksbühne noch?»

«Ausgebombt.»

«Also, welche Theater dann?»

«Das Deutsche Theater – aber nur das große Haus –, das Theater am Schiffbauerdamm, die Komödie am Ku'damm ...»

«Und die Staatsoper?»

«Ausgebombt. Man singt jetzt im Admiralspalast. Ich habe dort meinen ersten Wagner gehört. Zusammen mit einem hohen sowjetischen Offizier, einem Musiker aus Leningrad.»

«Und?»

«Was und?»

«Wie war der Wagner?»

«Er soll toll gewesen sein, hat mir Wassili gesagt. Ich glaube, Furtwängler hat dirigiert.»

«Wieso glaubst du? Ich denke, du hast die Oper gehört?»

«Mir war's zu viel Gedröhn. Einige Melodien kannte ich noch von den Siegesmeldungen und -feiern im Radio. Ich fand's furchtbar pathetisch und protzig.»

«Wagner ist ein Riese», behauptet Hanna.

«Das hat Wassili auch gesagt. Wir haben uns richtig gestritten deshalb. Ich fand es furchtbar. Diese aufgeplusterte Musik, diese dicken Weiber, die mit ihren gellenden Stimmen den Zuschauerraum volldröhnten. Ich musste oft lachen. Das hat Wassili sehr geärgert.»

«Wie hieß denn dein Wassili weiter?»

«Tunkelschwarz. Wassili Jakowlewitsch Tunkelschwarz.»

«Was für ein Name! Jude?», fragt sie.

«Was sonst?»

Wir sind so ins Gespräch vertieft, dass wir Arié gar nicht haben kommen sehen. Er steht vor unserem Tisch: «Schalom.»

Hanna wechselt sofort ins Hebräische. «Du hast ganze Arbeit geleistet», sagt sie anerkennend und gibt ihm die Hand. «Seine Aussprache ist wirklich ordentlich. Und wenn du ihn jetzt noch dazu bringst, dass er nicht aussteigt, werden wir einen völlig neuen, liebenswürdigen Professor haben. Obwohl – das dürfte dir nicht schwerfallen. Er hat es mir beinahe schon versprochen. Achte nur während eurer Arbeit darauf, dass der Professor nichts von seiner Naivität verliert. Von bewusster Darstellung bist du nämlich noch weit entfernt, Michael. Das stellt sich erst in den mittleren oder gar späteren Jahren ein. Manche schaffen es nie, und einige kommen zwar an, verlieren aber ihre Naivität. Es wird ihnen höchstens bewusst, dass sie nur mittelmäßige Schauspieler sind. Trotz einiger Erfolge, die sie haben mögen. Du bleib erst mal, der du bist, und versuch nicht, eine Tür aufzubrechen, die sich irgendwann von selbst öffnen wird.»

Sie schickt sich an zu gehen, aber vorher winkt sie Cheskel heran und bittet ihn, den Kaffee auf ihre Rechnung zu setzen. «Bis heute Abend. Ihr kommt doch in die Vorstellung?»

Natürlich gehen wir hin. Während der Pause vergleiche ich die Gründgens'sche Inszenierung mit der hiesigen von Leopold Lindtberg. Die Unterschiede sind nicht zu übersehen. Schon beim Bühnenbild fängt's an. Das in Berlin ist viel sparsamer, da wird blitzartig verwandelt, eher mit Versatzstücken als mit Kulissen gearbeitet. Hier gibt es Häuserwände, die von hinten angestrahlt werden, sodass man erleuchtete Fensterchen sehen kann. Ein bisschen abgeschrägt, mit einem Schuss Expressionismus, aber doch sehr puppenstubenhaft und niedlich.

Das Unheimliche der Geschichte bringen die Schauspieler. Yitzhak Shiloh ist einfach überwältigend. Wie der sich als schlangenhafter Schatten um den Professor windet. Eben wächst er noch ins Riesenhafte, im nächsten Augenblick wuselt er nur noch wie ein dunkler Punkt um Millos Beine.

Auch die Meron ist phänomenal in ihrer übersteigerten Bösartigkeit. Manchmal kommt sie mir vor wie ein kleines Mädchen, das aus gefühlloser Neugierde heraus all ihre Puppen zerlegt, zerschneidet, zerhackt.

Arié unterbricht meine Grübeleien. «Wie findest du die Orna Porat?»

«Sie spielt die Annunziata sehr überzeugend: ein feines, gutartiges Mädchen. Aber sie artikuliert manchmal ein bisschen überdeutlich. Ihre Mimik verschwindet beinahe unter dem Gezerre, das die fremde Sprache mit ihren Gesichtszügen anstellt. Übrigens kann ich mich an die Annunziata in Berlin nicht einmal mehr erinnern.»

«Und Millo? Nimmst du ihm den Professor ab?»

«Ich bin mir nicht sicher, wie die Figur aussieht oder wie sie sich bewegt. Aber bestimmt nicht so wie Millo. Und erst recht nicht so wie ich. Vielleicht wie der Siegmar Schneider in Berlin. Der war tödlich langweilig, und gerade deshalb vielleicht am passendsten.

Wie auch immer, Millo spricht klangvoll und melodiös. Aber insgesamt finde ich, dass Gründgens seine Inszenierung viel präziser durchgearbeitet hat. Dafür hat Shilohs Darstellung ein Niveau, an das Drache in Berlin nicht heranreicht. Hanna Meron und Gisela Trowe dagegen sind einander ebenbürtig.»

Während wir wieder unsere Plätze einnehmen, erinnere ich mich daran, was Hanna mir geraten hat: «Denk nicht nach, spiel! Wenn du dich zu der Rolle entschließt, dann sag dir, dass du die Idealbesetzung bist und nichts weiter zu tun brauchst, um sie zu verkörpern.» So habe ich sie jedenfalls verstanden.

Als sich schon der Vorhang hebt, frage ich Arié leise, ob er etwas von Luba gehört habe.

«Chawa hat einen Brief für dich.»
Ich sehe ihn fragend an.
«Von ihr.»

Am Tag der Premiere meldet Luba sich bei mir im Theater. Lässt mir ausrichten, sie warte im Bistro gegenüber. Nachdem wir die kritischen Szenen ein letztes Mal durchgegangen sind, finde ich mich dort ein. Luba sieht gut aus. Braungebrannt, in Shorts, scheint sie ihre weißhäutige Sensibilität vollständig abgestreift zu haben.

Sie will wissen, ob sie noch eine Karte haben könne. «Bisschen spät», antworte ich. «Meine Verwandten und Arié sind heute Abend drin. Ich kann zwar mal bei Gershon Klein nachfragen, aber versprechen kann ich nichts.»

«Lass mal», sagt sie. «Es muss ja nicht die Premiere sein.» Ihr ist die Situation offenbar ebenso unangenehm wie mir. Wir trinken Limonade, Gazos, und schweigen uns an. Schließlich wird es mir zu viel. Meine Anspannung wegen der heutigen Vorstellung steigt, und ich frage sie, warum sie, wenn sie schon unbedingt abhauen musste, nicht wenigstens eine Nachricht hinterlassen hat. «Dein Brief, den du mir später aus dem Kibbuz geschickt hast, ist doch geradezu ein Witz gewesen.»

Luba rührt mit dem Strohhalm in ihrem Glas herum. «Ich bin mir einfach noch nicht darüber im Klaren, wohin ich gehöre. Vielleicht kennst du das. Ich fahre voller Hoffnung nach Mischmar Ha'emek, treffe dort meinen Freund, und nach der ersten Wiedersehensfreude möchte ich sofort zurück nach Petach Tikwa.»

«Anstrengend», sage ich. «Das beantwortet aber noch nicht meine Frage, weshalb du ohne jede Nachricht verschwunden bist.»

«Was hätte ich denn schreiben sollen? Es hätte dich in jedem Fall verletzt. Außerdem habe ich dir ja später geschrieben.»

«Dass du aus purem Mitleid deinen Freund nicht verlassen könntest und dich deshalb von mir trennen müsstest. Das ist doch alles ziemlich verlogen. Außerdem ist seine Hüftverletzung nun doch schon etwas länger her, nicht wahr?»

Luba schweigt.

«Was macht deine Gesundheit?», lenke ich ab.

«Kein Anfall mehr, seit ich aus Petach Tikwa weg bin.»

Wieder weichen wir dem Blick des anderen aus. Ich versuche, die Wut, die in mir aufsteigt, zu unterdrücken, und stehe auf.

«Luba, du musst entschuldigen, aber ich bin momentan ein einziges Nervenbündel. Die Premiere liegt mir doch ziemlich im Magen.»

«Natürlich», sagt sie schnell und steht ebenfalls auf. «Vielleicht kann ich mir ja eine Karte besorgen, wenn ich mal wieder in der Stadt bin.»

Diesen Abend werde ich so schnell nicht vergessen. Kurz vor meinem ersten Auftritt habe ich nur noch einen Gedanken: Nichts wie weg hier!

Ich stehe auf der Bühne in der hinteren Gasse, drehe mich um und blicke in Joseph Millos blaue Augen, die vor Erregung dunkel leuchten. Ich müsste ihn zur Seite drängen, um weglaufen zu können.

Auf der anderen Seite der Bühne, in der Nullgasse, sitzt Arié. Er hat das Textbuch vor sich auf den Knien liegen. Ich spüre, wie Millo meine Schultern umfasst, ganz entfernt höre ich mein Stichwort fallen, bekomme einen kräftigen Schubs und stolpere auf die Bühne.

Die Angst, ich könnte mein Hebräisch vergessen haben und

auf Deutsch drauflosreden, war unnötig. Schon nach den ersten Minuten tauche ich in die Professorenrolle ein und habe allmählich einen solchen Spaß am Spiel, dass ich mir völlig neue Bewegungen ausdenke und Shiloh als Schatten zwinge, sie nachzuahmen. Er reagiert blitzschnell und findet offensichtlich auch Gefallen daran. Seine Augen lachen. Sein Gesicht bleibt völlig ernst, aber seine Augen lachen. Wir können gar nicht genug kriegen. Erst der Szenenapplaus reißt uns aus unserem Spiel. Brav bringen wir die Szene zu Ende, gehen gemeinsam ab, und Shiloh beteuert, er habe von Anfang an gewusst, dass ich ein Verrückter sei. In der Pause erwartet mich Millo zusammen mit Arié in der Garderobe.

«Interessant, was du da alles aus dem Hut gezaubert hast», sagt er. «Lindtberg würde sich vielleicht aufregen, aber ich sage, spiel es so weiter. Lass dir nur nicht noch mehr solcher Dinge einfallen. Länger als drei Stunden darf die Vorstellung nicht dauern.»

Beim Schlussapplaus hält mich Hanna Meron an der Hand. Sie flüstert mir zu, nach allem, was sie schon gesehen habe, halte sie mich für jemanden, der sich zu einem ganz gefährlichen Komödianten entwickeln werde.

Später sitzen wir alle im «Cassit». Cheskel hat das gesamte Lokal für uns reserviert und einen überlangen Tisch aufgebaut. Trotzdem wird der Platz knapp. Klausner, der Schutaf, Chawa, ein Oberarzt aus ihrer Klinik und Arié sind da, und auch die anderen Schauspieler haben Freunde mitgebracht. Arié hat den Arm um mich gelegt. «Ich habe dir kein einziges Wort soufflieren müssen. Und du hast dich auch nur einmal versprochen, aber ich glaube nicht, dass jemand es gemerkt hat.»

Mir gegenüber sitzen Hanna, Millo, Shiloh und Jossi Jadin, der mir unentwegt mit einem Glas Tee zuprostet. Gleich neben Hanna – ich denke, ich sehe nicht richtig: Schimon, mein Kazin und Peiniger.

Ich höre einen Gast zu Millo sagen, es sei doch erstaunlich, dass einer aus Jeckeland so schnell Hebräisch gelernt habe. «Er ist kein Jecke», wirft Schimon ein. «Seine Eltern kommen beide aus Galizien.»

«Aber er ist in Deutschland geboren», widerspricht der Gast.

«Na und? Deine Eltern kommen aus den Staaten, und obwohl du hier geboren bist, hast du noch deinen amerikanischen Pass», sagt Schimon.

«Klar. Wir wissen schließlich nicht, ob wir hierbleiben.»

Klausner und der Schutaf stehen hinter mir und versichern mir, wie stolz sie auf mich sind. Cheskel stellt ein großes Bier vor mich hin. «Von Schimon», sagt er. «Deutsches Bier ist es zwar nicht, aber das belgische ist auch nicht zu verachten.»

«Le'chaim. Zum Wohl», ruft Schimon herüber. «Welcher gute Komödiant ist schon ein guter Soldat?»

Am nächsten Tag bin ich bei Klausner zum Essen eingeladen und lerne endlich seinen jüngeren Bruder Yitzhak kennen, Held des Unabhängigkeitskrieges. Ein athletisch gebauter, jung gebliebener Kerl, der fast keine Haare mehr auf dem Kopf hat. Er stellt mir seine zehnjährige Tochter vor. Blond, mit großen braunen Augen. Sie spricht mich auf Deutsch an. Ich sage ihr, dass ich lieber Iwrit mit ihr reden möchte. Augenblicklich wechselt sie die Sprache. Dann ruft sie einer ebenfalls eingeladenen Familie aus Petach Tikwa etwas zu. Auf Englisch.

Arié bemerkt meine Verblüffung. «Sie kann auch Französisch. Man wollte schon mal einen IQ-Test mit ihr durchführen.»

«Quatsch.»

«Ich schwör's. Sie spricht vier Sprachen fließend. Schaltet

blitzschnell von einer in die andere. Die hebräische Universität würde sich zu gern mit ihr befassen, aber ihr Vater lässt das nicht zu. Sie lernt wie im Flug. Stell dir vor, man würde den Schalter in ihrem Kopf entdecken, der dafür zuständig ist, und könnte ihn nachbauen.»

Das Mädchen ist wirklich erstaunlich. Sie bewegt sich mit einer so lässigen Selbstverständlichkeit zwischen den Erwachsenen, dass man sie unwillkürlich mit «Sie» ansprechen möchte. Außerdem ist sie bildhübsch.

Auch ihre Cousine mütterlicherseits ist eingeladen. Sie ist deutlich älter, sehr hellhäutig, rothaarig und ein bisschen füllig. Trotzdem scheint mir eine gewisse Ähnlichkeit zwischen den beiden zu bestehen. Und obwohl längst nicht so hübsch wie die Jüngere, hat die Ältere einen ganz eigenen Reiz. Ihre großen graugrünen Augen schauen einen wie helle Scheinwerfer an. Unbeweglich, ohne jede Scham.

Anders als ihre kleine Cousine spricht sie nur Iwrit und Englisch. Sie lässt mich nicht aus den Augen. «Ich habe das Gefühl, sie will mich verhexen», flüstere ich Arié zu. Er erzählt mir leise, dass sie gestern Abend im Theater gewesen sei. Sie wolle noch ein paarmal hingehen, denn ich hätte sie absolut überzeugt. Nur Yitzhak Shiloh sei ihr unangenehm gewesen. Er möge ja genial sein, aber solch bösartige Kerle wie der «Schatten» lägen ihm offensichtlich ganz besonders. Arié schmunzelt. «Sie sagte spitz, das entspreche sicher seinem eigenen Charakter. Trotzdem scheint er sie zu faszinieren. Vielleicht ist sie ja verliebt in ihn.»

«Warum trägt sie eigentlich so hochgeschlossene Kleider, die ihr bis auf die Knöchel reichen?», frage ich neugierig.

«Sie hat Probleme mit der Haut. Eine Rothaarige eben. Bekommt einen Sonnenbrand nach dem anderen und wird nie braun. Am liebsten würde sie zu ihren Verwandten nach London ziehen, aber ihre Eltern erlauben es nicht. Noch nicht, jedenfalls.»

«Du scheinst sie ja sehr eingehend studiert zu haben», grinse ich ihn an.

«Man sagt, sie sei mannstoll», flüstert Arié. «Aber soweit ich weiß, lässt sie keinen näher ran.»

«Hast du's probiert?»

«Wer nicht.»

Da kommt sie plötzlich mit großen Schritten und wallendem Rock auf uns zu.

«Das ist also dein kleiner Bruder?», fragt sie Arié.

«Sieht so aus», bestätigt er und wendet sich an mich. «Darf ich vorstellen: Judith Ertel. Läuft unter angeheirateter Verwandtschaft.»

«Entfernt», ergänzt Judith. «Du bist Michael und warst während des Krieges in Deutschland. Mein Vater hat in dieser Zeit mit der britischen Armee Frankreich erobert. Er blieb dort als Besatzungssoldat, dabei wäre er so gern mit nach Deutschland einmarschiert. Stell dir vor, man hätte ihn dort gefangen genommen. Dass sie ihn nicht haben mitmarschieren lassen, war hochanständig von den Briten, obwohl sie sich hierzulande nicht so tadellos benommen haben.» Sie schaut mich an. Eine alte Jungfer von höchstens zwanzig Jahren, sage ich mir.

«Jeder verteidigt erst mal sein Territorium. Selbst wenn es gestohlen ist», versuche ich sie zu provozieren.

«Witzig, witzig. Das Land wurde uns zuerkannt. Auch von den Engländern. Nur dass sie zur gleichen Zeit versucht haben, es den Arabern zuzuschustern.»

«Und welchen Grund hatten sie deiner Meinung nach dafür?»

«Den alten europäischen Antisemitismus. Es ist gut, dass wir wieder ein Zuhause haben. Obwohl ich nichts dagegen hätte, wenn das Klima hier ein bisschen britischer wäre. Die Sonne in diesem Land macht mich ganz krank. Im allerwörtlichsten Sinn. Wenn ich rausgehe, muss ich mich wie eine Araberin vermummen.»

Arié lacht. «Wir nähern uns den Arabern langsam an und sie sich uns. Am Ende sind wir wieder eine Mischpoche. Wie zu Abrahams Zeiten.»

«In der Bibel ist ihr Vorfahr mit seiner Mutter in die Wüste geschickt worden. Dabei soll es auch bleiben.»

«Fang bloß nicht wieder an, deine politischen Ansichten vor mir auszubreiten.» Er wendet sich an mich. «Ich versichere ihr dauernd, dass ich nichts gegen die Arabtschiks habe, solange sie nicht auf mich schießen. Was kann uns denn passieren? Die Russen haben uns anerkannt, die Amerikaner auch, sogar die Engländer, zähneknirschend, aber sie haben. Das Übrige wird Ben Gurion in Ordnung bringen.»

«Und wie denkst du darüber?», will sie von mir wissen. «Wie denkt man in Jeckeland über uns?»

«Ähnlich. Die Nazis haben den Juden vor Kriegsbeginn immer nachgerufen: ‹Haut ab nach Palästina!› Und daran hat sich nicht viel geändert, auch wenn es jetzt ein bisschen anders klingt. Etwa: Die Juden haben ein Recht auf ihren Staat, statt Palästina nennen sie ihn jetzt Israel. Aber das ‹Haut ab!› steht heute genau wie damals dahinter. Sie werden noch lange brauchen, bis sie ihren ‹Führer› vergessen haben.»

«Fein. Dann bleib du hier und spiel dein Theater weiter. Und sag deiner Mutter, sie soll endlich auch rüberkommen.» Damit entfernt sie sich und versucht, ihre kleine Cousine einzufangen, die gerade im Begriff ist, sich über die Balustrade der Terrasse zu schwingen. Ihre Fülle hindert sie nicht daran, sich schnell, äußerst geschickt und mit einer gewissen Eleganz zu bewegen.

«Merkwürdiges Mädchen», stelle ich fest.

«Sehr intelligent und sehr verklemmt», sagt Arié. «Mir geht ihr Pessimismus auf den Geist.»

Ich probiere ein neues Stück. Den «Revisor» von Gogol. Leider nicht die Hauptrolle. Aber der Bobtschinsky, den ich spiele, ist eine sehr komische Figur. Mein Partner Mordechai, genannt Motke, ist am Theater der Komiker vom Dienst. Er gibt den Dobtschinsky und quält mich mit seinen ständigen Improvisationen.

Bobtschinsky und Dobtschinsky sollen die Nachricht überbringen, dass ein Revisor aus St. Petersburg in die Stadt gekommen ist, um nach dem Rechten zu sehen. Einige Einwohner sind davon nicht sonderlich erbaut, denn sie haben eine Menge auf dem Kerbholz. Wir treten also sehr erregt auf, und ich erstatte Bericht. Dobtschinsky unterbricht Bobtschinsky immer wieder, weil er am liebsten selbst erzählen möchte. Das lässt Bobtschinsky aber nicht zu, und so probiert Dobtschinsky pausenlos, ihn mit «improvisierten» Späßchen aus der Fassung zu bringen. Lästig nur, dass Motke tatsächlich drauflosimprovisiert. Ich weiß nie, wann ich einzusetzen habe.

«Kann man ihn nicht zum Militärdienst einziehen?», frage ich Arié entnervt, «so alt ist er doch noch gar nicht.»

In der Premiere hänge ich vor lauter Aufregung wegen seiner Mätzchen, und Motke grinst mich schadenfroh an. Unversehens werde ich ganz ruhig, gehe die paar Schritte in Richtung der Nullgasse, in der mein Bruder mit dem Textbuch sitzt, und lasse mir den Text zuflüstern. Arié scheint viel aufgeregter zu sein als ich. Darüber muss ich beinahe lachen.

Die Vorstellung geht ohne weitere Irritationen zu Ende. Arié ist anschließend schweißgebadet. Dem Publikum ist mein Hänger offenbar nicht aufgefallen. Selbst Judith, eine aufmerksame Zuhörerin, hat meinen Gang zur Nullgasse für einen Regieeinfall gehalten. Trotzdem nehme ich mir fest vor, dass Motke meine Rache noch zu spüren bekommen wird. Am besten zu einem Zeitpunkt, zu dem er den heutigen Vorfall längst vergessen hat.

Wir feiern ausgiebig, und dabei rückt Judith mir immer mehr

auf den Leib. «Erstaunlich», sagt sie und sieht mich mit ihren Scheinwerferaugen an, «wie gut du das Hebräische inzwischen beherrschst. Du musst es schon mit der Muttermilch eingesogen haben. Trotz deiner jeckischen Herkunft.»

«Meine Mutter spricht kein Wort Hebräisch, oder besser: nur die hebräischen Wörter, die im Jiddischen auftauchen.»

Statt darauf einzugehen, hakt sie sich bei mir unter und marschiert mit mir ins «Cassit», geradewegs auf meinen Bruder und Gershon Klein zu. «Ich glaube, wir werden hier bald einen aufgehenden Stern des hebräischen Theaters haben», verkündet sie lauthals.

«Na ja», mein Bruder lächelt ein schiefes, verlegenes Lächeln, «das wird wohl noch eine Weile dauern.» Gershon dagegen stimmt ihr zu. «Wenn er aufgeregt ist, hört man natürlich noch seinen deutschen Akzent heraus, aber mit zunehmender Sicherheit wird sich das geben.»

«Das wollte ich dir übrigens schon immer mal sagen, Gershon», erwidert zuckersüß meine entfernte Cousine, «dein Akzent ist wirklich mörderisch.»

«Völlig richtig», pflichtet ihr Gershon ungerührt bei, «darum spiele ich ja auch nur die kleinsten Rollen. Wenn überhaupt.» Wir fangen alle zu lachen an, und Cheskel kommt mit einem Tablett voller Weingläser auf uns zu.

«Kriege ich auch ein Glas?» Wie aus dem Nichts steht Luba vor mir und schaut mich mit ihren kirgisischen Steppenaugen an. Keiner sagt etwas, und sie greift als Erste nach einem der Gläser. Dann wandert ihr Blick von einem zum anderen und bleibt schließlich an Judith hängen.

«Wir kennen uns noch nicht, oder?», fragt sie.

Judith schaut sie an und sagt keinen Ton.

«Ich bin Michaels Freundin», setzt Luba noch einen drauf.

«Er hat mir nie etwas von dir erzählt», schießt Judith zurück. «Wie heißt du?»

«Luba.»

«Und weiter?»

«Nichts weiter.»

«Kein Nachname? Oder beherrschst du das Russische nicht mehr?»

«Ich bin aus Deutschland und heiße Luba Gruschinsky.»

«Vielleicht doch Polin?»

«Nein, ihre Mutter hat sich in einen Russen verliebt, einen Soldaten der Roten Armee, der in den letzten Kriegstagen vor Berlin gefallen ist», mischt sich Arié ein. «Danach bestand ihre Mutter darauf, dass sie und ihre Tochter seinen Namen annehmen. Zufrieden, Judith?»

Ich sehe Arié erstaunt an. Und kann jetzt auch nicht mehr an mich halten. «Was ist, Luba? Interessiert sich dein Freund nicht fürs Theater? Immer lässt er dich alleine gehen. Du hättest mich ruhig wissen lassen können, dass du eine Karte haben willst. Das brauchst du doch deinem Kibbuz nicht anzulasten. Übrigens, dort drüben sitzt Chawa. Du solltest ihr ‹Schalom› sagen. Sie fragt ständig nach dir.»

Luba blickt mich nahezu flehend an. Wenn sie jetzt zu weinen anfängt, wird's brenzlig, denke ich. Doch sie bleibt äußerlich ruhig, sieht sich im Raum um und steuert, ohne ein weiteres Wort zu sagen, auf den Tisch von Chawa zu, die sich mit einem mir unbekannten älteren Mann angeregt unterhält. Ich schaue Arié an, und er schüttelt unmerklich den Kopf.

«Ich möchte euch beide am Sonntag zu einem Konzert einladen», sagt Judith. «Isaac Stern spielt mit den Philharmonikern Beethoven und Bach.»

Wir reagieren nicht.

«Ludwig van Beethoven, Konzert für Violine, D-Dur, Opus 61. Was sagt ihr dazu?»

«Habe ich Sonntag keine Vorstellung?», frage ich Arié.

«Nein, hast du nicht», erwidert Judith statt seiner. «Ziert ihr euch etwa? Meine Eltern stellen euch ihre Karten zur Verfügung. Was glaubt ihr, wie teuer die waren! Also, was ist jetzt?»

«Das können wir doch gar nicht annehmen», heuchelt Arié so übertrieben, dass ich schon damit rechne, sie werde ihm gleich ins Gesicht springen.

«Gern», werfe ich schnell dazwischen. «Wir kommen gern. Arié ist bloß unsicher wegen der Kleidung. Was muss man denn da anziehen?»

«Jeder, wie er kann», antwortet Judith.

«In Ordnung. Jeder, wie er kann. Aber komm du nicht in Abendrobe, wenn wir in Khaki erscheinen.»

«Und wenn ich es doch tue?»

«Kannst du mit deinem Hintern auf drei Sesseln sitzen.»

«Reg dich ab. Wir werden wie Drillinge aussehen. Khaki-Drillinge.»

Es wird spät an diesem Abend. Wir nehmen Chawa im Sammeltaxi mit nach Hause, und sie erzählt uns, dass sie Luba ihren Hausschlüssel gegeben hat. «Sie ist schon vorgefahren. Will sich endlich mal gründlich ausschlafen. Ich glaube, sie hat Probleme mit ihrem Kibbuznik. Sie wird in Großonkels Zimmer übernachten. Macht euch keine Sorgen.»

Wir ziehen uns bald in mein Zimmer zurück und hören Chawa noch in der Küche den Frühstückstisch decken.

«Es wird Zeit, dass du dir in Tel Aviv ein Zimmer nimmst», sagt Arié. «Erstens bist du dann vor solchen Überraschungen sicher, und zweitens wird es immer anstrengender werden, wenn sie dich weiterhin so mit Rollen eindecken.»

«Ich spiele doch nur in zwei Stücken mit», widerspreche ich.

«Gershon Klein hat mir heute Abend angedeutet, dass du auch bei der nächsten Produktion mitmachen wirst.»

«Hat er dir auch schon verraten, um welches Stück es geht?»

«Klar. ‹Tartuffe› von Molière. Joseph Millo kommt in den nächsten Tagen aus Prag zurück und wird inszenieren.»

«Und wen soll ich da spielen?»

«Einen von den beiden jungen Leuten. Entweder Valère oder Damis.»

«Ich finde Molière öde. Die Sprache ist so gestelzt.»

«Vielleicht in der deutschen Übersetzung. In Iwrit klingen die Alexandriner sehr musikalisch.»

«Ich bin aber kein Sänger», erwidere ich missmutig. Allmählich fallen mir die Augen zu. Doch Arié ist noch nicht zu bremsen.

«Außerdem hat Gershon etwas von einer Uraufführung erzählt, die sie gleich danach bringen wollen. Soll ein sehr spannendes Stück sein.»

«Und da soll ich auch mitmachen?», murmele ich schon halb weggetreten.

«Sicher. Hätte er sonst davon gesprochen? Eine israelische Uraufführung. Von einem jungen, äußerst talentierten Einheimischen. Jedenfalls werde ich mich gleich morgen auf die Socken machen und mich nach einem Zimmer für dich umhören. Je schneller wir etwas für dich finden, desto besser. Ich fürchte, Luba wird sich wie eine Klette an dich hängen. Sie riecht geradezu, dass du im Begriff bist, Karriere zu machen. Vielleicht gibt es ja was in der Nähe des Theaters. In der Ben-Jehuda oder einer der Nebenstraßen.»

«Ich will in die Nähe vom ‹Cassit›», brumme ich beinahe unverständlich.

«Die Dizengoff gehört zu den teuersten Wohngegenden in Tel Aviv. Das kannst du nie bezahlen.»

«Ich will beim ‹Cassit› wohnen», will ich noch einmal sagen, aber ich weiß nicht, ob mir das gelingt.

Schon ein paar Tage später habe ich ein Zimmer gefunden. In der Tel-Chai-Straße, einer Seitenstraße der Ben-Jehuda. Das Haus steht auf Säulen, und die Wohnung liegt im ersten Stock. Ein recht geräumiges Zimmer mit einem Balkon nach hinten raus und Terrazzoboden. Dusche und Küche kann ich mitbenutzen. Die Wirtin stammt aus Russisch-Polen, hat gerade im Unabhängigkeitskrieg ihren Sohn verloren und verlangt eine märchenhaft niedrige Miete. Nach ihrem Mann will ich sie vorerst nicht fragen. Sie spricht nur von ihrem Sohn. Wenn sie mich anschaut, habe ich ständig das Gefühl, sie werfe mir vor, dass ich nicht an seiner Stelle gestorben bin.

Das Zimmer hat nur einen Haken, es stehen lediglich zwei Möbelstücke darin: ein Bett und ein schmaler Schrank, der aussieht, als könne er jeden Augenblick auseinanderfallen. Die Matratze ist nagelneu, versichert die Wirtin und sagt, sauber machen müsse ich selbst. Sie räume mir im Eisschrank ein Plätzchen für meine Lebensmittel frei. Duschen könne ich jederzeit, nur nicht um sieben Uhr morgens. Da sei sie im Bad. Wenn ich so früh auf die Toilette wolle, müsse ich mir das irgendwie einrichten. Aber um halb acht sei das Bad wieder frei, dann frühstücke sie, und spätestens ab acht sei sie aus dem Haus.

«Ist mir recht», beruhige ich sie und nehme mir vor, abends so spät wie möglich pinkeln zu gehen, um den frühen Morgen zu überstehen.

Arié meint, ich solle unbedingt zugreifen. Der Preis für das Zimmer sei phänomenal. So was fände ich in ganz Tel Aviv nicht wieder. Chawa weint ein bisschen, ist aber sofort beruhigt, als ich ihr versichere, sie so oft wie möglich zu besuchen.

Es ist fabelhaft, nicht schon um sieben aufstehen zu müssen, die Probe beginnt ohnehin erst um zehn. Allerdings stelle ich schnell fest, dass einige Hausbewohner ihre Wagen zwischen den Säulen unter dem Haus parken. Das macht jede Menge Lärm. Die Leute in Tel Aviv sind überhaupt sehr unruhig. Stehen früh auf und gehen spät zu Bett.

Zwei Wochen nach der ersten Nacht in meiner neuen Wohnung beginnen die Proben für «Tartuffe». Ich weiß nicht, warum man es damit so eilig hat. Die laufenden Vorstellungen sind ständig ausverkauft. «Der Schatten», «Der Revisor» und mindestens sechs andere Produktionen, in denen ich nicht auftrete. Darunter Stücke von Shakespeare und Pirandello und den neuen Franzosen: Giraudoux, Camus und Anouilh. Wegen der Vielzahl der Stücke kommen manche nur einmal im Monat auf die Bühne, und die Kulissen werden aus Platzmangel in den hinteren Räumen des gegenüberliegenden Cafés gelagert.

Joseph Millo führt bei «Tartuffe» Regie. Das macht er recht ordentlich. Shiloh ist Tartuffe und hat schon wieder ganz eigene Haltungen dafür gefunden. Ein überragender Komödiant. Nimmt es mit dem Text bei den anfänglichen Proben nicht so genau und begibt sich stattdessen umgehend auf die Suche nach dem ihm gemäßen Zugang zu der Rolle. An jedem neuen Probentag gibt er der Figur ein anderes Gesicht. Glaubt man heute, den Mephisto vor sich zu haben, werden am nächsten Tag wieder Züge des «Schatten» sichtbar. Allmählich bildet sich dann ein unverwechselbares Konterfei heraus, das des Tartuffe. Jetzt wird seine Sprache schärfer, die Stimme hat alles Zaghafte verloren, der Text wird geradezu pedantisch genau abgeliefert, und Shiloh, der hochgewachsene, hagere Shiloh, verwandelt sich in einen mickrigen, unansehnlichen Burschen, dessen charakteristisches Merkmal ein überdimensionales Geschlechtsteil zu sein scheint. Auch wenn man nichts davon sieht, so hat man doch den Eindruck, als platze ihm fortwährend die Hose. Er windet und krümmt sich vor Gier, die er gleichzeitig zu unterdrücken sucht. Ein spießiges Raubtier, dem die Qualen des Underdogs zum Ansporn werden. Nach zwölf Probentagen ist die Figur perfekt.

Ich spiele den Damis, Orgons Sohn. Er ist aufbrausend, fade und uninteressant. Aber ich bin beschäftigt. Wir haben oft Abendproben, weil Millo am Vormittag seine Intendanzgeschäfte erledigen muss. Häufig proben wir auch in der Nacht, nach einer Vorstellung. Wir schminken uns nicht einmal ab, sondern laufen gleich zur Probebühne.

Aber das «Cassit» hat keine festen Öffnungszeiten. Dort sitzen wir oft bis zum Morgengrauen, bis Cheskel die Stühle auf dem Gehsteig zusammenklappt und uns auf diese Weise auffordert, nach Hause zu gehen.

In einer dieser Nächte – ich habe gerade meine Monatsrechnung bei Cheskel bezahlt, der daraufhin demonstrativ gähnend im Lokal verschwindet – sitze ich auf einem der Stühle draußen und schaue die leere Straße hinab. Ich will noch nicht in mein Zimmer, denn dort kann ich nur auf dem Bett liegen oder sitzen. Wenn ich schreiben möchte, geht das entweder nur bäuchlings auf dem Bett, mit einer Zeitung als Unterlage, wobei ich mir auf Dauer den Rücken so durchdrücke, dass ich kaum wieder hochkomme, oder gleich auf dem Terrazzoboden – auch nicht gerade die bequemste Stellung.

Während ich so darüber nachdenke und mit dem Stuhl gegen die Hauswand des «Cassit» wippe, beschließe ich: Ein Stuhl und ein Tisch müssen her. Ich stehe auf, werfe einen Blick ins Lokal und sehe niemanden. Kurz entschlossen klappe ich meinen Stuhl zusammen, klemme ihn mir unter den Arm und verschwinde in Richtung Tel-Chai-Straße. Jeden Augenblick erwarte ich, dass mir Cheskel hinterherruft.

Bis zur Wohnung ist es eine ziemliche Strecke, und ich komme schweißgebadet in meinem Zimmer an. Als ich den Stuhl die halbe Treppe nach oben schleppe, beruhige ich mich damit, dass ich ihn mir ja nur geborgt habe und ihn, sobald ich mir eigene Möbel kaufen kann, zurückgeben werde.

Kaum dass ich die Tür hinter mir geschlossen habe, stelle ich den Stuhl auf. Mitten im Zimmer. Er macht sich fabelhaft. Ein bisschen einsam, aber sehr eindrucksvoll. Mein erstes Möbelstück. Ich drehe ihn zum Fenster hin und betrachte den rosaroten Horizont. Arié wird auch einen Stuhl brauchen, wenn er mich besucht. Und zum Schreiben müsste noch ein Tisch her. Dann wäre ich komplett eingerichtet. «Mehr Ansprüche stelle ich doch gar nicht, Cheskel», sage ich laut vor mich hin, «und so ganz ausgebucht bist du doch fast nie.»

Die Premiere wird ein Reinfall. Yitzhak Shiloh wird zwar gefeiert, aber der Applaus hält nicht so lange an wie sonst. Irgendetwas zwischen Publikum und Schauspielern hat nicht gezündet.

Tuwia Grünbaum, der Darsteller des Orgon – mit seinem kugelrunden Körper und dem ebenso runden Kopf ohne erkennbaren Halsübergang hat er große Ähnlichkeit mit einem stark schmelzenden Schneemann –, sieht einen klagend an, als wolle er sich ständig darüber beschweren, fehlbesetzt zu sein. Jedenfalls leidet er bei jedem seiner Auftritte wie ein Hund.

Ich bin auch nicht gerade eine Offenbarung. Schreie herum und führe mich auf wie ein Halbstarker. Es ist alles ziemlich kläglich.

Nach der Vorstellung hängen wir traurig im «Cassit» herum, versuchen uns gegenseitig zu trösten und verschwinden bald nach Hause. Nur Zeev Berlinsky, der Darsteller des Cleante, sitzt mit Arié und mir noch am Tisch und erzählt jiddische Witze. Ein pockennarbiger Typ mit pechschwarzen Haaren, großen Mandelaugen, einer noch größeren Nase und einem Mund, der ihm von einem Ohr bis zum anderen reicht. Seine clowneske Mimik bringt einen, ob man will oder nicht, zum Lachen.

Er genießt schon internationales Ansehen. Spielt oft kleine Rollen in amerikanischen Filmen und verdient damit anscheinend eine Menge Geld. Im Laufe der Nacht lädt er uns in sein neu eröffnetes Lokal in Jaffa ein. Es liegt auf einem Felsplateau direkt oberhalb des Strandes. Er hat sich auf gute arabische Küche spezialisiert, denn in der Gegend leben viele eingewanderte Libanesen, die zu Stammgästen werden könnten. Wenn der Laden gut läuft, will er eine Dependance in Haifa aufmachen. Als mein Bruder ihn fragt, wie er denn überhaupt noch die Zeit finde, sich daneben auf seine Aufgaben am Theater vorzubereiten, erwidert Berlinsky, dass die Schauspielerei für ihn nur eine Ablenkung von den Alltagssorgen sei.

Später diskutieren wir den Premierenabend. Arié behauptet, die einzig herausragenden Besetzungen seien Shiloh und ich: Shiloh sei einfach phänomenal und ich ausgesprochen beschissen. Er könne sich nicht erklären, warum Joseph Millo mich in eine derartige Schreierei hineingetrieben habe.

Als Berlinsky wissen will, wie Arié ihn gefunden habe, gibt er zur Antwort, er habe ihn gar nicht richtig wahrgenommen. Berlinsky scheint das nicht im Mindesten zu stören. Er erzählt noch ein paar Anekdoten über Motke, seinen erklärten Lieblingsfeind, und verabschiedet sich anschließend, allerdings ohne seine Einladung zu wiederholen.

Wir sitzen noch eine Weile beieinander und schauen auf die still gewordene Dizengoff. Dann steht Arié auf, beugt sich zu mir herunter und küsst mich auf den Kopf. «Das nächste Stück wird bestimmt wieder ein Knüller», sagt er zum Abschied und geht langsam los. Er hinkt stark, und seine lange knochige Gestalt scheint sich bei jedem Schritt nach vorn zu beugen, als wolle er so neuen Schwung für den nächsten holen. Ich möchte hinterhersprinten und ihm helfen, will ihn am liebsten nach Hause begleiten. Aber ich bleibe sitzen. Arié mag kein Mitleid, das habe ich schon öfter festgestellt. Es macht ihn unruhig, sogar wütend. Er lässt es sich zwar nicht anmerken, aber ich spüre, wie seine Nerven regelrecht vibrieren. Sein mageres Gesicht mit der riesigen Stirn und den runden braunen Augen scheint dann zusammenzuschrumpfen und jeden Ausdruck zu verlieren. Während ich ihm nachschaue, sehe ich urplötzlich meinen Vater vor mir. Auf dem Sterbebett, mit seinem zum Babykopf geschrumpften Schädel.

Ich springe auf, will Arié nachlaufen, ihn einfach nur in den

Arm nehmen. Stattdessen greife ich mir einen der kleinen zusammengeklappten Tische und einen Stuhl, werfe einen prüfenden Blick ins abgedunkelte Café und trabe los in Richtung meiner Wohnung. Vor lauter Angst merke ich gar nicht, wie mühsam diese Schlepperei ist. Erst in meinem Zimmer spüre ich die wahnsinnige Anstrengung. Ich stelle die Möbel ab und lasse mich erschöpft und verschwitzt aufs Bett fallen.

Meine Reaktion auf den Schrecken, den ich vorhin empfunden habe, als ich in Arié plötzlich meinen Vater zu erkennen glaubte, ähnelt derjenigen auf die Nachricht von Vaters Tod: Ich stieß ein derart hysterisches Lachen aus, dass meine Mutter mir eine schallende Ohrfeige verpasste.

Ich frage mich, ob ich seitdem einen Knacks habe. Bei Gelegenheit muss ich mit Arié darüber reden. Er ist der einzige Mensch, bei dem ich Verständnis erwarten und meine Ängste loswerden kann. Aber wer weiß, vielleicht belaste ich ihn mehr damit, als ihm guttut, überlege ich mir, schon halb im Schlaf.

Chawa hinterlässt mir im Theater eine Nachricht. Luba ist vor ihrem Haus in Petach Tikwa zusammengebrochen und liegt jetzt blau und verquollen auf dem Bett des Großonkels. Ein Arzt aus dem Hospital hat ihr eine Spritze gegeben, die ihre Wirkung nicht nur verfehlt, sondern die Krankheitssymptome und die Atemnot noch verschlimmert hat. Sie bittet mich, vorbeizukommen, bevor sie Luba ins Spital bringen lässt.

Gleich nach der Vorstellung steige ich in ein Sammeltaxi, und nur eine halbe Stunde später stehe ich in Großonkels Zimmer bei Luba und betrachte erschrocken ihre dunkelblau verfärbten Lippen. Unter der wässrig fahlen Haut quellen kleine, kreisrunde Blasen hervor, sie scheinen durch die Haut brechen zu wollen und geben Lubas reglosem Gesicht eine geradezu makabre Lebendigkeit, die im Widerspruch zu ihren fest geschlossenen Augen steht.

Plötzlich greift ihre Hand nach der meinen und hält sie wie in einem Schraubstock fest. Chawa bleibt der Schrei in der Kehle stecken, denn ebenso unvermittelt lässt Luba wieder los, und ihr Arm baumelt schlaff über die Bettkante herunter. Ihre Augen sind immer noch geschlossen.

In stummem Entsetzen will Chawa mich aus dem Zimmer ziehen, aber ich wehre ab und beuge mich zu Luba hinab. Ihr Mund ist weit geöffnet und ihr Ringen nach Luft ohrenbetäubend. Ich flüstere ihren Namen in ihr Ohr, doch sie reagiert nicht.

Ich frage Chawa, wo der Arzt bleibt. Sie berichtet hastig, sie hätten den Inhalator in Lubas Schultertasche gefunden, aber ohne die notwendige Patrone. «Wahrscheinlich bemühen sie sich gerade im Krankenhaus, eine passende aufzutreiben.» Sie bittet mich, in der Küche zu warten, aber die Tür zu Großonkels Zimmer offen zu lassen. Die Atemgeräusche machen uns völlig verrückt.

Wenig später erscheint auch Arié. Schweigend sitzen wir einander in der Küche gegenüber und lauschen auf das dröhnende Rasseln aus Lubas Bronchien. «Solange wir sie noch hören können ...», versucht Arié einen Scherz und bricht ab.

Chawa hält es nicht lange untätig auf ihrem Stuhl. Sie setzt den Wasserkessel auf, schüttet eine Unmenge Kaffeepulver in den Filter und wartet fiebrig auf das Pfeifen des Kessels. Ihre Fußspitzen klopfen rhythmisch auf den Boden, die Finger spielen mit dem Kannendeckel herum. Da reißt jemand die Haustür auf.

«Hallo?», ruft eine Männerstimme.

«Komm rein», erwidert Chawa und flitzt mit der Kanne in der Hand zur Tür. Im selben Augenblick pfeift der Kessel, und sie macht fluchend einen Satz zurück zum Herd.

Der Mann verschwindet in Großonkels Zimmer, und wir hören ihn leise auf Luba einsprechen. Mit der Zeit wird das Rasseln schwächer, und Chawa wagt es, Tassen auf den Tisch zu stellen. Beinahe geräuschlos gießt sie den Kaffee ein und wirft dabei immer wieder einen Blick auf die inzwischen geschlossene Tür zu Großonkels Zimmer.

Es kommt mir vor, als ob schon eine Stunde vergangen wäre. Aber der Arzt lässt sich immer noch nicht sehen. Auch die Tür bleibt geschlossen. Chawa setzt neues Kaffeewasser auf, und wir schweigen uns weiter an. Schließlich geht sie in die Vorratskammer und kommt mit einem riesigen Einweckglas zurück. Indem sie mit aller Kraft an der Gummilasche zieht, die zwischen Deckel und Glas herausguckt, öffnet sie es. Sie stellt drei Gläser vor uns hin, schiebt Arié einen großen Schöpflöffel zu und fordert ihn auf, die Gläser zu füllen.

Arié macht keine Anstalten, den Löffel zu ergreifen, also tauche ich ihn tief ins Glas und rieche daran, bevor ich Chawas Glas fülle.

In seinen letzten Jahren hat Chawa es immer wieder geschafft, Großonkel vom Wischnik fernzuhalten, obwohl er oft nach seinem heißgeliebten Kirschenschnaps verlangte. An all ihre Variationen von Ausreden konnte sie sich am Ende selbst nicht mehr erinnern. Gott sei Dank hatte sein Gedächtnis ein paar Sprünge, und wenn er von seinem abendlichen Gang zur Synagoge heimkam, war er häufig so müde, dass er auf sein Nachtessen verzichtete, nur um schnell ins Bett zu kommen. Dann setzte sie sich mit einem Krug Wischnik vor die Haustür und sah zu den Lichtern im Ort hinüber. So erholte sie sich von der Arbeit im Spital. Wenn sie ihren Vater an den Wischnik gelassen hätte, wäre es nach zwei Gläsern so weit gewesen. Er hätte versucht, auf den Tisch zu springen, um Krakowiak zu tanzen. Er hätte versucht, sie davon zu überzeugen, dass «der ganze Schwindel mit der Diaspora» nur eine raffiniert erdachte Drohung der alten Propheten und ihrer Nachfolger gewesen sei, um dem Volk den nötigen Respekt vor Jenem – dabei hätte sein Finger zur Decke gezeigt – einzuflößen. In Wahrheit, so hätte er mit vom Schnaps geröteten Wangen behauptet, hatten sie den Albtraum der Vertreibung nur deshalb über das ganze Volk kommen lassen, weil es daran glauben sollte, von Ihm auserwählt zu sein.

So etwa hätte er gesprochen, um dann anschließend ohne Vorwarnung auf den Tisch zu springen. Niemals hätte er sein hundertzweites Lebensjahr erreicht, wenn sie den Wischnik nicht weggesperrt hätte. Trotzdem wirft sie sich vor, dass es für ihn vielleicht passender gewesen wäre, wie ein tanzender Chassid zu sterben, und dass eben sie ihn daran gehindert habe.

Arié hält inzwischen nur noch mit Mühe die Augen offen, während ich ihren Großonkel-Geschichten stundenlang zuhören könnte: Weder Chawa noch ich können uns von dem langen, hageren Mann lösen, dessen Bart oft um sein Gesicht wehte, wo er sich an seiner Nase festzuhalten schien, und dessen Mantelsaum sich wie ein tanzender Reifen um seine mageren Beine drehte, während ich hinter ihm herlief. Chawa muss ähnliche Bilder im Gedächtnis haben.

Unversehens kommt mir der Gedanke, dass ich ihn gern einmal darstellen würde, wenn ich das dafür nötige Alter erreichen sollte. Und sofort ohrfeige ich mich im Geiste für diese Geschmacklosigkeit. Ich muss lachen. Arié sieht mich mit müden Augen an, und ich komme Gott sei Dank nicht dazu, ihm den Grund für mein Gelächter zu erklären, denn jetzt kommt der Arzt endlich aus Großonkels Zimmer. «Sie schläft», sagt er und tritt in die Küche. «Ihr Atem ist fast wieder normal. Ich denke, wir haben das richtige Medikament erwischt.»

Chawa hat ihm ein gefülltes Glas hingestellt, doch er rührt den Wischnik nicht an und gießt sich stattdessen eine halbe Tasse Kaffee ein, den er in Windeseile hinunterstürzt. Im Aufbrechen ruft er Chawa noch zu, dass er morgen ihren Bericht erwarte.

Am nächsten Morgen, Arié ist gerade im Begriff, zur Bushaltestelle zu spurten, um den ersten Bus noch zu erwischen, hören wir Luba leise rufen. Chawa ist als Erste an ihrem Bett. Wir sehen auf Luba herunter, und sie will wissen, wohin man ihre Kleidung getan hat. Chawa hat sie zum Lüften auf die Terrasse gehängt. Sie bringt Luba die Kleider, breitet sie auf ihrer Bettdecke aus, rät ihr aber, diesen Tag noch im Bett zu bleiben.

Luba ist ausgesprochen schlecht gelaunt und befiehlt uns geradezu, das Zimmer zu verlassen. Arié versucht, wenigstens den nächsten Bus zu erreichen, bedrückt darüber, dass er wohl seine erste Unterrichtsstunde versäumen wird.

Kaum ist er weg, geht Luba in die Küche. Ohne uns auch nur eines Wortes zu würdigen, schlendert sie an uns vorbei, gießt sich einen Kaffee ein, und als Chawa ihr das Milchkännchen reichen will, schiebt sie es beiseite. Dann starrt sie mich an, klopft mit der Tasse laut und vernehmlich auf den Tisch und erkundigt sich nach Judiths Gesundheit. Ich empfinde das als eine unglaubliche Frechheit und antworte ihr, auch Judith habe nach ihr gefragt.

Luba bleibt stumm, hört jetzt aber wenigstens mit dem Klopfen auf. Wir schweigen uns alle drei an. Unwillkürlich horche ich auf ihren Atem. Nichts Ungewöhnliches zu hören. Völlig geräuschlos. Gerade will ich sie fragen, ob sie denn jetzt genügend Patronen für den Inhalator habe, da legt sie los: Erklärt mir, dass sie nie mit mir habe Schluss machen wollen. Sie habe nur eine Auszeit gebraucht. Und wo hätte sie denn Unterkunft finden sollen, dafür sei doch nur der Kibbuz in Frage gekommen.

Ich unterbreche sie und sage, dass es außer Mischmar Ha'emek schließlich noch andere Kibbuzim im Lande gebe. Sie nickt und starrt düster vor sich hin. Dann eröffnet sie uns, sie habe vor, Israel zu verlassen. Ihre Mutter wohne nach wie vor in Leipzig, und dort seien die Zukunftsaussichten wahrscheinlich viel besser als hier.

Chawa mischt sich ein. Fragt, ob Luba nicht erst noch ein bisschen gesünder werden möchte, bevor sie solch halsbrecherische Pläne schmiedet.

Jetzt verliert Luba die Fassung. Sie wolle zurück nach Deutschland, und daran werde sie niemand hindern. Anschließend starrt sie erschöpft in ihre Kaffeetasse und wiederholt leise, sie wolle unbedingt zurück. Es gebe da nur ein Problem. Man komme nicht nach Deutschland, ohne dem englischen Konsulat, das die deutschen Besatzungszonen vertritt, eine Garantie für die Rückkehr nach Israel zu geben. Man müsse sozusagen ein Pfand dalassen. Entweder in Gestalt eines Verwandten, eines Kindes oder eines Ehepartners. Da sie allerdings ganz allein hier sei, könne sie damit nicht aufwarten.

Ich ahne, worauf sie hinauswill. «Warum bittest du deinen Freund in Mischmar Ha'emek nicht darum, dich zu heiraten? Der Kibbuz würde euch sicher eine fabelhafte Hochzeitsfeier ausrichten. Er ist doch Mitglied im Kibbuz, oder?»

«Ich habe ihn gefragt.»

«Aha», sage ich.

Jetzt fängt Chawa an zu lachen: «Willst du Michael etwa zur Ehe überreden? Das Jüngelchen ist doch noch nicht mal trocken hinter den Ohren und muss sich im Leben erst zurechtfinden.»

Doch Luba lässt sich nicht beirren. Es sei meine Pflicht, ihr zu helfen. Und sobald sie aus dem Land sei, könne ich ja die Scheidung einreichen. Die würde bestimmt schnell ausgesprochen, wenn man erfahre, dass sie sich weigere, nach Israel zurückzukehren. Es sei also überhaupt kein Risiko für mich dabei, und Unterhalt werde sie auch nicht von mir fordern.

Chawa schlägt die Hände über dem Kopf zusammen und erklärt Luba für verrückt. Ich stehe auf und tippe mir mit dem Finger an die Stirn. Da lässt sich Luba mit dem Kopf auf die Tischplatte fallen und fängt erbärmlich zu heulen an. Wenn sie jetzt bloß nicht wieder einen Anfall bekommt.

Ich setze mich neben sie, versuche sie zu beruhigen und lege ihr den Arm um die Schultern. Das ist ein Fehler. Sofort klammert sie sich Schutz suchend an meine Brust. Vorsichtig frage ich sie, ob ich mal mit ihrem Freund reden solle, ich würde sogar zu ihm nach Mischmar Ha'emek hinausfahren – der zweite Fehler. Sie schleudert meinen Arm weg, springt auf, rast in Großonkels Zimmer, ist in Sekundenschnelle wieder zurück und stopft noch während des Laufens ihren Kulturbeutel in die Reisetasche. Wir hören die Haustür zuschlagen, dann ist Ruhe.

«Musst du mir immer meschuggene Weiber ins Haus bringen?», klagt Chawa und versichert mir gleich darauf, wie sehr sie an Luba gehangen habe.

«Glaubst du denn, wir sehen sie nie wieder?», zweifle ich. Chawa ist überzeugt davon, dass Luba das Land verlassen wird. Mit oder ohne Heirat. «Sie weiß, was sie will, und sie wird das auch durchsetzen.»

Am Abend holen mich Äddi Fichtmann und Arié nach der Vorstellung ab. Äddi ist gekommen, um mich auf der Bühne zu sehen, mein Bruder, weil er wissen will, wie es mit Luba ausgegangen ist. Berlinsky schlägt uns vor, in seinem Lokal zu essen. Wir halten ein Sammeltaxi an und fahren gemeinsam nach Jaffa.

Dort bringt uns Zeev Berlinsky zu einem riesigen Restaurant, das direkt in die Felsen geschlagen zu sein scheint. Überall gibt es Nischen und Separées, in denen bis zu sechs Personen ausreichend Platz finden. Berlinsky führt uns zielstrebig zu einer Nische, bequem, aber dunkel. Doch im Nu stehen sechs Kerzen auf dem Tisch, die unsere Höhle angenehm beleuchten.

Das Restaurant ist brechend voll, und Berlinsky erwähnt beiläufig, dies sei seine spezielle Ecke, jeden Abend bleibe sie für ihn und seine Gäste reserviert.

«Was muss der Mensch für ein Geld haben?», sinniert Arié,

als Berlinsky kurz verschwindet, und lässt sich darüber aus, dass man als Schauspieler nur in den USA reich werden könne. Äddi widerspricht und erzählt, dass auch in Kopenhagen hohe Gagen gezahlt würden. In den dortigen Revuetheatern träten internationale Stars auf, denen man geradezu unanständig viel Geld in den Rachen werfe. Arié versucht ihm klarzumachen, dass er Theater und Revuetheater nicht in einen Topf werfen könne. Schauspieler und Artisten seien zwei verschiedene Paar Schuhe.

Berlinsky tischt uns persönlich eine riesige Platte mit Hummus auf. Dazu gibt es Fladenbrot, reichlich Gewürze und gehackte Eier mit fein gewürfelten Zwiebeln. Eine Kellnerin mit Kopftuch steht hinter ihm und hält eine Batterie kleiner Schälchen bereit, die sie auf dem linken Unterarm balanciert. Berlinsky tritt beiseite, und sie deckt auf. Während sie die ersten Schälchen hinstellt, rutschen die anderen nach, und ihre Hände verteilen alles mit unnachahmlicher Grazie auf dem Tisch. Weltklasse. Vor uns stehen eine Vielzahl von Salaten, Couscous, Curryreis, zarte Lammkoteletts und Fleischspieße. Dazu gibt es heißen Tee, in dem noch die Pfefferminzblätter schwimmen. Den serviert uns Berlinsky wieder selbst und weist darauf hin, dass er schon gesüßt sei. Hier werde übrigens mit den Fingern gegessen. Mit den Fingern und dem Fladenbrot, das man in die Speisen tunken müsse. Anschließend empfiehlt er uns noch ein dunkelrotes Gewürz, eine arabische Spezialität, auf die er sehr stolz sei, denn es gebe nur wenige Köche im Land, die es so vollendet mischen könnten. Es sei besonders zu den Lammkoteletts und den Fleischspießen zu empfehlen. Und nachdem er uns einen gesegneten Appetit gewünscht hat, verlässt er uns – sein Arbeitstag sei noch lange nicht zu Ende.

Während wir kräftig zugreifen, erzähle ich von Lubas Auftritt und ihrem rasanten Abgang. Arié ist entsetzt und fragt besorgt, ob ich auch nur einen Augenblick darüber nachgedacht hätte, auf ihren Vorschlag einzugehen. Ich lächle vielsagend, reiße einen Pitafladen auseinander und tunke ihn genüsslich in den Hummus. «Hältst du deinen kleinen Bruder wirklich für so bescheuert?», fragt Äddi. Ich lenke beide mit der Frage ab, warum Äddi mich nicht um Karten gebeten habe, aber er versichert mir, er habe keine Lira dafür bezahlen müssen. Er sei zusammen mit zwei seiner Kameraden vom Train im Theater gewesen, und die Karten hätte das Militär gezahlt. «Wir durften sogar mit einem Jeep vorfahren, obwohl man jetzt immer sparsamer wird. Benzinverbrauch und Kraftfahrzeugbenutzung werden streng kontrolliert. Und es werden immer mehr Fahrzeuge für den Einsatz an der Grenze abgezogen. Sogar wir von der Nachschubtruppe werden dazu eingeteilt.

Vorgestern mussten wir die Kerle von der Uno auf Patrouille begleiten. Mit Jeeps, auf denen Maschinengewehre montiert waren. Die Uno-Fahrzeuge fuhren einen Kilometer von uns entfernt dicht an der Grenze entlang. Es war eine sehr helle Nacht. Wir konnten sie klar erkennen. Sie schienen uns sogar zuzuwinken. Dann verschwanden sie hinter einem langgestreckten Pinienwald, und Sekunden später wurden wir aus ebendiesem Wald beschossen. Wir verkrochen uns, so gut es ging, auf dem Boden unserer Fahrzeuge. Nur unser Fahrer nicht. Der fuhr stur weiter und brüllte: ‹An das MG, ihr Trottel! Zeigt denen, was eine Harke ist. Aber mit Schmackes!› Wir kamen zögernd hoch und richteten das MG auf das Pinienwäldchen. Die beiden anderen konnten das Ding richtig bedienen, ich habe nur den Munitionsgürtel gehalten. Es tackerte mit einer Geschwindigkeit los, dass ich glaubte, neben einer rasenden Nähmaschine zu stehen.

‹Gute alte deutsche Wertarbeit!›, schrie der Fahrer und trommelte vor Begeisterung mit den Fingern aufs Lenkrad. ‹Immer noch das schnellste in der Branche! Es hat nur einen Haken: Ein paar Sandkörner in die Kühlschlitze, und gleich streckt es alle viere von sich. Eine richtige Diva. In Russland hat uns das viel Ärger gemacht. Der Iwan mit seinen gemächlichen MGs war da viel effektiver. Deren Knüppel konntest du im Dreck vergraben, ausbuddeln und anschließend sofort wieder damit schießen!›

Pausenlos trommelte er mit seinen Fingern auf das Lenkrad und riss plötzlich den Jeep in Richtung Pinienwald herum. ‹Weiterballern!›, brüllte er. ‹Los, pfeffert in die Baumkronen rein. Wir wollen den Jungs doch lebend die Hammelbeine langziehen.› Und da kamen sie auch schon auf uns zu. Die trugen weiße Burnusse, arabische Kapuzenmäntel, und schrien vor Angst. Kamen mit hoch erhobenen Händen an und fielen dauernd auf die Fresse, weil sie über Baumwurzeln stolperten. Das Geschrei hättet ihr hören müssen. Der Fahrer hielt direkt auf sie zu, bremste hart, ließ die Scheinwerfer auf sie gerichtet und sprang vom Wagen. Er brüllte in reinstem Iwrit und packte den Ersten gleich am Kragen.

Jetzt erst wurde mir klar, dass er bis dahin die ganze Zeit Deutsch geredet und geschrien hatte. Auch sein Hebräisch hatte diesen irren deutschen Akzent. Er befahl den Arabern, sich flach auf den Boden zu legen, und wies uns an, sie nach Handfeuerwaffen zu untersuchen.

Endlich ließen sich auch ein paar der Uno-Leute blicken und nahmen die Araber in Empfang. ‹Seht nochmal im Wald nach!›, riefen wir ihnen zu. ‹Vielleicht könnt ihr da noch ein paar aufstöbern. Möglicherweise haben wir ja auch aus Versehen jemanden getroffen.› Dann stiegen wir in unseren Wagen und machten, dass wir fortkamen.»

Später, in Ramat Gan, hatte Äddi den Kamikaze-Fahrer gefragt, was ihn denn nach Israel verschlagen habe. Er sei doch ganz offenbar Deutscher. Noch dazu einer, der anscheinend auch am Russlandfeldzug beteiligt gewesen sei. Er hatte das bestätigt.

Wie sich herausstellen sollte, war er als Jagdflieger dreimal über Russland abgeschossen worden, hatte sich danach jedes Mal hinter den Linien bis zu seiner Einheit durchschlagen müssen und in der Gegend von Witebsk in Weißrussland ein entsetzliches Judengemetzel mitbekommen, wie er es ausdrückte.

Dann wurde er nach Italien versetzt, wo ihn die Amis abschossen. Diesmal allerdings hatte es ihn gemein erwischt. Bis Kriegsende musste er dreimal operiert werden. Anschließend wurde er im Lazarett den Amerikanern übergeben. Kaum wieder auf den Beinen, bekam er 1947 Verbindung zu einer jüdischen Organisation, der er sich sofort zur Verfügung stellte. Der Krieg in Israel war schon in vollem Gange, als er den Auftrag bekam, deutsche Jagdflugzeuge, die in der Gegend von Prag stationiert waren, mit Genehmigung der Sowjets nach Israel zu schaffen. Viermal ist ihm das gelungen. Danach haben es die Russen plötzlich verboten.

«Inzwischen fühlt er sich hier in Israel sehr wohl und wartet auf seinen nächsten Einsatz», erzählt Äddi weiter. «Dass hier bald dauerhaft Frieden herrscht, glaubt er nicht. Er fühlt sich jedenfalls verpflichtet, dieses Land nach Kräften zu unterstützen. Wo auch immer und wann auch immer. Am liebsten würde er natürlich wieder seine olle Me 109 fliegen. Aber unsere Jungs bekommen nur noch amerikanische Maschinen. Düsenjäger. Mit denen kann er nichts anfangen.»

Äddi hat sich in eine solche Erregung hineingeredet, dass er jetzt mit glasigen Augen vor uns sitzt und wie gebannt seinen eigenen Worten nachhängt. Arié fordert ihn auf, endlich zuzulangen, und Äddi nimmt auch brav ein Stück vom Brotfladen, steckt es sich in den Mund und scheint im Geiste immer noch im Jeep an der nächtlichen Grenze entlangzufahren.

Um ihn wieder zurückzuholen, frage ich ihn nach dem Theaterabend, nach seinem Eindruck von dem Stück, über das wir bislang noch gar nicht gesprochen haben.

Es habe ihm fabelhaft gefallen, antwortet er. Vor allem ich hätte ihm sehr imponiert. Er habe mir nämlich gar nicht zugetraut, dass ich so laut brüllen könne. Ein enormes Organ. Meine Karriere sei schon vorbestimmt.

Ich bin nicht sicher, ob er sich über mich lustig macht, und schaue verwirrt zu Arié hinüber, der sachte mit dem Finger gegen seine Schläfe tippt.

Ich stippe ein großes Stück Pita in das rote Gewürz, das Berlinsky meinem Bruder so besonders ans Herz gelegt hat. Es schmeckt hervorragend. Ich kaue darauf herum und springe mit einem Mal wie von der Tarantel gestochen auf. Lippen, Zunge, Gaumen brennen wie Feuer. Wie damals bei Luba. Aber diesmal gebe ich mir keine Blöße und spucke das Zeug unter den Tisch.

Später, im Hinausgehen, sagt mein Bruder, dass der Anschlag vermutlich ihm gegolten habe. Es hätte Berlinskys Rache an ihm sein sollen. Für die Kritik, die er an seinem Cleante geübt habe.

Jeden Abend wartet jemand anders nach der Vorstellung auf mich. Ich bin es langsam leid, mich immer aufs Neue in ein Restaurant oder auf eine Party mitschleppen zu lassen. Herrgott, denke ich, als ich an diesem Abend Judith auf mich zukommen sehe, einmal nach Hause gehen, mich einfach nur aufs Bett legen und lesen können.

Sie fragt mich, ob ich nicht Lust hätte, sie zu einer kleinen Party zu begleiten, die bei ihr zu Hause stattfindet. Ich will schroff «nein» sagen, aber es kommt nur ein klägliches «eigentlich bin ich todmüde» heraus.

Judith tut, als habe sie es nicht gehört, hakt mich energisch unter und zieht mich mit munterem Geplauder weg. Fröhlich erzählt sie mir, dass sie den «Tartuffe» miserabel und mich darin blödsinnig übertrieben finde, und schwärmt dann wieder vom «Schatten». Als sie mich nach der Vorstellung habe abpassen wollen, sei Luba vor dem Theater auf und ab gegangen.

«Luba hat sich schon lange nicht mehr blicken lassen», behaupte ich und spüre, dass sie mich jetzt aufmerksam beobachtet.

Kurz vor ihrem Haus schaue ich sie an, aber sie senkt den Kopf, sucht in ihrer Tasche nach dem Haustürschlüssel, und ich bin mir sicher, dass jede ihrer Bewegungen genau kalkuliert ist. Ihre weiße Haut phosphoresziert geradezu in der Dunkelheit, und ihr dickes Haar fällt in weichen Wellen über ihre nackten Schultern. Ein hübsches, properes Mädchen, schnellzüngig und intelligent. Vielleicht ein bisschen zu ausgekocht für mich.

Die Party ist schon in vollem Gange. Mitten im Trubel sehe ich den drahtigen kleinen Äddi. Er sieht aus wie die Miniaturausgabe eines Vorzeigeathleten von Arno Breker. Nur die braunen Augen, pechschwarzen Haare und die verwegen gebogene Nase weichen etwas von Brekers Idealbild ab. «Äddi der Däne», denke ich. Wahrscheinlich ist einer seiner Vorväter Rabbi bei den Wikingern gewesen. Seine Uniform sitzt wie angegossen. Neben ihm steht ein hochgewachsener Mann in grauem Anzug. Er wendet mir den Rücken zu und scheint sich angeregt mit meinem Bruder und Äddi zu unterhalten.

Jetzt entdeckt mich Arié und winkt. Äddi kommt auf mich zugestürzt und erklärt mir, dass der Mann im Anzug der Luftwaffenoffizier sei, von dem er erzählt habe. Wir werden einander vorgestellt, und mir fällt auf, dass er noch länger als Arié und ein paar Jährchen älter ist.

Sein fahles blondes Haar ist schütter, die sonnenverbrannte Kopfhaut schaut schon durch, und ich habe sofort das unangenehme Gefühl, einem Typus gegenüberzustehen, der mir nur allzu bekannt ist. Halb Altpreuße, halb Nazi.

Arié erzählt mit leuchtenden Augen von dem Zufall des Wiedersehens, der hier gerade stattgefunden habe. Manfred, genannt Manne Mücke, Hübner – so heißt der Luftwaffenoffizier – und er hätten sich im Lazarett in Tel-Litwinsky kennengelernt. Damals habe ihm Manne viel von den Schutthalden in

Deutschland berichtet. Das habe Arié zwar einige Genugtuung verschafft, ihm aber andererseits auch die letzte Hoffnung auf ein Wiedersehen mit Mutter und mir genommen.

Hübner mischt sich ein und geht dabei unversehens ins Deutsche über. Er habe ihn doch nur über die Lage in Deutschland nach dem verlorenen Krieg aufklären wollen und dabei gar nicht bedacht, dass mein Bruder auf Nachricht von eventuell noch lebenden Verwandten hoffen könnte. Sein Berliner Akzent und das leichte Schnarren in seiner Stimme machen mir den Kerl noch unsympathischer. Es erinnert mich an einen SS-Mann in Berlin und an die gutgelaunte Jovialität, mit der er sagte: «Na, dann wollen wir mal», während er ein wimmerndes kleines Mädchen auf die Laderampe eines Lkws warf. Nur Sekunden vorher hatte er die Kleine kaltblütig angeschossen, weil sie beim Abtransport nach Auschwitz, panisch vor Angst, zu ihrer Mutter hatte rennen wollen.

Im Laufe des Abends sage ich mir immer wieder, dass ich mich von diesem Eindruck lösen muss, denn Hübner scheint ein wirklich netter Kerl zu sein, aber ich schaffe es nicht ganz. Ich hake mich bei Judith ein und flüchte mit ihr, unter dem Vorwand, mir etwas Trinkbares verschaffen zu wollen.

«Alkohol gibt es hier nicht», hält uns Hübner zurück, «dazu müsst ihr die Adresse wechseln.»

Ich kläre ihn freundlich darüber auf, dass ich die Tochter des Hauses am Arm habe. Er schlägt sich leicht die Hand auf den Mund und bittet um Entschuldigung. «Ich vergesse immer, dass wir uns im Orient befinden, was wohl daran liegt, dass Israel ansonsten einen so europäischen Eindruck macht.»

Wir versorgen uns mit Gazos und Orangensaft und setzen uns in eine stillere Ecke des Wohnzimmers. Ich frage Judith, wer bloß diese unausstehliche Type angeschleppt hat, und erfahre, dass es Ädi war. Er sei wie verrückt nach dem Kerl, bewundere ihn geradezu. Und ein bisschen könne sie ihn sogar verstehen. «Hübner hat einen gewissen Bekanntheitsgrad im

Land. Man weiß von seinen riskanten Einsätzen in der Luft und am Boden und respektiert das sehr. Er hat sich inzwischen schon hohe Auszeichnungen erworben, ohne sich damit zu schmücken. Vielleicht tun wir ihm unrecht, aber ich kann ihn auch nicht besonders leiden.»

Sie steht auf und zieht mich an der Hand hinter sich her auf die stockdunkle Terrasse hinaus. Draußen fällt sie mir um den Hals und küsst mich heftig. Sie schmeckt gut, sie riecht gut, und ich versuche, ihr, erregt, wie ich bin, unter den allzu langen Rock zu greifen und mich an ihren Schenkeln hochzuarbeiten. Erst lässt sie es sich gefallen, dann jedoch hält sie meine Hand fest. Ihre Stirn ist voller kleiner Schweißperlen, ihre großen Brüste scheinen zu beben, und ihr stoßweise keuchender Atem lässt mich plötzlich an Luba denken.

«Nicht das», sagt sie und umarmt mich noch fester. «Nicht so.» Wir setzen uns hin, und ich lasse ihr Zeit, sich zu beruhigen. Sie schüttelt permanent den Kopf und schwört mir, dass sie mich lieb habe, aber einfach nicht über ihren Schatten springen könne. Sie habe nun mal große Scheu vor einem vorehelichen Verkehr.

Ich glaube, nicht richtig gehört zu haben, da spricht sie auch schon weiter: Sie könne mich nur bitten, mit ihren Eltern zu reden. Es sei sicher keine große Sache. Ich würde bei ihnen nicht auf großen Widerstand stoßen, zumal deutsche Juden als Schwiegersöhne hierzulande sehr gefragt seien.

Ich bin sprachlos, und wir sitzen noch eine ganze Weile stumm zusammen, bis Arié mich aus dieser Situation erlöst. Wir verlassen die Party und ziehen gemeinsam mit Äddi und Hübner in die Dizengoff zum «Cassit». Dort gieße ich Cheskels belgisches Bier in mich hinein.

Auf dem Heimweg erzähle ich Arié vom Überfall der Jungfrau, den ich durchzustehen hatte. Er bleibt seltsam ernst und gelassen. Schon seit längerem habe er beobachtet, wie sie sich in meiner Gegenwart aufführe. Ob ich das gar nicht bemerkt hätte? «Wahrscheinlich hat dich Luba so in Beschlag genommen, dass du für die übrige weibliche Umwelt keinen Blick mehr hast.»

Wir stehen vor seiner Haustür, und Arié fragt, ob ich noch mit hinaufkommen wolle; er habe zwei Matratzen, die er nur dann nebeneinanderlege, wenn ihn seine Freundin aus Mischmar Ha'emek am Wochenende besuche.

Ich sehe ihn verblüfft an und frage, wieso er mir nicht schon früher von ihr erzählt habe. Es wäre doch interessant, meine zukünftige Schwägerin kennenzulernen.

«Du wirst noch früh genug die Gelegenheit dazu haben. Sie ist eine Deutschlandhasserin, stammt aus der Gegend um Tunis und hat dort die Kämpfe zwischen den Amerikanern und den Deutschen mitbekommen. Sie erzählt die unglaublichsten Geschichten darüber. Anscheinend wollten die Deutschen selbst in Tunis noch die Juden aus der Bevölkerung herausfiltern. Als ob sie zu der Zeit nicht längst andere Sorgen gehabt hätten. Schließlich hatten sie schon jede Menge Prügel von den Amis bekommen. Auch mit dem Filtern haben sie sich schwergetan. Wer kann schon in Tunis die Araber von den Juden unterscheiden? Nicht mal mit ihrer genialen Aktion, sich die Pimmel der Männer zeigen zu lassen, hatten sie Glück: Da standen also die Männer mit heruntergelassenen Hosen auf der einen Straßenseite, und hinter einer Absperrung auf der anderen Seite standen ihre Frauen. Dazwischen die Deutschen, bis an die Zähne bewaffnet, mit Helm auf dem Kopf und schwitzend wie die Affen. Sie hatten keine Ahnung, dass sich auch die Araber beschneiden lassen. Darauf wurden sie erst im allerletzten Moment hingewiesen, als sie ihre Gewehre schon im Anschlag hatten.

Meine Freundin sagt, sie werde den tiefen Schrecken im Gesicht ihrer Mutter nie vergessen, als ihr und den anderen Frauen klar wurde, was die Nazis mit ihren Männern vorhatten. Beinahe wäre es zu einem Massaker gekommen, als die Frauen die

Absperrung durchbrachen und versuchten, den Soldaten die Gewehre aus den Händen zu winden. Meine Freundin stand die ganze Zeit dabei, hielt fest die Hand ihrer Mutter umklammert und schaute auf die Männer mit den nackten Unterleibern und die toten Frauen, die mit einem Mal auf der Straße lagen.

Heute ist sie eine der fähigsten Frauen im Kibbuz. Ein Workaholic, wie die Amis sagen. Bei der Arbeit kennt sie kein Erbarmen. Das ist schwer zu ertragen.»

Ich will wissen, wie sie aussieht.

«Eine Temania», antwortet Arié lächelnd, «eine Jüdin aus dem Jemen. Aus ihr könnte man glatt zehn Araber machen.»

Wir liegen auf Ariés Matratzen, reden und reden. Er glaubt, dass Luba ihre Deutschlandpläne nicht ernst meint. Sie habe da zwar ihre Mutter, aber von der trennten sie Welten. Vielmehr wolle Luba mich bestimmt in eine Falle locken, um ihrem Kumpel aus Mischmar Ha'emek zu zeigen, dass er nicht der Einzige ist. Bei der ganzen Sache mache sie sich offenbar keine Vorstellung davon, wie schwer es in Israel sei, sich wieder scheiden zu lassen. Er bittet mich inständig, ihr nicht auf den Leim zu gehen.

«Es kann ja schließlich sein, dass sie wirklich abhauen will – was dann? Deine Bürgschaft für sie würden die Briten nie und nimmer auflösen. Und ich habe das Gefühl, dass du dich auch nicht für ewig hier niederlassen willst.»

Arié gesteht, dass auch er sehr neugierig auf das gegenwärtige Deutschland ist und dass er vor allem Mutter wiedersehen will, wenn sie schon nicht dazu bereit ist, nach Israel zu kommen. Er kann nicht verstehen, was sie so an Deutschland bindet. Ein Land, das ihr so viel angetan, das ihre halbe Familie ausgelöscht und das ihren Mann, unseren Vater, ermordet hat.

Arié denkt viel an Vater. Mehr als an Mutter. Vor allem, seit er begriffen hat, dass Vater wirklich tot ist. Bis zu meinem Auftauchen hatte er ja immer noch hoffen können.

Schon halb im Schlaf, schrecke ich wieder hoch, weil ich Arié über Vater sprechen höre. Wie ein Wasserfall redet er, unterbrochen von unterdrückten Schluchzern. Ich wage nicht, mich bemerkbar zu machen. Wahrscheinlich glaubt er, ich sei längst eingeschlafen, sonst würde er sich sicher nicht so gehenlassen, oder?

«Vater hat dich mir immer vorgezogen.» (Seltsam, dass er Mutter zwar immer «Mama» nennt, von unserem Papa aber nur als «Vater» spricht.) Er erinnert sich schluchzend an einen Ausflug nach Lichtenrade. Wir hatten dort eine Hütte gemietet. Vater war sehr stolz auf diese erste Sommerfrische, machte lange Spaziergänge und ging Mutter damit gehörig auf die Nerven. Die Hütte bestand aus zwei kleinen Zimmern, einer Küche und einem Klo. Waschen musste man sich draußen an einer Pumpe.

Auch ich erinnere mich deutlich, sage aber noch immer keinen Ton. Die Zimmer waren karg eingerichtet, nur das Nötigste war vorhanden. Das einzige wertvolle Stück hing über dem Esstisch im größeren Zimmer: ein Porzellanleuchter.

Unser Vermieter hatte uns zwei Holzsäbel geschnitzt. Damit sollten wir uns im Fechten üben. Quint, Quart, Terz, Second. «Er hat es vor allem mit mir versucht», presst Arié hervor, «weil ich der Längere war. Hieb mir seinen Säbel um die Beine, dass ich blaue Striemen bekam, und war so schnell, dass ich ihn nie erwischen konnte. Je wütender ich wurde, desto kühler zielte er. Und traf immer. Dabei sah er so mickrig aus, so klapprig. Eigentlich konnte man ihn gar nicht ernst nehmen. Er sagte immer: ‹Na, kleines Judenjüngelchen, jetzt zeig mal, was du draufhast.›»

Ich höre Arié gespannt zu und denke mir, dass der Vermieter trotzdem kein Antisemit gewesen ist. Er hat uns immer Bonbons zugesteckt oder uns zum Freitagabend einen selbstgebackenen Kuchen gebracht: «Gut Schabbes auch und ein wohlerzogenes Heil Hitler.» Dabei strahlte er Mutter freundlich an, und dann war er verschwunden – Vater schüttelte sich jedes Mal vor Lachen, Mutter war entsetzt. Zwischen seiner faltigen Haut und seinen Knochen schien sich überhaupt kein Fleisch zu befinden. Vielleicht konnte er sich deshalb so rasch bewegen. Aber die Säbel, die uns dieser verrückte Kobold geschenkt hatte, waren hervorragend gearbeitet.

Arié ist längst nicht mehr zu stoppen. «Du kamst irgendwann auf die Idee, dass ich einen Tambourmajor spielen sollte, während du die hinterhermarschierende Truppe darstellen wolltest. Das ging schief. Ich war damals schon ein Meter siebenundsiebzig groß, und gleich beim zweiten Takt kam ein Teil des Kronleuchters herunter.» Beim Gedanken an das gewaltige Scheppern muss ich grinsen. Der Vermieter bestand darauf, dass Vater den Schaden ersetzt, und der schloss sich mit uns beiden im Zimmer ein: «Wer war's?», fragte er.

Arié schnieft. «Du hast sofort die Schuld auf dich genommen, denn du wusstest, dass ich sonst eine gehörige Tracht Prügel kassiert hätte. Bei dir hat er immer sehr viel milder reagiert. Das fand ich so ungerecht.»

Am liebsten würde ich ihn unterbrechen, um ihm zu sagen, dass meistens er der Nutznießer gewesen sei, halte die Augen jedoch weiterhin geschlossen. Einiges von dem, was mein Bruder erzählt, habe ich längst vergessen, aber der Modergeruch dieser Vergangenheit deprimiert mich immer mehr.

«Vater hat sich dieses Mal nicht so leicht wie sonst besänftigen lassen», höre ich Arié sagen, «aber mir war klar, worauf er hinauswollte. Du warst ja damals noch ein Winzling, selbst wenn du den Arm mitsamt dem Säbel steil nach oben gestreckt hättest, wärst du niemals auch nur in die Nähe des Kronleuchters gekommen. Und was hast du gemacht? Ohne zu zögern, bist du auf einen Stuhl gestiegen und hast da oben wie ein

Verrückter mit dem Säbel rumgefuchtelt. Vater rief erschreckt: ‹Genug!›, hob dich vom Stuhl herunter und schaute mich dabei die ganze Zeit an. Ich hatte das Gefühl, er musste einerseits ein Lachen unterdrücken und fragte sich andererseits, ob ich mich nicht endlich zu Wort melden und die Dinge richtigstellen würde. Er schien geradezu darauf zu warten.» Ariés Stimme wird mit einem Mal ganz zittrig, ganz klein: «Ich brachte es einfach nicht fertig. Diese Feigheit habe ich mir bis heute nicht verziehen. Ich bin mir nicht einmal sicher, ob dir damals schon klar war, wie feige ich bin.»

Er scheint auf eine Antwort von mir zu warten, aber ich hüte mich, auch nur einen Mucks von mir zu geben.

Arié hat recht. Vaters Gürtel saß immer locker, wenn mein Bruder sich etwas hatte zuschulden kommen lassen. Ich erinnere mich an eine Szene aus der Elberfelder Straße. Arié muss etwas Schlimmes ausgefressen haben, denn Vater nahm sich an diesem Tag nicht einmal die Zeit, die Tür hinter ihnen beiden zu schließen. Er war noch im Pyjama und hatte deshalb seinen Hosengürtel nicht parat, sondern sich den Besen aus der Küche gegriffen.

In unserem Wohnzimmer stand ein großer runder Tisch. Um den flitzte Arié verängstigt herum und Vater zornig hinter ihm her. Arié schrie um Hilfe, und Vater versuchte, ihn über dem Tisch zu erwischen, worauf Arié blitzschnell unter der Tischplatte verschwand. Vater beugte sich unter den Tisch, doch mein Bruder sprang schon auf der anderen Seite wie ein Gummiball in die Höhe.

Dann rannten sie wieder beide um den Tisch herum, und welche Falle mein Vater ihm auch stellte, Arié schien zu riechen, wenn er vorhatte, die Richtung zu wechseln, brüllte unablässig weiter um Hilfe. Mein Vater geriet gehörig ins Schwitzen – und ins Lachen. Seine Attacken wurden zusehends kraftloser. Schließlich hielt er sich den Bauch vor Lachen und warf den Besen auf den Tisch.

«Du hast gewonnen. Hör endlich auf mit deiner Schreierei!»

Arié, fassungslos über diesen unerwarteten Ausgang, hat noch eine Weile weitergebrüllt.

Ich sehe zu ihm hinüber. Er sieht aus, als ob er tief und fest schliefe. Ich könnte ihn damit trösten, dass auch ich einmal eine Tracht Prügel bezogen habe. Damals hatte ich mich riesig verspätet und war zum Abendbrot nicht nach Hause gekommen. Mutter führte mit ihrer Teilhaberin Lona Furkert ein Wolle- und Trikotagen-Geschäft, während Vater die Versorgung von uns Kindern übernahm.

Ich hatte beim Spielen die Zeit vergessen. Und weil ich wusste, dass er darüber furchtbar wütend sein würde, verkroch ich mich vor lauter Angst unter einem Treppenabsatz im Nachbarhaus. Nach einigen Stunden fror ich erbärmlich und schlich heim. Es muss so gegen Mitternacht gewesen sein. Vater und Arié waren noch auf, als ich klingelte. Ich hielt mir den Bauch und schrie vor Schmerzen. Dann rief ich nach Mutter. Vater nahm mich hoch, hielt mich im Arm und war ganz blass. Er bat meinen Bruder, zur nächsten Telefonzelle zu laufen und den Arzt zu rufen. Es handle sich wahrscheinlich um eine Blinddarmentzündung.

Mir wurde vor Angst ganz schlecht. Ob ich mein Theater doch übertrieben hatte? Ich richtete mich auf und fragte nach Mutter, hielt mir aber vorsichtshalber weiter den Bauch.

«Sie ist nach wie vor mit Lona im Geschäft», sagte Arié und blieb stehen. «Sie machen Inventur.»

Noch immer spüre ich den Blick meines Vaters. Er sah mich forschend an, massierte ein bisschen meinen Bauch und bat mich dann leise, mich auf die Sitzfläche eines Stuhls zu legen, mich richtiggehend auf den Stuhl zu pressen. Arié stand hinter ihm und riss plötzlich den Mund auf. Dann zitterten seine Lider. Ich dachte, jetzt wird *ihm* schlecht vor lauter Angst um mich, und legte mich schnell auf den Stuhl. Mein Vater zog seinen Hosengürtel aus den Schlaufen, und danach konnte ich wirklich einen ganzen Tag lang nur auf dem Bauch liegen.

Ich betrachte meinen schlafenden Bruder, sein mageres, noch immer ein bisschen verheultes Gesicht, und stelle wieder einmal fest, wie ähnlich er unserem Vater sieht – die gleichen Gesichtszüge, die gleiche Zartheit der Erscheinung. Ein tiefes, warmes Gefühl steigt in mir hoch. Habe ich meine Familie wiedergefunden? Den Rest meiner Familie? Oder steht die unermesslich lange Zeit des Terrors unüberbrückbar zwischen uns?

Tags darauf sitzen wir wieder bei Cheskel, trinken Tee mit frischer Minze, essen gekochte Rindfleischscheiben auf Brot, Oliven und getrocknete Tomaten. Es ist noch angenehm kühl, und ich bin hundemüde. Gott sei Dank habe ich am Abend nicht zu spielen.

Plötzlich fragt Arié, ob ich es nicht seltsam fände, dass einer, der seine Kinder ohne mit der Wimper zu zucken mit dem Gürtel bestraft, gleichzeitig predigt, man solle sich nicht mit Gewalt gegen andere zur Wehr setzen, wenn die einem unrecht tun? Arié hält Vaters Auffassung, man dürfe nicht zurückschlagen und schon gar nicht einen anderen Menschen töten, für verschroben und realitätsfern. Was dabei herauskommt, wenn man sich nicht wehrt, hätten wir ja gesehen. Nie wieder dürften wir uns wie Schafe abschlachten lassen. Wer das von uns verlange, egal, aus welchen scheinheiligen Motiven, befürworte damit indirekt die Fortsetzung des Holocaust.

Erschrocken sehe ich zu, wie er sich in eine immer stärkere Erregung hineinredet, und erschrecke noch mehr über mich selbst, als ich merke, dass ich im Begriff bin, ihm recht zu geben. Ich bin nicht imstande, ihm zu widersprechen, und höre aus seinem permanenten Redefluss noch etwas heraus: Er hält Vater für einen weltabgewandten Spinner. Für einen Diaspora-Juden, der sein Schicksal gottergeben aus Seiner Hand nahm.

Nie zuvor habe ich meinen Bruder in einer derartigen Verfassung erlebt. Eine Mischung aus Zorn und tiefster Verletzung. Aber vielleicht ist es die über allem liegende Trauer, die mich am meisten berührt.

Endlich erkenne ich ihn wieder. Seine traurigen Kinderaugen, mit denen er mich ansah, selbst wenn er nach der Schule mit seinen Siegen im Wettlaufen prahlte oder mich zu Hause zum Boxen aufforderte. Ich musste mir Handtücher um die Fäuste wickeln, er tat das Gleiche, dann legten wir los. Und immer waren es traurige, mitleidige Augen, mit denen er mich beobachtete.

Einmal landete er einen solchen Treffer, dass ich durch die mittlere Scheibe von Mutters Kleiderschrank im Schlafzimmer flog. Während er mich behutsam verband – ich hatte überall Glassplitter stecken –, tropften seine Tränen auf mich herunter. Bei der Behandlung einer klaffenden Wunde über meinem rechten Knie heulte er laut auf. Ich musste ihn trösten und vergaß darüber, selbst zu heulen.

«Die Narbe kann man immer noch sehen», sage ich und ziehe meine Khakihose hoch. Arié betrachtet sie eingehend. «Wenn du jetzt wieder anfängst zu heulen, haue ich dich», drohe ich ihm.

«Die hättest du mir auch schon früher zeigen können», seufzt er, «dann hätte ich nicht so lange daran zweifeln müssen, dass du wirklich mein Bruder bist.»

«Wer hätte ich denn sonst sein sollen?»

«Weiß man's? Vielleicht ein geflüchteter Nazi. Wer würde denn auf den Gedanken kommen, so einen gerade bei uns zu suchen?»

Seine Augen blicken zwar immer noch traurig, aber wir lachen. Er schlägt mich leicht auf die Narbe und fragt, ob es noch wehtut. Ich erkläre, dass er den Schmerz nur wiedergutmachen könne, wenn er von seinem kärglichen Lehrergehalt mein Frühstück bezahlt.

Später rennen wir die Ben-Jehuda in Richtung Allenby hinunter, und dieses Mal bin ich schneller, weil er noch stark humpelt. Immerhin: Er schlägt sich tapfer und versucht, mit weit ausholenden Schritten meine zwar kürzeren, aber schnelleren Schritte auszugleichen. Plötzlich ruft er, dass dort hinten schon der Bahnhof Bellevue zu sehen sei und ihm die Flensburger Straße neuerdings immer so scheußlich lang vorkomme. Außer Atem bleibe ich stehen. Er legt den Arm um mich, und wir gehen langsam weiter.

Nach dem Kino sitzen wir am Strand und schauen in den nachtblauen Himmel. Arié erzählt mir eine Geschichte, an die ich mich nur bruchstückhaft erinnern kann. Vater war von einer Reise zurückgekehrt und hatte zwei in Silberpapier gewickelte Pakete in der Speisekammer deponiert. Von der Größe her hätte man meinen können, es seien echte Silberbarren. Eines Abends waren die Eltern zu den Engelbergs in die Weinmeisterstraße gefahren. Wir hatten uns geweigert, mitzukommen, weil wir damals unsere drei Cousins nicht leiden konnten. Außerdem waren sie stärker. Sie fraßen ja auch wie die Wölfe, während mein Bruder und ich ganz schlechte Esser waren. Der Älteste der drei war Leistungssportler. Nicht sehr groß, aber sehr blauäugig und blond. Er gewann einen Wettbewerb nach dem anderen. Bis die Nazis herausbekamen, dass er Jude war, und ihn disqualifizierten. Das hatte in der Familie ein schallendes Gelächter ausgelöst.

Nun standen wir also in der Speisekammer vor den beiden Silberbarren, Arié, der groß genug war, um hinaufzulangen, nahm vorsichtig einen in die Hand, lüftete das Stanniolpapier an der Unterseite, und wir sahen auf eine weißlich graue Masse. Arié tippte mit dem Finger darauf, lutschte ihn ab und schnitt eine Grimasse. Ich wollte natürlich wissen, was los sei, aber statt zu antworten, bröckelte er ein ganzes Stück ab und schob es sich in den Mund. Wieder zog er eine Grimasse und klagte, dass dieses Zeug so klebrig sei. Dann brach er einen noch größeren Brocken ab, den er nicht auf einmal in den Mund bekam. Seine Grimassen nahmen kein Ende, während er mampfend beteuerte, wie elend es schmecke.

Ich glaubte ihm kein Wort, griff kurzerhand zu und konnte ein winziges Stück in den Mund schieben, bevor er mir den Rest aus der Hand riss. Das Zeug war so lecker – ich kam mir vor wie im Himmel. Voller Wut, dass Arié mir nicht den kleinsten Bissen gönnte, drosch ich auf ihn ein und versuchte erneut, an die Köstlichkeit heranzukommen. Arié wehrte meine Attacken lachend ab, nahm das aufgebrochene Paket und stellte es auf den Küchentisch. Wir aßen alles bis auf den letzten Krümel auf.

Eine Stunde später hingen wir beide über der Kloschüssel. Wir müssen einen höllischen Krach gemacht haben. Als die Eltern uns so fanden und das leere Stanniolpapier auf dem Küchentisch liegen sahen, wussten sie, was passiert war. Sie verzichteten auf die eigentlich fällige Strafe, weil, so Arié, Vater wohl der Ansicht war, dass die lange Kotzerei Buße genug gewesen sei.

Er erklärte uns, das Zeug, das wir gegessen hatten, sei Halwa aus Russland gewesen, die fetteste Süßigkeit, die man sich denken könne. Die Portion, die wir im Laufe einer Stunde verdrückt hatten, hätte für Monate reichen sollen.

Zum ersten Mal in meinem Leben fühle ich mich richtiggehend erschöpft. Mein ständig schmerzender Brummschädel wird langsam unerträglich. Ich suche Dr. Weintraub auf, jenen Arzt, der mich vom Militär befreit hat. Er freut sich zwar sehr, mich zu sehen, war sogar in einer meiner Vorstellungen, kommt aber auch nur auf die Idee, mir Schmerztabletten zu verschreiben.

Ausgerechnet jetzt wird mir eine neue Rolle angeboten. «Das kannst du nicht ablehnen», sagt mein Bruder, doch der besorgte Blick, mit dem er mich ansieht, scheint eher das Gegenteil auszudrücken.

Es ist tatsächlich ein hochinteressantes Theaterstück. Eine Gruppe israelischer Soldaten erobert während des Unabhängigkeitskrieges einen Hügel zurück, den sie, bevor sie ihn den Arabern überlassen mussten, vermint haben. Inzwischen ist der Lageplan der Minen verlorengegangen, und so wartet die Truppe auf hochexplosivem Gelände auf Entsatz, während die jordanische Legion pausenlos Gegenangriffe startet. Trotzdem muss das Gelände rund um die Uhr verteidigt, bewacht und regelmäßig abgeschritten werden.

Ich soll einen jungen Soldaten spielen, der als Erster auf eine Mine tritt. Keine große Rolle, aber eine sehr eindrucksvolle Figur, denn sie stirbt einen langen und qualvollen Tod. Eine beeindruckende Szene.

Arié hilft mir beim Einstudieren. Seltsamerweise fällt mir die moderne Umgangssprache, in der dieser Text geschrieben ist, schwerer als beispielsweise der «Tartuffe». Der Regisseur besteht auf einem einwandfreien einheimischen Akzent. Ich versuche, ihn davon zu überzeugen, dass dieser junge Soldat doch auch ein patriotischer Neueinwanderer sein könne. «Ja», sagt er, «darüber lässt sich reden. Aber nicht darüber, dass er aus Deutschland kommt.»

Wir nutzen jede freie Minute, um den Sabre-Slang in den Griff zu bekommen, und allmählich scheint sich der Regisseur zu beruhigen. Yitzhak Shiloh, der in dieser Produktion nicht dabei ist, sitzt oft in der Probe und gibt mir Ratschläge, wie ich meinen Akzent verbessern kann. Ich habe das Gefühl, mich in einen echten Einheimischen zu verwandeln. «Deine Sterbeszene wird klasse», lobt er mich auf der letzten Probe vor der Sommerpause.

Dann sind endlich die Ferien da. Fast fünf Wochen lang bleibt das Theater geschlossen. Für den Beginn der neuen Spielzeit sind noch drei Wochen Probe angesetzt, danach soll Premiere sein.

Die ersten drei Urlaubstage liege ich nur am Strand. Tauche, wenn mir zu heiß wird, ins Wasser ein, verkrümele mich dann wieder unter einen Sonnenschirm und warte darauf, dass Arié nach Unterrichtsschluss zu mir stößt.

Dumm ist nur, dass mein Konto inzwischen heillos überzogen ist. Die Überweisung meines Urlaubsgeldes hat sich offenbar verspätet. Ich warte noch zwei Tage, auf meinem Konto sieht es trostlos aus, dann versuche ich Gershon Klein telefonisch zu erreichen. Er sei zur Sommerfrische ins Hermongebirge gefahren, informiert sein Bruder Werner mich, der mit ihm zusammen die kaufmännischen Geschäfte des Theaters führt. Ich frage ihn, warum ich meine Feriengage noch nicht erhalten habe.

«Die Gagen sind längst überwiesen.»

«Das kann ja sein, auf meinem Konto ist allerdings nichts angekommen. Ich bin so gut wie pleite.»

Er versichert mir, dass ihm das sehr leidtue, aber da sei ich selber schuld. Ich hätte schließlich in den Monaten, die ich bei ihnen engagiert sei, etwas auf die hohe Kante legen können.

«Willst du damit sagen, dass ihr kein Urlaubsgeld bezahlt, Werner?»

«O doch, natürlich: an die Mitbesitzer des Betriebs.»

«Welche Funktion hab ich denn ‹im Betrieb›?»

Er erklärt mir ungerührt, dass ich nur ein Angestellter des Institutes sei – er verwendet wirklich und wahrhaftig das Wort «Institut» – und deshalb kein Feriengeld bekomme. Darauf hätte ich erst dann einen Anspruch, wenn ich ebenfalls zum Mitbesitzer aufstiege. Aber ich könne mir sicher vorstellen, wie lange so etwas dauert. Die meisten heutigen Mitglieder seien von Anfang an dabei. Nur in besonderen Fällen, Yitzhak Shiloh beispielsweise sei so einer, gehe es schneller. Das habe vor allem mit seiner außergewöhnlichen Begabung zu tun, die man dem Theater natürlich erhalten wolle. «Vielleicht trifft das ja eines Tages auch auf dich zu», setzt er hinzu. «Ansonsten kann man es durch langjährige Treue dem Institut gegenüber» – schon wieder dieser verblödete Begriff! – «zum Mitglied oder Mitbesitzer bringen. So sind nun einmal die Statuten.»

«Langjährig?», erkundige ich mich.

«Ganz genau lässt sich der Zeitraum nicht angeben. Wie gesagt, in Ausnahmefällen ...»

«Schon gut», flüstere ich gequält und lege auf.

Mit einem Mal spüre ich die unglaubliche Mittagshitze und den Durst. Instinktiv mache ich mich auf den Weg ins «Cassit». Meine Beine sind wie aus Gummi. Und mein Konto ist derart in den Miesen, dass es sofort gesperrt wird, wenn ich es wage, noch etwas abzuheben.

Vor dem «Cassit» lasse ich mich auf einen Stuhl an einem der Straßentische fallen und frage die Bedienung, ob der Chef da sei. Ich warte und bestelle nichts. Plötzlich schrecke ich hoch. Bin ich eingeschlafen? Das Hemd klebt mir am Körper, und der Schweiß rinnt mir in Strömen den Rücken hinunter. Ich sehe bestimmt aus wie ein mieser Penner, sage ich mir und fahre mir durch die verschwitzten Haare. Wahrscheinlich kleben sie am Kopf und stinken. Ich muss nach Hause und unter die Dusche, denke ich und merke erst jetzt, dass sich Cheskel inzwischen an meinen Tisch gesetzt hat und mich besorgt ansieht. Offenbar mache ich einen kläglichen Eindruck, jedenfalls greift Cheskel nach meinem Arm und schüttelt mich leicht.

«Was ist los, Jungchen, fühlst du dich nicht gut?»

Ich erzähle ihm stockend, dass ich pleite bin, dass ich nicht weiß, wovon ich leben soll und wie ich diesen Monat meine Miete zahlen kann. Aber mit alldem wolle ich ihm nicht auf die Nerven gehen. Ich sei nur hergekommen, weil ich es nicht mehr bis nach Hause geschafft hätte.

«Und wie bist du in diese Bredouille geraten?», fragt er.

«Ich habe gerade erfahren, dass ich über die Ferien keine Gage ausbezahlt bekomme, obwohl ich fest damit gerechnet habe.»

«In Israel ist ein Feriengeld nicht üblich», sagt er.

«In Deutschland schon.»

Er zieht die Augenbrauen hoch. «Auch heute noch?»

«Daran hat sich nichts geändert.»

Er steht wortlos auf, geht ins Restaurant und bedeutet mir mit einer Handbewegung, sitzen zu bleiben. Nach einer Weile kommt er mit einem vollen Teller Hummus und einer Platte mit Fladenbroten wieder heraus und stellt beides vor mich hin.

«Warte noch einen Moment. Es gib noch eingelegte Paprika, Wasser und Kaffee dazu.»

Ich habe eigentlich gar keinen Appetit, kaue aber höflich auf einem Fladenbrot herum und schildere ihm meine Lage.

«Wahrscheinlich werde ich mir einen Job suchen müssen, um über die Runden zu kommen. Meinen Bruder oder meine Verwandten möchte ich auf keinen Fall anpumpen.»

«Warum nicht?»

Ich zögere mit der Antwort. Soll ich ihm sagen, dass ich mich dafür schäme, die ganze Zeit den großen Schauspieler gemimt zu haben und jetzt plötzlich nicht mal mehr die Miete auftreiben zu können?

«Ich schäme mich», sage ich leise und sehe mich verstohlen um.

«Keiner da», beruhigt mich Cheskel und fängt an zu lachen. «Willst du lieber mich anpumpen?»

Ich erwidere nichts. Tauche stattdessen meine Pita in den Hummus und merke erstaunt, dass gar nicht mehr viel davon vorhanden ist. Ich wische mit einem zweiten Stück den Teller aus, dann stürze ich den schwarzen Kaffee in einem Schluck herunter.

«Vorsicht. Der ist stark», warnt Cheskel. «Arabischer eben.»

Er seufzt, dass auch er sich nur gerade eben über Wasser halten könne, trotz des florierenden Restaurants. «Ich wünsche mir schon seit langem einen kleinen Wagen. So einen italienischen. Den Topolino. Benzin wäre kein großes Problem, aber die Steuer ist immens hoch. Wenn ich dazu noch die Raten für den Kredit fürs Auto zahlen müsste, könnte ich spätestens nach einem Jahr im Topolino übernachten.»

Ich bin überzeugt, dass er mir das nur erzählt, um mich davon abzuhalten, ihn um Geld zu bitten.

Dann schlägt er mir vor, zum Abendessen wiederzukommen. Ich könne alles anschreiben lassen. Bevor er ins Lokal zurückgeht, klopft er mir aufmunternd auf die Schulter. «Ich sehe mich mal nach einem Job für dich um ... Und wenn du Geld brauchst – komm zu mir.»

Ich bin sprachlos.

Schon nach zwei Tagen erfahre ich von Cheskel, dass ich mich in einer Maschinenfabrik in Haifa melden könne. Einer seiner Kumpel aus dem Militär leite die Kantine und biete mir dort eine Stelle an.

Abends im «Cassit» berichte ich meinem Bruder von Werner Kleins Verhalten und dass ich vorhabe, den Job in Haifa anzunehmen. Arié sitzt mir gegenüber und versucht mich zu überreden, in Tel Aviv zu bleiben. Er will, dass ich bei ihm wohne und mich von ihm durchfüttern lasse, bis ich meine Arbeit an den Kammerspielen wiederaufnehmen kann. Ich lehne ab, denn sein Einkommen reicht knapp für seinen eigenen Unterhalt. Außerdem muss ich mein Zimmer in Tel Aviv für den Job in Haifa gar nicht aufgeben, denn die Fahrt mit dem Egged-Bus dauert nur etwa eine Stunde.

Dann bitte ich ihn, nicht mit Chawa über meine derzeitige

finanzielle Situation zu sprechen. Ich hasse es, wenn mir jemand mitleidig seine Hilfe anbietet, und höre da immer eine leise Verachtung heraus.

Arié beschwört mich, dieses Misstrauen abzubauen. In Israel sei es eine Selbstverständlichkeit, einander zu helfen.

«Um spätestens nach ein paar Wochen zu überlegen, wie man die lästige Verpflichtung am schnellsten wieder loswerden kann.»

«Nicht hier!», empört sich mein Bruder und haut auf den Tisch.

«Adi!», ich nenne ihn spontan bei seinem deutschen Namen. Er zuckt zusammen. Ich entschuldige mich und rede davon, dass es mir überhaupt nichts ausmache, eine Zeit lang außerhalb des Theaters zu arbeiten. «Ganz im Gegenteil: Mit Menschen Kontakt zu haben, die nicht zum Theater gehören, kann für einen Schauspieler durchaus nützlich sein. Man verarmt zusehends, wenn man tagaus, tagein nur mit Leuten zusammenhockt, die von ihren Erfolgen berichten, als ob das weltbewegende Ereignisse gewesen wären. Die ihre Kritiken aus den Zeitungen austauschen – natürlich nur die Lobeshymnen –, um dann zur Tagesordnung, nämlich dem Niedermachen abwesender Kollegen, überzugehen.»

Arié, inzwischen etwas ruhiger geworden, wendet ein, dass ich die täglichen Busfahrten unterschätze. Morgens eine Stunde nach Haifa, abends eine Stunde zurück nach Tel Aviv, und die Kantine öffne sicher schon um sieben. Das heiße, ich müsse spätestens um halb sechs Uhr aus dem Haus. «Glaubst du, das hältst du lange durch?»

«Lass mich erst mal hinfahren und hören, was sie zu bieten haben. Dann reden wir weiter.»

Sie haben eine ganze Menge zu bieten. Zum Beispiel das Doppelte von dem, was ich an den Kammerspielen verdiene. Und da morgen Schabbat ist, muss ich erst übermorgen anfangen.

Mein neuer Chef will wissen, ob ich einen Vorschuss brauche, und ich verneine das ganz lässig. Anschließend könnte ich mich dafür in den Hintern beißen. Trotzdem komme ich in bester Laune nach Tel Aviv zurück und laufe sofort zur Schule, in der Arié unterrichtet. Ungeduldig warte ich vor dem Gebäude. Sobald er herauskommt, stürze ich auf ihn zu. Als ich ihm vorschlage, ganz groß bei Cheskel zu feiern, unterbricht er meinen Redeschwall und erzählt, dass er Besuch aus Misra gehabt habe. Man wolle heute einen Kumsitz veranstalten und habe uns dazu eingeladen.

«Kumsitz?»

«Ist eigentlich ein deutsches Wort, das erst ins Jiddische und dann ins Hebräische aufgenommen wurde. ‹Kumsitz› hieß: ‹Komm, sitz›. Ein Kumsitz findet nach der Ernte statt. Man hat diesen Brauch vom alten Israel übernommen, in dem es als Gesetz galt, die Nachlese den Armen zu überlassen und nicht alles selbst abzuernten. Und in Misra ist man mit der Traubenernte fertig.»

Arié lacht und sagt, dass wir jetzt die Armen sind, die Städter, die den Kibbuzniks fast schon skorbutverdächtig erscheinen. Er legt mir die Hand in den Nacken und drückt zu.

«Mensch!», schreie ich. «So hast du mich in Berlin immer über die Straße dirigiert und auch dann nicht losgelassen, wenn wir längst auf der anderen Seite waren. Das konnte ich schon damals nicht leiden.»

Er lacht immer noch und macht einen so glücklichen Eindruck, dass ich ihn frage, was um Himmels willen er so lustig finde, während ich gleichzeitig versuche, mich aus seinem eisernen Griff zu befreien.

«Meine Gedächtnislücken werden immer kleiner», sagt er. «Ich brauche das einfach, um dich nach und nach wiederzuerkennen. Du doch auch, gib's zu.»

Ich pöble richtiggehend, fauche, er sei noch derselbe Tyrann wie früher, und kann doch meine Freude über seine Worte nicht verbergen. Es gibt keine andere Heimat als die Familie. Selbst wenn uns nur ein kleiner Rest davon geblieben ist.

Seine Hand ist immer noch der Schraubstock, und er ist immer noch anderthalb Köpfe größer als ich. «Funkturm» haben wir ihn damals genannt. «Im Grunde hat sich nichts geändert», überlege ich laut.

Er lockert seinen Griff und schaut mich einen Augenblick lang ernst an. «Doch», sagt er. «Einiges. Vater ist tot, und ich bin ein Krüppel.»

Dann beginnt er zu laufen. Er schaut sich kein einziges Mal nach mir um, bis wir vor der Egged-Station stehen, wo der Bus nach Afula abfährt.

«Wie alt wäre Vater jetzt?», fragt er und antwortet sich selbst: «Fünfzig, nicht wahr?»

Mäcki Markus erwartet uns mit einem Jeep an der Egged-Station in Afula. Während der Fahrt von Tel Aviv hierher haben Arié und ich kein einziges Wort miteinander gesprochen. Warum muss er mir so die Stimmung verderben? Erstens ist er kein Krüppel – da habe ich in Europa viel schlimmer zugerichtete Invaliden kennengelernt –, und zweitens kann man an Vaters Tod nichts mehr ändern.

Mäcki schaut immer wieder verstohlen vom einen zum anderen. Er versucht, uns mit jüdischen Witzen aufzuheitern. Aber sie sind nicht neu, und uns ist sowieso die Lust zu lachen vergangen.

Im Speisesaal erwartet uns eine Gruppe von «Kumsitz»-Teilnehmern. Jeder bekommt ein Paket mit belegten Broten und eine Flasche Carmelwein in die Hand gedrückt. Dann geht es mit Jeeps in die galiläischen Weingärten. Wir halten vor dem riesigen Anbaugebiet und fallen wie die Heuschrecken über die

Reben her. Die Trauben sind groß wie Datteln, und so viel, wie da hängen gelassen wurde, können wir gar nicht aufsammeln.

In der Dämmerung sitzen wir auf ausgebreiteten Decken, die in den Jeeps bereitgelegen haben, machen aus vertrockneten alten Rebstöcken ein großes Feuer und essen. Der Geschmack dieser ungeheuren Trauben ist überwältigend. Ich rühre meine Brote nicht an, stopfe mir nur die Trauben in den Mund und höre der Gitarre und dem Gesang der Kibbuzniks zu. Hin und wieder nehme ich einen Schluck Wein und beobachte meinen Bruder. Er kaut ein Brot und winkt zu mir herüber. Dann steht er auf, kommt auf mich zu und nimmt mir die Trauben aus der Hand. «Ich schätze, du hast inzwischen anderthalb Pfund verdrückt. Mach mal Pause und iss ein Stück Brot. Sonst erlebst du den morgigen Tag nicht.»

Fröhlich reiht er sich bei einer Gruppe ein, die begonnen hat, Hora zu tanzen. Die Tanzenden haben einen Kreis gebildet und einander die Hände auf die Schultern gelegt.

Hora ist so etwas wie der israelische Nationaltanz. Der Gitarrenspieler gibt den Rhythmus vor und steigert langsam das Tempo. Zu Anfang singen die Tänzer mit, doch nach einer Weile hört man nur noch die Gitarre, das Gestampfe und den keuchenden Atem der Tanzenden. Immer mehr aus der Gruppe scheren aus und lassen sich erschöpft auf die Decken fallen.

Arié hält sich hervorragend. Er schwingt seine Beine, fügt den «Kreuzhora» ein, einen ziemlich komplizierten Schritt, und die anderen machen es ihm nach. Wir auf dem Boden fangen an zu klatschen, treiben sie zu immer höherem Tempo an, neugierig darauf, wer als Letzter übrigbleiben wird.

Plötzlich bricht das Spiel der Gitarre ab. Die Tanzenden verharren wie versteinert in ihrer letzten Bewegung, und ich höre ganz nah arabische Stimmen, die sich ruhig unterhalten. Ich versuche, etwas von dem zu verstehen, was sie sagen, aber ich schnappe nur ein paar Wörter auf, die dem Hebräischen ähnlich sind.

Wo stecken die Kerle bloß? Ich schaue mich um und habe gar nicht mitbekommen, dass sich mein Bruder zu mir gesetzt hat. «Du kannst sie nicht sehen», flüstert er. «Sie sind mindestens fünf Kilometer von uns entfernt.»

«Aber es klingt, als stünden sie direkt neben uns», flüstere ich zurück.

«Das Land der Wunder», entgegnet Arié. «Es gibt noch eine zweite solche Stelle. Sie liegt in der Wüste Judäa. Dort führt man die Touristen hin. Vor allem die Amerikaner. Sie zücken ihre Kameras und fotografieren wie verrückt in der Gegend herum, als ob sie die Stimmen auf ihre Filme bannen könnten. Von der Gegend hier wissen sie noch nichts. Gott sei Dank.»

Vor lauter Aufregung stopfe ich mir schon wieder ein paar Trauben in den Mund. «Wo sind denn die Araber?», frage ich.

«Sie kommen meistens aus Nazaret herunter und können uns wahrscheinlich ebenso gut hören wie wir sie. Je nachdem, aus welcher Richtung der Wind weht.»

Wir übernachten im Kibbuz, und früh am nächsten Morgen geht es los: Ich komme überhaupt nicht mehr vom Klo herunter. Zwischendurch muss ich mich immer wieder übergeben. Wenn ich denke, jetzt ist es sicher vorbei, es kann doch gar nichts mehr im Magen sein, fängt es von vorne an. Arié behauptet später, ich hätte nach meiner Mutter gerufen. Mäcki und ihm bleibt nichts anderes übrig, als mich nach Afula ins Krankenhaus zu bringen. Dort verpasst man mir sofort eine Spritze und behält mich bis zum Abend da. Anschließend fährt Mäcki mich nach Tel Aviv zurück.

Erschöpft, aber festen Willens, am nächsten Tag meine Arbeit in der Kantine anzutreten, lasse ich mich auf die Matratze fallen. Mäcki und Arié sitzen eine ganze Weile bei mir und wollen mich überreden, noch auszuruhen, doch ich ziehe sorgfältig meinen Wecker auf, den Mutter mir auf die Reise mitgegeben hat, und kriege nicht mehr mit, dass sie nach Hause gehen.

Pünktlich stehe ich vor dem Fabriktor in der Nähe des Hafengeländes. Eben werden die Tore aufgeschlossen, und man schickt mich geradewegs zur Milchausgabe. Sie befindet sich neben dem Kantineneingang im Freien, und die ersten Arbeiter warten schon davor in einer Schlange. Sie wollen die Milch zu ihren mitgebrachten Broten trinken, sozusagen als erstes Frühstück.

Der Kantinenchef, ein freundlicher, energischer älterer Mann, spricht mich gleich auf Jiddisch an. Ich sage ihm, dass wir uns auch problemlos auf Hebräisch verständigen können. Er stutzt, betrachtet mich, wie mir scheint, argwöhnisch und fängt auf Iwrit noch einmal an, mich einzuweisen. Er zeigt auf einen großen Stahlbehälter und drückt mir eine Schöpfkelle in die Hand.

Die Milch wird um fünf Uhr früh geliefert und in den Behälter gefüllt. Sie wird vom Staat bezahlt, hat einen hohen Fettgehalt und ist dementsprechend begehrt. Jeder Angestellte bringt seinen eigenen Becher mit, der ihm am ersten Arbeitstag ausgehändigt wird, und eine Milchkarte. Die Karte ist jeweils einen Monat gültig, und auf ihr ist das Datum eines jeden Tages angegeben. Meine Aufgabe besteht darin, die Milch in die Becher zu füllen. Kelle und Becher sind genau aufeinander abgestimmt: Ein Becher fasst so viel wie eine Kelle. Doch vorher muss ich die Milchkarten im richtigen Feld lochen. Die Zwickzange dafür hängt am Innenpfosten der Ausgabestation. Der Chef nimmt sie in die Hand, greift sich ein Stück Pappe und führt mir die Mechanik vor.

«Du musst darauf achten, dass die Arbeiter nicht selbst an die Zange kommen können. Wenn du nicht aufpasst, kann es passieren, dass einer sie vom Pfosten abreißt und verschwinden lässt. Dein Vorgänger musste die Milch dann immer nach Gutdünken verteilen, und manche Jungs kamen mit ihren ungelochten Karten gleich dreimal am Tag vorbei. Es dauert, bis so eine Zange wiederbeschafft ist. Und in der Zwischenzeit kann es hier verdammt eng werden. Dreh den Arbeitern deshalb möglichst nie den Rücken zu. Also nochmal: lochen, schöpfen und immer frontal stehen. Ich schau dir noch ein Weilchen auf die Finger. Nachher löst mich ein Kumpel ab, der dir deinen Genossenschaftsausweis bringen wird. Aber ab morgen musst du allein zurechtkommen.»

Wieder dieser argwöhnische Blick. «Sag mal, kenne ich dich nicht von irgendwoher?»

Ich ziehe die Schultern hoch.

«Bist du nicht aus Tel Aviv?»

Ich nicke. Da hellt sich sein Gesicht auf. «Klar», ruft er, während draußen die Schlange immer länger wird und die Leute schon zu murren anfangen, «du bist beim Theater. Ich hab dich im ‹Hakameri› gesehen. ‹Der Schatten›, stimmt's?» Er nimmt meine Hand und drückt mir enthusiastisch die Finger zusammen. «Das hat mir gut gefallen.»

Er lässt sich von der laut protestierenden Meute nicht stören und schüttelt mir immer noch die Hand. Dann fragt er, warum ich am Theater aufgehört hätte. Als ich ihm sage, dass ich während der Theaterferien nicht bezahlt werde, schimpft er, es sei eine Schande, wie man in diesem Land mit den Menschen umgehe. Selbst innerhalb einer Kommune wie dem Kammertheater könne man sich anscheinend nicht von den schweinekapitalistischen Gepflogenheiten lösen, wie sie in der restlichen Welt üblich seien. «Schande, Schande!», ruft er nochmals, entriegelt den Deckel des Behälters und bedeutet mir, die Milchkarte des ersten Arbeiters einzufordern.

Heute ist der zweite Tag des hebräischen Monats Elul. Ich zwicke das Loch in das entsprechende Feld und lasse mir den Aluminiumbecher geben. Der Chef steht schon mit der gefüllten Kelle in der Hand bereit und gießt die Milch ein. «Los», sagt er, «jetzt machen wir es doch zu zweit, dann geht es schneller. Ist ja schließlich unsere Schuld, dass die Jungs so lange warten mussten. Ihr Schauspieler könnt eben nicht aufhören zu schwatzen.»

Gerade will ich ihm empört antworten, dass er es doch gewesen sei, der den Mund nicht habe halten können, da schlägt er mir lachend auf die Schulter und fordert mich auf, die Leute nicht länger stehenzulassen. Sie müssten langsam an die Arbeit.

Anscheinend sind die Männer hier ein rüdes Tempo gewöhnt. Sie knallen mir ihre Becher und Karten auf die Theke, und einer fragt mich, ob er die Zange haben könne, dann würde er inzwischen das Lochen übernehmen. Dabei grinst er den Kantinenchef breit an. Ich ignoriere die Bemerkung, loche die Karte und reiche ihm den Becher.

«Bist du ein Jecke?», fragt der Mann.

«Woran erkennst du das?»

«Du bist so gründlich.»

Wie angekündigt, muss ich mich schon am zweiten Tag allein dem Ansturm stellen. Die Arbeiter drängeln ganz schön. Sie schreien «Jallah, Jallah!», eine arabische Aufforderung, sich zu beeilen, die man ins Hebräische übernommen hat.

Ich bin froh, wenn ab und zu mal eine Frau in der Schlange auftaucht. Sofort ist die Hektik verflogen, und ich atme auf. Ruhig reicht sie mir ihre Milchkarte, nimmt sie ebenso gelassen wieder in Empfang und schiebt mir erst dann ihren Becher hin. Die Rufe der Männer beantwortet sie mit der lächelnden Ermahnung, den Mund zu halten. Eine Erholung! Jeden Morgen sehe ich mir die Reihe an, stelle mich auf die Zehenspitzen und versuche, Frauen in der Schlange auszumachen. Ich leide wie ein Hund bis zur nächsten, bei der ich wieder kurz aufatmen kann.

Doch allmählich werde ich lockerer, nachdem mich eine der Frauen am Abend beiseitegenommen und mir geraten hat, meine Schüchternheit abzulegen. Die Burschen würden nur den starken Mann markieren. Je schüchterner ich reagierte, desto eher würden sie ihre imaginären Muskeln spielen lassen. Eine kleine Mischung aus Frechheit und Angeberei und ein bisschen mehr Charme würde mir guttun. Daran halte ich mich. Ich weiß nicht, ob es mit dem Charme klappt, aber die Frechheit und die Angeberei kann man erlernen.

Eines Tages wird die Milch knapp. Ich frage einen Kumpel von der Kantine, ob mehr Arbeiter eingestellt worden seien. Er sagt, er wisse nichts davon. Aber schon zum zweiten Frühstück ist keine Milch mehr da. Die Leute fangen an zu meutern. Ob ich die Milch unter der Hand verkaufen würde?

Ich bin ziemlich verzweifelt und denke nach. Schließlich komme ich auf eine Idee. Es sind mindestens zehn Kerle darunter, die jeden Tag gleich mit einem ganzen Paket Karten anrücken, schön ordentlich aufeinandergelegt, ein Tablett mit Bechern vor mich hinstellen und mich auffordern, den Stapel zu lochen und die Becher zu füllen.

In den vergangenen Tagen hatte ich das auch immer brav getan. Aber diesmal schüttle ich den Kopf und mache mich daran, jede einzelne Karte zu prüfen. Es gibt sofort einen empörten Aufschrei. Einer der Kerle versucht, nach mir zu greifen, und ich schlage ihm mit der Kelle auf die Finger. Er brüllt auf und ruft den hinter ihm Wartenden zu: «Dieser Nazi aus Deutschland hat mir auf die Hände gedroschen!»

Jetzt drängen sich alle ungeordnet an die Theke, beschimpfen mich und fordern mich wütend auf, endlich weiterzumachen. Unbeeindruckt sehe ich mir eine Karte nach der anderen an, obwohl sie mich anschreien, dass ich ihre Arbeitszeit durch diese blödsinnige Warterei verkürze, nur weil sie für ihre Kumpel, die ihren Arbeitsplatz nicht verlassen könnten, die Milch abholen müssten.

Der Lärm wird ohrenbetäubend. Schließlich wird der Kantinenchef gerufen, der mich auffordert, die Becher schnellstmöglich zu füllen und die Karten nicht einzeln zu lochen.

In meiner Frühstückspause erkläre ich dem Chef, warum ich mir jede Karte einzeln hätte ansehen wollen. «Die Jungs legen oben auf den Stapel eine ungelochte Karte. Die darunter aber sind durchlocht, mit denen haben sie schon früher am Tag Milch geholt. Nur so kann ich mir erklären, dass ich mit den Vorräten so rasch am Ende bin.»

Er zuckt mit den Achseln und sagt, er könne einfach nicht glauben, dass sich die Leute so schäbig benähmen. Viel wahrscheinlicher läge die Milchknappheit daran, dass die landwirtschaftlichen Betriebe in den Dörfern schlicht zu wenig lieferten. Milch sei eben noch sehr knapp, die Landwirtschaft durch den Krieg schwer geschädigt, und er werde sich bei nächster Gelegenheit um eine Lösung dieses Problems kümmern. Damit lässt er mich allein, und meine Schwierigkeiten sind alles andere als aus der Welt geschafft. Also sage ich mir: Wer mich betrügt, der wird betrogen.

Unter meinem Tresen steht immer eine große Kanne mit Trinkwasser. Schon bevor ich die Ausgabestation öffne, schütte ich das erste Wasser in die Milch. Im Laufe des Morgens, während ich beobachte, wie sie allmählich zur Neige geht, obwohl noch lange nicht alle Arbeiter ihre Ration abgeholt haben, steigere ich das Panschen und bedauere im Stillen, dass wahrscheinlich gerade die letzten Wartenden die ehrlichsten sind. Diese bläuliche Brühe, die ich ihnen einfülle, sieht wirklich eklig aus.

Ein paar Tage herrscht Ruhe. Dann kommen die ersten Proteste. Die Arbeiter rotten sich zusammen, und ich werde aufgefordert, mich zu erklären. Ich gebe meine Panscherei sofort zu und verteidige sie vehement. Ich schimpfe auf die Betrüger unter ihnen, die so gewissenlos sind, dass sie nicht einmal an den Nachteil ihrer Kollegen denken, die nach ihnen ihre Milch holen wollen. «Sie schlucken bis zu vier Bechern täglich und fühlen sich wer weiß wie clever. Dabei sind das Diebe. Und zwar nicht etwa Diebe, die den reichen Leuten etwas aus der Tasche stehlen, sondern Diebe, die ihre eigenen Kumpel beklauen. Das ist nicht besonders intelligent oder raffiniert, das ist einfach widerlich und gemein. Aber ich bin nicht so dämlich, dass ihr mit mir eure Spielchen treiben könnt. Überlegt euch, ob ihr mit euren Betrügereien weitermachen wollt. Nur wenn in Zukunft jeder Einzelne seine Milch selber abholt, wird es keinen weiteren Ärger geben.»

Ich rede mich richtiggehend in Rage. Als ich am Ende bin, ziehen die Leute schweigend ab. Nur noch ein kleiner, ältlicher Mann steht auf dem Platz vor der Kantine. Ich nehme wieder meinen Posten hinter dem Tresen ein, und er folgt mir.

«Verkaufst du auch Limonade? Ich meine, Gazos?», fragt er. Das Wort «Gazos» kommt mit einem so deutlichen sächsischen Zungenschlag hervor, dass ich laut auflache. Sächsisches Hebräisch. Eine echte Rarität. Das Männchen reicht mit seinem Kinn kaum über den Tresen und bittet mich um ein Glas Gazos, da er auf Milch allergisch reagiere.

Ich entschuldige mein Lachen auf Deutsch damit, dass sein Akzent beinahe Heimatgefühle in mir wecke, doch er macht mir auf Iwrit mit seiner traurigen Stimme klar, dass er sich nicht auf Deutsch mit mir unterhalten wolle, und bittet mich erneut um ein Glas Gazos.

Ich gieße ihm den roten Fruchtsirup ins Glas, gebe einen Spritzer kalten Mineralwassers aus einem Siphon dazu, und er legt mir eine Pfundnote auf den Tisch. Als ich ihm das Wechselgeld herausgeben will, winkt er ab und sagt, wir wären auch in Deutschland sicher keine besonders guten Nachbarn gewesen. Mein preußischer Akzent sei ja unverkennbar.

Damit wendet er mir den Rücken zu, trinkt hastig sein Glas aus und stellt es auf den Tresen zurück. Betroffen schaue ich ihm hinterher, wie er mit kleinen, trippelnden Schritten den hinteren Verwaltungsgebäuden zustrebt.

Am anderen Tag steht eine endlos scheinende Schlange vor mir, als ich den Laden öffne. Jeder hält mir brav seinen ungelochten Kartenabschnitt hin und nimmt, ohne ungeduldig zu werden, seinen gefüllten Becher in Empfang.

Mit halbem Ohr höre ich zwei Arbeitern zu, die sich über mich unterhalten. Sie nennen mich nun nicht mehr «den deutschen Nazi», sondern plötzlich bin ich für sie «der Komödiant», der eine zu Herzen gehende Rede gehalten habe. Kein Wunder, schließlich hätte ich das ja wohl studiert. Sie zerbrechen sich die Köpfe darüber, wo und wann ich das Komödiantentum gelernt haben könnte. Wahrscheinlich bei den Jeckes, die hätten ja schon immer die gründlichsten Ausbildungen gehabt. Ob das auch nach dem Krieg noch so sei, bezweifle er, mischt sich ein Dritter aus der Schlange ein. «Dort drüben soll das reine Chaos herrschen. Es gibt nichts zu essen, die Leute bestehlen einander auf Teufel komm raus, die Russen lassen nach wie vor keine Frau in Ruhe, und alles ist nur damit beschäftigt, die unübersehbaren Schutt- und Müllberge wegzuräumen, um die Straßen wieder befahrbar zu machen. Wo soll denn da noch irgendeine Art von Ausbildung stattfinden? Und wofür?»

«Recht geschieht ihnen!», ruft jemand, der nicht weit von mir steht, und sieht mich prüfend an. Erwartet er eine Reaktion von mir?

Ich erledige stur meine Arbeit und lasse sie reden. Was ich erreichen wollte, habe ich erreicht: Man respektiert mich und geht fair mit mir um.

Meinem Bruder, der abends überraschend vor dem Tor auf mich wartet, erzähle ich nur vorsichtig, was sich in den letzten Tagen hier ereignet hat. Er reagiert unerwartet heftig, beschimpft mich beinahe, dass ich diesen blödsinnigen Job mache, bei dem ich mich derart demütigen lasse. Das wäre mir erspart geblieben, wenn ich sein Angebot, mich über Wasser zu halten, angenommen hätte. Nach Beginn der Spielzeit hätte ich ihm das Geld ja zurückzahlen können. Ich hätte offenbar kein großes Zutrauen in seine Tüchtigkeit. Er jedenfalls würde meine Hilfe selbstverständlich annehmen, wenn er in der gleichen Klemme stecken würde wie ich.

Wir werden immer lauter und merken gar nicht, dass wir uns – mitten auf der Straße – auf Deutsch streiten. Erst als Passanten stehenbleiben und uns erstaunt ansehen, verstummen wir und trotten beschämt nebeneinanderher.

Eigentlich wollten wir den Egged-Bus nach Jaffa nehmen. Nun weiß ich nicht, ob ich dazu noch Lust habe, aber Arié steuert auf die Zentralstation zu. Im Bus warne ich ihn, dass wir uns bei Berlinsky nicht ungestört weiter auseinandersetzen könnten. Arié erwidert, er habe gar nicht vor, dorthin zu fahren. Es gebe in Jaffa ein neues Restaurant mit echt jiddisch-polnischer Küche und einem herrlichen Blick über den alten Hafen. «Wir müssen uns ja auch nicht unbedingt so lautstark ‹auseinandersetzen› wie bisher, oder?»

Dann sitzen wir auf der wundervollen Terrasse des Restaurants. Es ist dunkel geworden, wir blicken auf die Hafenanlage hinunter, die nur schwach erleuchtet ist, und löffeln andächtig unsere Lokschensuppe. Die Nudeln, das sieht und schmeckt man gleich, sind hausgemacht, das magere gekochte Rindfleisch, das dazu serviert wird, ist butterweich, der Meerrettich, den wir uns darüberstreichen, hat genau die richtige Schärfe, und der Weißbrotzopf, in fingerdicke Scheiben geschnitten, ist eine Delikatesse für sich. Stumm kauen wir vor uns hin.

«Ich habe noch Schalet bestellt, ein Bohnengericht. Das kochen sie hier so gut wie nirgends sonst», sagt Arié schließlich. «Und du bist eingeladen», fügt er beiläufig hinzu. Ich will ihm eigentlich erwidern, dass ich im Moment beinahe das Doppelte von dem verdiene, was man mir am Theater zahlt, aber ich halte lieber den Mund. Der Abend ist zu schön, und Arié scheint sich allmählich beruhigt zu haben.

Zum ersten Mal wird mir klar, wie sehr ich mich bereits in dieses Land verliebt habe. Das Klima sagt mir immer mehr zu, und besonders an lauen Abenden wie diesem sind Luft und Stimmung unvergleichlich. Plötzlich weiß ich auch, was ich schon längere Zeit vermisse: den Geruch des Landes, diese Mischung aus Zypressen- und Orangenduft. Habe ich mich so daran gewöhnt, dass ich ihn, wie das eigene Rasierwasser, nicht mehr wahrnehme? Ich sehne mich förmlich nach diesem eigenwilligen und einmaligen Geruch und nehme mir vor, demnächst ganz bewusst durch einen Zitrushain zu gehen. Vielleicht in Galiläa. In der Nähe von Misra. Oder noch einmal den Weg vom Hafen in Haifa zu meinem ersten Aufenthaltsort, dem Militärlager, zu machen. Irgendwie muss ich es schaffen, den Geruch wieder einzufangen. Aber möglicherweise habe ich eine entscheidende Zutat vergessen. Vor mir, auf der Fahrt ins Militärlager, saß doch ein älterer Chajal, ein Soldat. Er rauchte die englischen «Navy Cuts». Sie rochen süßlich. Wie nach verbranntem Honig. Wenn man selbst raucht, riecht das völlig anders. Soll ich Äddi vorschlagen, mich auf dieser Tour zu begleiten? Rauchen tut er ja nicht. Aber ich könnte ihn bitten zu paffen. Das würde sicher genügen.

Arié lächelt unsicher und fragt, ob mir etwas auf der Seele liege.

«Ich habe nur versucht, meinen Text aus dem ‹Schatten› zu memorieren», schwindele ich.

Dann erzählt er mir, dass er Mutter einen Brief geschickt habe. Über die englischen Verwandten in London. «Ich habe sie gebeten, ihn so schnell wie möglich weiterzuleiten. Eigentlich müsste Mama ihn längst erhalten haben und also wissen, wie sie mich erreichen kann. Aber bisher hat sie mir nicht geantwortet. Hast du Nachricht von ihr?»

«Das hätte ich dir doch gesagt», antworte ich gereizt.

Er macht eine beschwichtigende Geste, und wir schweigen wieder.

«Du scheinst ja nicht besonders gut auf Mama zu sprechen zu sein. Allein die Tatsache, dass du sie ‹Mutter› nennst ...»

«Hat nichts zu sagen», unterbreche ich ihn. «‹Mama› klingt in meinen Ohren so kindisch, so unterwürfig.»

«Unterwürfig?»

«Ich weiß nicht … Es klingt bescheuert, wenn ein erwachsener Mann seine Mutter ‹Mama› nennt.»

«Also, ‹Mutter› hört sich noch bescheuerter an», erwidert er. «Preußischer. So künstlich männlich. Für mich klingt es sogar ein bisschen nach ‹Heil Hitler!›, wenn du weißt, was ich meine.»

Sein Ton wird zunehmend aggressiver. Ich springe auf und will wissen, was eigentlich mit ihm los ist, aber er drückt mich auf den Stuhl zurück.

Der Schalet wird serviert. Arié wartet, bis der Kellner wieder verschwunden ist, dann beginnt er zu essen. «Die Bohnen sind einmalig», versichert er, als sei nichts gewesen, «die musst du unbedingt probieren.»

Ich mache keinerlei Anstalten, mein Besteck in die Hand zu nehmen. Arié stochert auf seinem Teller herum, dann wirft er seine Gabel auf den Tisch. «Wenn du alles stehenlässt – das kann ich auch. Wir haben's ja.»

«Komm wieder runter. Außerdem können wir es uns jederzeit aufwärmen lassen. Man sitzt so schön hier. Und morgen ist Schabbat. Da ist Faulenzen vorgeschrieben.»

Verdammt, warum nur kann ich meine große Zärtlichkeit für ihn nicht zeigen? Ich esse ihm zuliebe etwas vom Schalet, aber es schmeckt mir nicht. Wahrscheinlich würden mir im Augenblick nicht einmal Mutters köstliche Piroggen schmecken. «Wie kommen wir eigentlich nach Hause?», versuche ich ihn abzulenken.

«Wie üblich. Mit dem Sammeltaxi.»

«Das kostet aber ein Heidengeld, wenn wir keine Mitfahrer finden.»

«Wir haben's doch», wiederholt er knapp. «Willst du schon los?»

«Im Gegenteil. Von mir aus könnten wir hier bis zum Morgen sitzen.»

«Dann lass uns sitzen, und du erzählst mir endlich, was zwischen Mama und dir vorgefallen ist.»

Ich starre vor mich hin. Soll ich ihm das wirklich antun? Wer garantiert mir, dass es nicht unsere zweite Trennung bedeuten könnte? Er betet sie ja heute noch an. Na ja, wenn ich ehrlich bin, tue ich es auch. Nur auf eine etwas andere Weise.

Ich beginne also damit, dass sie ihr Versprechen, so bald wie möglich nachzukommen, nicht gehalten habe und dass sie mich überhaupt nur durch dieses Versprechen dazu habe bringen können, allein nach Israel zu reisen. Hastig füge ich hinzu, ich hätte es nicht einen Augenblick bereut. Aber ich könne nicht verstehen, wie sie es weiter in Deutschland aushält. In ihrem Alter müsse sie diese verdammte Zeit – zwei Jahre Dauerflucht und Illegalität – doch sicher viel schwerer weggesteckt haben als ich.

Arié sieht mich an und wartet. Worauf? Auf ein Geständnis? Da kann er lange warten. Es sei denn, Mutter fängt damit an. Die Mama. Die Mutter. Die Mama.

Lächerlich. «Mama» passt so wenig zu ihr wie der Igel zum Arschwisch. Sie ist eine klare, egoistische und, wenn es sein muss, aufopferungsvolle Person – aber nur, wenn es sein muss. Auf gar keinen Fall ist sie eine «Frau Mama». Das wäre eine Beleidigung für sie.

Arié wartet noch immer, und ich frage ihn, ob er sich an den Sonntagmorgen erinnern könne, an dem wir vor dem Haus in der Elberfelder Straße standen und auf der gegenüberliegenden Seite drei Burschen in meinem Alter herumlungerten. Sie hantierten mit einem Bolzengewehr und zielten ab und zu wie unabsichtlich auf uns. Auf einmal riefen sie uns antisemitische Schimpfworte zu. Arié warnte mich leise und schlug vor, dass wir uns zurückziehen sollten, ohne ihnen den Rücken zuzuwenden.

Ich spürte beinahe schon die Hauswand hinter mir, da stieß er mich plötzlich zu Boden und warf sich auf mich. Über uns zersplitterte etwas, und ein Stahlbolzen mit einer kleinen bunten Feder steckte dicht über meinem Kopf in der Wand. Die drei Jungs schienen selbst erschrocken. Sie sahen zu uns her und hielten ihre Hände gegen die Sonne.

Es war ein wunderschöner Morgen. Die Straße war menschenleer, und wir standen rasch wieder auf. Das sei zu viel, sagte Arié. Das dürfe man sich nicht gefallen lassen. Zögen wir uns jetzt zurück, würden sie sich beim nächsten Mal noch ganz anderes erlauben. Sie seien in meinem Alter und nicht viel größer als ich, er müsse sich da raushalten, es sei mein Ding, das auszufechten. Ich solle nicht lange fackeln, einfach die Straße überqueren und festen Schrittes auf sie zugehen, als wolle ich sie zur Rede stellen. «Lass dich aber auf keinen Wortwechsel ein, sondern schlag gleich kräftig zu. Mit voller Wucht und mitten in die Fresse. Das wirkt.»

Ich zögerte noch, und er erklärte, er würde es ja selber übernehmen, aber er sei viel älter und stärker als sie. «Das wäre unfair. Du schaffst das schon. Wenn sich die beiden anderen einmischen, während du den Ersten verhaust, komme ich sofort rüber. Drisch einfach ohne alle Aufregung drauflos. So triffst du am besten.»

Ich tat genau, was Arié vorgeschlagen hatte. Die drei Jungs standen wie gelähmt da, während ich ruhig auf sie zukam. Als ich das erste Mal zuschlug, schrien die Danebenstehenden stärker auf als der Getroffene. Sie rannten auch als Erste davon.

Arié sagte später, wenn der Bolzen einen von uns erwischt hätte, wäre vielleicht ein Auge weg gewesen. Oder es wäre etwas noch Schlimmeres passiert. Da helfe nur eins: «Die Faust in die Fresse. Das ist das beste Argument.» Das predige zwar auch Hitler, aber in diesem einen Falle habe er ausnahmsweise recht.

Wir haben den Eltern nichts von dem Vorfall erzählt, und ich trug den Bolzen noch lange mit mir herum. «Danach habe ich oft davon geträumt, nur noch ein Auge zu haben. Ich sah mich ständig mit schwarzer Augenklappe oder wie Tante Regina mein Glasauge vor dem Schlafengehen auf einen Wattebausch auf dem Nachttisch legen.»

Arié kichert und erinnert mich daran, dass sie ihre Zähne ebenfalls in einem Wasserglas neben dem Bett stehen hatte. «Einmal hast du sie gefragt, ob sie auch eins ihrer Beine abschrauben könne. Das hat sie immer wieder bei Familienfeiern zum Besten gegeben.»

«Damals», erzähle ich weiter, «habe ich mir geschworen, mir auch ein Bolzengewehr zu kaufen. Sollte man mir tatsächlich mal ein Auge ausschießen, könnte ich immer noch mit dem anderen zielen und zurückfeuern.

Eines Tages, als Vater schon im Krankenhaus lag, stand Tante Reginas Handtasche in unserer Garderobe. Ich sah sofort das halb geöffnete Portemonnaie und griff mir ein paar Geldscheine. Es waren etwa zwanzig Mark. Das reichte zwar nur für ein primitives Luftgewehr, aber wenigstens konnte man damit schießen.

Regina, schusselig wie immer, hat lange nicht bemerkt, dass das Geld fehlte. Erst Tage später flog die Sache auf. Mutter war über meinen Diebstahl so empört, dass sie Vater brühwarm davon erzählte, obwohl sie hätte wissen müssen, wie er reagieren würde – erstens auf den Diebstahl und zweitens auf das Gewehr. Schließlich hatte er mich vor dem Gebrauch von Waffen jeglicher Art gewarnt.» Ich schaue Arié an: «Du kennst ja seine Sprüche.»

Er nickt.

«Als Mutter aus dem Krankenhaus zurückkam, sagte sie mir, Vater wolle nicht, dass ich ihm nochmal unter die Augen trete. Ich weiß, du wirst jetzt sagen, dass sie es ihm in der ersten Aufregung erzählt hat, ohne sich die Konsequenzen klarzumachen. Aber sie hat es getan. Und ich habe Vater nie wieder gesehen.

Seitdem verfolgt mich der schreckliche Anblick dieses Babykopfs, zu dem sein Schädel geschrumpft war. Der Abschiedskopf meines Vaters.

Vielleicht hat sich sein Kopf nach seinem Tod noch verändert, vielleicht ist sein Gesicht vorher friedlicher gewesen. Ohne diese mörderische Anstrengung, die Qualen zu überwinden, die man ihm angetan hat. Vielleicht hätte ich ein anderes Bild von ihm mitnehmen können.»

«Und wenn nicht?» Arié versucht krampfhaft, seine Tränen zurückzudrängen, aber seine Augen werden immer feuchter.

«Wenn, wenn, wenn.» Seine Rührseligkeit geht mir auf die Nerven. «Lass mich wenigstens in dem Glauben, dass es so hätte sein können. So musste ich jedenfalls tagtäglich auf den Augenblick warten, der unweigerlich kommen würde.»

Er kam, als Mutter sich mit dem Essen zu viel Zeit ließ. Sonst verschlang sie nur hastig ein paar Bissen und war auch dabei schon in Gedanken auf dem Weg zurück ins Krankenhaus. Meistens konnte ich das lieblos gekochte Zeug dann allein aufessen. Sie fragte weder nach meinen Hausaufgaben noch danach, was ich in der Schule erlebt hatte, sondern ließ mich stundenlang alleine in der leeren Wohnung.

Aber an diesem Tag rührte sie quälend lange im Kartoffelbrei herum, schnitt umständlich Zwiebeln klein und hatte mir dabei den Rücken zugewendet. Ich sah ihr zu und fand, es sei ein gutes Zeichen, dass sie sich so viel Zeit ließ. Ich dachte, vielleicht schläft Vater, vielleicht erholt er sich endlich ein bisschen, und sie kann ihn jetzt auch mal alleine lassen.

Ich sah, wie sie sich beim Zwiebelschneiden die Tränen aus den Augen wischte. Statt der Hände nahm sie einen Topflappen dazu, und darüber musste ich lachen. Da schmiss sie Holzlöffel und Messer auf den Boden, fegte den Topf vom Herd und drehte sich zu mir um. Ihre Augen waren verquollen und rot wie die eines Kaninchens.

«Dein Vater ist tot!», schrie sie. «Er ist weg, er ist nicht mehr da. Weißt du, was das heißt?» Ihr Gesichtsausdruck passte gar nicht zu dem, was sie sagte. Es kam mir so unglaubwürdig vor, so lächerlich. Ich dachte noch, eigentlich müsste ich mitschreien. Stattdessen fing ich nur umso stärker an zu lachen und hielt mir gleichzeitig schützend die Arme vors Gesicht, denn Mutter kam wie eine Furie auf mich zugestürzt und drosch mit den Fäusten auf mich ein. Dabei kreischte sie unartikuliertes Zeug und versuchte mich mit Fußtritten vom Stuhl zu stoßen. Ich rannte ins Badezimmer und schloss mich ein. Nach einer Weile erst hörte sie auf, gegen die Tür zu trommeln. Dann fiel die Wohnungstür ins Schloss.

«Warum hast du gelacht?», fragt Arié nach einer langen Pause. Dabei dreht er mir den Rücken zu, und seine Schultern zucken unentwegt. Wie bei Mutter.

«Das hab ich doch schon gesagt: Es war die pure Hysterie.»

Arié scheint still vor sich hin zu schluchzen, aber ich kann einfach nicht aufhören zu erzählen, obwohl ich ahne, welche Qualen ich ihm damit bereite.

«Von diesem Tag an fand zwischen Mutter und mir eine Art unterschwelliger Dauerkampf statt. Vielleicht habe ich ihr bis heute nicht vergessen, was sie mit ihrer Petzerei angerichtet hat. Und offenbar hat sie mir nicht vergessen, dass ich sie durch meinen Diebstahl dazu gebracht habe.»

«Hast du schon mal überlegt, ob sie es sich möglicherweise selbst nicht verziehen hat, dass sie sich in ihrer ersten Wut dazu hat hinreißen lassen?», unterbricht mich mein Bruder. Nach wie vor dreht er mir den Rücken zu, aber seine Schultern sind zur Ruhe gekommen.

«Für mich hat das nie so ausgesehen. Beim Begräbnis forderte man mich auf, Sand auf Vaters Sarg zu werfen. Da hat sie wieder versucht, mich anzugehen, bevor sie ins Grab gesprungen ist und den Sarg umarmt hat.»

«Hat sie ihn schützen wollen?»

«Vielleicht vor mir. Wer weiß. Als wir 1943 abtransportiert werden sollten, wie alle anderen noch in Berlin lebenden Juden, ist sie vor Angst so hysterisch geworden, dass ich ihr eine geklebt habe. Kochmann hatte mir das mal empfohlen: ‹Frauen verlieren in brenzligen Situationen manchmal die Beherrschung und sind dann nur mit einer Ohrfeige zur Vernunft zu bringen.›»

Mutter hatte damals die SS-Männer durch den Innenhof des Schöneberger Hauses marschieren sehen und die Beherrschung verloren. Ich gab ihr eine Ohrfeige, und sie sagte tonlos: «Du schlägst deine eigene Mutter?» Aber von einer Sekunde auf die andere hatte sie alles wieder im Griff, und wir konnten entkommen.

Unser Kampf hielt an. Wir wohnten in zugigen Lauben, die im Winter nicht geheizt werden konnten und in denen nachts die Münder an den Bettdecken festfroren. Ich fühlte, wie Mutter darunter litt, ein Kind mitschleppen zu müssen. Jedenfalls kam es mir so vor.

Eines Tages machte ich mich auf ins schwedische Konsulat. Ich hatte Glück. Der Botschaftsangestellte konnte mich zwar nicht nach Schweden schaffen, wie ich es mir erhofft hatte, aber er brachte mich in einer Kinderlandverschickung unter. Vorher musste ich ihm selbstverständlich zeigen, dass ich beschnitten bin. Einen Ausweis hatte ich ja nicht.

Der Schwede kannte eine stattliche Blondine der Nationalsozialistischen Volkswohlfahrt, die mich auf einen Kindertransport in die Uckermark mitnahm. Sie hieß Erna Niehoff und hatte mich bald durchschaut. Ständig fragte sie mich nach meinen Eltern. Schließlich nahm sie mich zur Seite und drohte mir mit der Gestapo, wenn ich nicht sofort mit der Wahrheit herausrücken würde. Bisher hatte ich behauptet, mein Vater sei an der Ostfront und meine Mutter nach einem Bombenangriff verschollen. So hatte es mir der Schwede eingebläut.

Als sie mir auf den Kopf zusagte, ich sein ein kleiner Judenjunge, der noch mindestens einen Elternteil habe – sie tippe auf die Mutter –, hatte sie mich so weit, dass ich ihr alles erzählte. Sie schimpfte furchtbar und bestand darauf, mich zurückzubringen – ob ich mir überhaupt vorstellen könne, was Mutter gerade durchmache? Vor lauter Angst um mich könne sie in Panik geraten und etwas Unüberlegtes tun, das nicht wiedergutzumachen sei.

Da Erna sowieso regelmäßig nach Berlin musste, nahm sie mich einfach mit. Ich hatte ein solches Vertrauen zu dieser Frau gefasst, dass mir gar nicht in den Sinn kam, sie könne mich nur als Wegweiser zu Mutter benutzen, um so gleich zwei Juden auf einmal aufzuspüren.

Erna begleitete mich bis zur Laube. Wir klopften, und Mutter riss die Tür auf. Sie kam mir so dünn und zart vor, dass ich mir sicher war, sie habe mehrere Kilo abgenommen. Vielleicht schien es aber auch nur so, weil sie der riesigen Erna Niehoff von der Volkswohlfahrt gegenüberstand.

Nachdem sie deren Bericht angehört hatte, drehte Mutter sich zu mir um und schlug mir mit einer solchen Wucht ins Gesicht, dass ich quer durch die Laube flog. Selbst Erna war so beeindruckt, dass sie nur anerkennend prusten konnte: «Das hat aber gesessen.»

«Hätte ich Mama gar nicht zugetraut», sagt Arié und muss lachen. «Was ist mit dieser Erna? Lebt sie noch in Berlin?»

«Sie ist tot. Die Nazis haben sie ins KZ Ravensbrück verfrachtet, nachdem herausgekommen war, dass Erna sogenannten Fremdarbeitern geholfen hatte, unterzutauchen. Einer Parteigenossin wurde für einen solchen Verrat eine ‹Sonderbehandlung› zugedacht: Man hat sie im Lager von eigens dafür abgerichteten Schäferhunden zerfleischen lassen. Besonders köstlich für diese Bestien scheinen die Weichteile der Häftlinge gewesen zu sein. Das wurde jedenfalls ihrer Schwester Käthe nach dem Krieg berichtet. Und an Erna war jede Menge Weiches dran.»

«Hör auf! Hör auf!» Arié will sich die Ohren zuhalten, aber ich ziehe seine Hände wieder herunter.

«Du wirst dir noch ganz andere Dinge anhören müssen, solltest du zu Mutter nach Deutschland zurückwollen. Überleg es dir also gut. Ich erzähle dir das alles nur, um dir meine Beziehung zu Mutter zu erklären. Wir sind sozusagen eine schlagende Verbindung eingegangen. Keine Angst, jetzt lassen wir sie ruhen, aber ich verkrafte immer noch nicht, dass ich Mutter ins Gesicht geschlagen habe, und ich verzeihe auch diesem Kochmann nicht, dass er mir indirekt dazu geraten hat.»

Mein Bruder legt den Arm um mich und zieht mich zu sich heran. Er flüstert, als er mir gesteht, dass er so wahnwitzige Situationen, wie ich sie erleben musste, nicht durchgestanden hätte. Jetzt wolle er erst recht nach Deutschland zurück. Er müsse doch dafür sorgen, dass Mutter und ich wieder zu einem normalen Verhältnis fänden. Zwar glaube er nicht, dass er auf Dauer bleiben werde, aber er wolle wenigstens den Spuren meiner beschissenen Kindheit nachgehen.

«Na dann toi, toi, toi! Nebenbei, du wirst dort keinem einzigen Nazi mehr begegnen: Fast jeder Deutsche hat inzwischen eine jüdische Großmutter und von nichts gewusst.»

Ich grinse ihn an und frage den vorbeihastenden Kellner nach einem großen deutschen Bier. Natürlich gibt es das hier nicht. Stattdessen bietet er mir ein Budweiser an, und ich merke zu spät, dass es nicht aus der Tschechoslowakei, sondern aus den USA kommt. Nach dem ersten Schluck rate ich Arié dringend davon ab, sich auch eins zu bestellen.

Am Sonntag, dem ersten Arbeitstag der israelischen Woche, stehe ich wieder hinter meinem Tresen und erkenne schon nach der Frühstücksausgabe, dass die Milch nicht reichen wird. Diesmal hole ich gleich den Chef zu Hilfe, und er versichert mir, dass eine ausreichende Menge geliefert worden sei. Daran könne es nicht liegen.

Ich lasse mir jede Karte einzeln zeigen. Sie scheinen alle in Ordnung zu sein, und ich sperre, nachdem der letzte Tropfen ausgeschenkt ist, einfach den Laden zu.

Auch am darauffolgenden Morgen sehe ich mir die Karten ganz genau an. Das Murren wird lauter, aber ich lasse mich nicht irritieren. Sie scheinen einwandfrei zu sein, und ich beschließe zu kündigen. Das hier ist ein mieser Job, ein Schleudersitz. Verständlich, dass es keiner meiner Vorgänger lange ausgehalten hat. Aber bevor ich gehe, muss ich noch herausfinden, mit welchem neuen Trick sie mich diesmal reinlegen wollen. Nach bewährter Manier verdünne ich die Milch, allerdings sehr vorsichtig, und warte auf den Augenblick der Erkenntnis.

Den beschert mir am Ende mein Bruder. Am dritten Tag der Woche, dem Tag, an dem er die Neueinwanderer erst am Abend unterrichtet, holt er mich morgens von meiner Wohnung ab, und wir fahren gemeinsam nach Haifa. Ich setze ihn auf einen Schemel direkt unter die Theke und reiche ihm eine Karte nach der anderen zur Begutachtung.

«Kopien!», ruft er nach einer Weile auf Deutsch. «Die benutzen so etwas wie Vervielfältigungsmaschinen. Siehst du», er hält mir eine Karte unter die Nase, «sie ist etwas blasser als ein Original. Du musst genau hinschauen.»

Ich rufe sofort nach dem Kantinenchef, und jetzt gibt es einen enormen Krach. Er versucht mir zu erklären, dass unter den Arbeitern auch Leute seien, die aus den Auffanglagern hierhergeschickt würden, die also erst kurze Zeit im Lande seien. Für sie habe der Kampf ums nackte Überleben noch lange nicht aufgehört. Sie müssten sich erst wieder an die sogenannte Normalität gewöhnen.

Ich bleibe hart und sage, dass ich keine Lust habe, mich

durch solche Typen zum Betrug an den Ehrlichen zwingen zu lassen. Dann lege ich die Milchkelle aus der Hand, gebe ihm die Lochzange zurück und nicke meinem Bruder zu. Wir gehen an den verdutzten Wartenden vorbei zum Ausgang.

«Hol dir wenigstens noch dein Geld ab!», ruft mir der Chef hinterher. Arié packt mich am Arm und sagt, dass ich darauf nun wirklich nicht verzichten solle.

Es bleiben fast drei Wochen bis zum Beginn der neuen Spielzeit, und ich mache mich auf die Suche nach einem neuen Job. Arié sage ich nichts davon. Er würde nur wieder versuchen, mich davon abzuhalten. Sogar die Restaurants klappere ich ab, um mich als Tellerwäscher zu verdingen. Aber es ist schwer. Die Jobs scheinen nicht auf der Straße zu liegen.

Ins «Cassit» gehe ich nur noch selten, weil ich nicht will, dass Cheskel sich gezwungen fühlt, mich einzuladen. Manchmal laufe ich bis nach Jaffa und schlage mir bei meinem Libanesen den Bauch mit Hummus, Techina und Couscous voll, während er mir von seiner verrückten Reise in den Libanon erzählt: Er musste von Tel Aviv nach Athen fliegen und dort ein Schiff nehmen, um nach Beirut zu kommen. Seine Heimatstadt vergleicht er mit Paris, schwärmt von ihrem wirtschaftlichen Aufschwung und überlegt, wieder dorthin zurückzugehen. Doch so ganz traut er dem Frieden nicht. Er glaubt, dass Ägypten und Jordanien bald die nächste Runde einläuten werden.

Ich habe ihn auf einem Spaziergang durch Jaffa kennengelernt. Ich lief in der brütenden Mittagshitze eine staubige Straße mit lauter Restaurants entlang. Sie waren alle geschlossen. Bis auf eins. «Machmud's Bistro» stand in großen hebräischen Lettern über dem Laden, die arabische Schrift direkt daneben schien das Gleiche zu sagen. Ich betrat den winzigen Raum. Es gab vier schmale Tische und eine Theke mit Glaskasten, in dem man halb vergammelte Speisen betrachten konnte. Ich setzte mich auf einen der Stühle und wartete. Schließlich kam Machmud, ein kleiner, ausgesprochen drahtig wirkender Mann mit pechschwarzem Vollbart und flinken schwarzen Augen, und erklärte mir mürrisch, im Moment sei keine Essenszeit, er öffne erst wieder am Abend.

«Warum steht dann die Tür auf?», fragte ich.

«Zum Lüften», antwortete er kurz angebunden. Offenbar wusste er nicht so recht was mit mir anzufangen. Sollte er mich rausschmeißen oder Geld an mir verdienen?

«Was soll's denn sein?»

«Keine Ahnung. Ich habe einfach nur Hunger. Hauptsache nichts aus der Vitrine. Das Alter dieser Lebensmittel würde ich höflich als greisenhaft bezeichnen.»

«Das ist Pappmaché, aber ziemlich gut gemacht», erwiderte Machmud, ohne eine Miene zu verziehen. «Wenn ich was bringen soll, muss ich schon wissen, was.»

Ich entschied mich für Hummus und Couscous. Machmud stellte mir eine große Flasche Wasser hin und verschwand in der Küche, um gleich darauf wieder aufzutauchen, mit einem Glas süßem Tee, in dem ein großes Minzeblatt schwamm. Dann dauerte es eine ganze Weile. Vor lauter Verzweiflung trank ich die Flasche Wasser und den Tee aus, um meinen Magen zu beruhigen. Als Machmud endlich mit Hummus und Fladenbrot erschien, machte ich mich wie ausgehungert darüber her. Vor lauter Gier merkte ich gar nicht, wie vorzüglich der Hummus zubereitet war. Stumm nahm Machmud mir den leeren Teller weg, stellte mir einen neuen hin und brachte mir Couscous, kleingehackte Salatblätter und eine zweite Wasserflasche. Jetzt erst gelang es mir, die Speisen zu genießen. Der Salat, raffiniert säuerlich und scharf gewürzt, schmeckte großartig, und der Couscous war überwältigend.

Machmud kam mit zwei neuen Teegläsern heran und setzte sich zu mir an den Tisch.

«Kochst du selber?», fragte ich.

«Meine Frau», antwortete er.

«Ob ich ihr meinen Dank persönlich ausdrücken kann?»
Er schüttelte den Kopf. Den Dank könne ich ihm ausdrücken. Er werde ihn gern weitergeben. Dann erkundigte er sich nach meiner Herkunft.
«Ich wohne in Tel Aviv und bin zu Fuß hier.»
«Aus welchem Teil Europas stammst du?», fragte er unbeirrt weiter. Weiß der Teufel, wie er das so schnell herausgefunden hatte.
«Aus Russland.»
Er grinste. «Was hast du denn gegen Deutschland?»
Mein Akzent scheint unüberwindlich zu sein, dachte ich erschrocken. Doch er besänftigte meine Besorgnis damit, dass man mit zunehmendem Unbehagen immer tiefer in seinen heimatlichen Dialekt zurückfalle. Ihm gehe es ähnlich. Wenn ich das Hebräische noch besser beherrschen würde, könnte ich auch sein vorzügliches Arabisch heraushören. Er habe in Beirut eine gute Schule besucht und sei von seinem Vater zum Studium der Rechte ausersehen worden. Doch dann sei alles anders gekommen.

Mit der Zeit haben wir uns angefreundet. Jetzt sitze ich also wieder bei ihm, esse vorsichtshalber nur ein bisschen Techina mit ein paar eingelegten Peperoni und Fladenbrot und hoffe, dass ich das auch bezahlen kann.

Machmud kommt aus der Küche, in jeder Hand ein Teeglas. Unter den linken Arm hat er ein Paar rote Schuhe geklemmt. Er stellt sie mit den Teegläsern auf den Tisch und bittet mich, mein Urteil abzugeben. Die Schuhe seien aus Rom, aber er habe sie in Tel Aviv erstanden. «Sind sie zu auffällig für eine seriöse Frau?»

«Kommt auf die seriöse Frau an. Rot fällt nun mal mehr auf als Schwarz oder Braun. Wie gesagt, es kommt auf die Frau an. Kann ich sie mal sehen?»

Er zeigt mir einen Vogel, packt die Schuhe und nimmt sie mit sich in die Küche.

«Kannst du sie umtauschen?», rufe ich ihm hinterher.

«Die Frau oder die Schuhe?», ruft er zurück.

«Mensch, Machmud, wir sind jetzt schon so lange befreundet, und noch immer versteckst du deine Frau vor mir. Du bist es, der eine Meise hat.»

«Euch Europäern kann man nicht trauen», sagt er ernst.

Kurz darauf schiebt er seine Frau vor sich her in den Laden, während ich am Tisch sitze und Falafel esse. Sie ist einen Kopf größer als er, hat rotes, dichtes Haar, riesige schwarze Kulleraugen und trägt die hochhackigen roten Pumps, die hervorragend zu ihren Haaren passen. Mit einer schnellen Bewegung nimmt sie Platz und schaut zu Boden.

«Perfekt», sage ich zu Machmud und starre unter den Tisch auf ihre Schuhe. «Sie sind eine Schönheit», spreche ich sie direkt an, um ihn ein bisschen zu ärgern. «Und Ihre Schuhe betonen das sehr raffiniert.» Sie wird puterrot, ohne den Blick zu heben.

«Hör auf, Mann! Sonst rufe ich die Polizei!»

«Die israelische?»

Machmud wischt mir mit der Hand über den Kopf, zum Zeichen, dass er jetzt handgreiflich werden könnte, und setzt sich zu uns an den Tisch. Wir trinken Tee, bis er uns zu den Ohren rauskommt, und Machmud erzählt, dass ein Vetter seiner Frau als Hafenarbeiter in Haifa sein Geld verdiene. Mit ein bisschen Glück könne er mir dort einen Job verschaffen.

Ich mache seiner Frau vorsichtige Komplimente über ihre Kochkünste und versuche, sie ein bisschen aufzutauen. Sie bedankt sich zwar auf das höflichste, schaut aber weiterhin zu Boden.

Tags darauf erwartet mich besagter Vetter vor dem Zolltor am Eingang zum Hafen von Haifa. Er scheint genauso maulfaul wie seine Cousine zu sein, das muss in der Familie liegen. Er spricht kurz mit einem Israeli in Zivil, und wir werden durchgelassen. Am Kai betrachtet mich der Chef der Hafenarbeiter einen Augenblick lang sehr kritisch, dann bin ich eingestellt. Es geht gleich zur Sache, und im Nachhinein verstehe ich die Skepsis meines neuen Chefs.

Wir müssen Ladung löschen. Drehbänke aus der Tschechoslowakei – im ersten Moment denke ich, mir bricht das Kreuz. Die kräftigen Kerle neben mir schauen mitleidig zu, wie ich mich vergeblich abmühe, die Drehbank an der Stirnseite in die Höhe zu hieven. Dann wechseln wir die Plätze. Ich darf an die Flanke der Bank, und wir tragen das blassgrüne Monster zu sechst aus dem Bauch des Schiffes hinaus auf den Kai.

Ich habe den Eindruck, aus einem qualvollen Höllenschlund ins gleißende Sonnenlicht zu treten, und will, kaum dass wir das Ding abgestellt haben, in Richtung Hafentor flüchten, schäme mich aber und trotte in den halbdunklen Schiffsbauch zurück.

Der riesige Kerl, der mich von der Stirnseite an die Längsseite geschoben hat, legt mir kurz seine schwere Hand auf den Kopf und sagt mitfühlend, die ersten drei Tage kämen einem vor wie Selbstmord auf Raten. Ich solle nicht glauben, dass es ihm anders ergangen sei. «Auch ich wollte am ersten Tag gleich wieder weglaufen, Bubele. Damals mussten wir alte Geschützlafetten aus der Sowjetunion ausladen. Aber man gewöhnt sich an alles. Das Land nimmt, was es kriegen kann. Selbst von den Russen ausgemusterte Lafetten. Die Geschütze dazu kamen erst Wochen später an. Da war der Krieg schon fast zu Ende. Und diese Drehbänke sind auch nicht mehr die neuesten auf dem Markt. Na, Hauptsache, man kann an ihnen noch arbeiten.»

Ich zähle im Halbdunkel die Drehbänke im gewaltigen Schiffsbauch und komme auf mindestens dreißig. Der Riesenkerl heißt Moische und scheint so etwas wie der Vorarbeiter zu sein. Jedenfalls hört man immer nach ihm rufen, wenn mal wieder was schiefgegangen ist. Moisches Oberarme haben den Umfang meiner Oberschenkel, und sein Nacken bildet eine gerade Linie mit seinem Hinterkopf – man sieht nicht, wo der eine anfängt und der andere aufhört.

Schon nach der dritten Drehbank bin ich völlig fertig. Der Schweiß läuft mir in Strömen herunter. Moische rät mir, morgen ein Handtuch mitzubringen. «Glaub nicht, dass man sich in dieser Hitze nichts wegholen kann. Es weht ständig ein Lüftchen von der See her. Und speziell die Neueinwanderer kippen dauernd dieses eiskalte Gesöff von Limonade runter, statt schwarzen Tee zu trinken. Den bekommt man hier gratis. Jede Firma muss ihn anbieten. Die Limonaden dagegen muss man kaufen und darf sich für teures Geld den Magen kaputtmachen.»

Er grinst mich an und rubbelt sich mit seinem Handtuch Brust, Arme und Gesicht ab. «Lass dich nicht davon abschrecken, dass der Tee ungesüßt ist und sauer schmeckt. Das ist Absicht. So löscht er den Durst am besten. Tee ohne Zucker und mit Zitrone. Merkst du dir das?»

Ich nicke und sage nicht, dass ich das schon aus dem Kibbuz kenne. Moische redet so intensiv auf mich ein, dass ich versucht bin, die Hacken zusammenzuschlagen. Doch er achtet fürsorglich darauf, dass ich nur so viel schleppe, wie ich auch tragen kann.

Am Abend schlafe ich bereits im Bus ein und werde erst an der Zentralstation wieder wach. Zu Hause stelle ich mir den Wecker und lasse mich fast heulend vor Erschöpfung aufs Bett fallen. Ich wage nicht, an den nächsten Tag zu denken.

Der wird noch furchtbarer. An einem Stand vor dem Hafentor würge ich mir mittags eine Pita mit Falafel rein und trinke dazu eiskalten Gazos.

Eine Stunde später beginnen die Krämpfe. «Los, hol dir einen warmen Tee!», befiehlt Moische und winkt jemanden heran, der mich so lange vertreten soll. «Und lass die Finger von diesem Scheißgazos!»

Ich nicke zerknirscht und trinke zwei Tee hintereinander.

Moische kommt zu mir und reicht mir eine Tablette. «Schützt die Magenwände. Runter damit.»
Ich gehorche.

Am Ende der zweiten Woche werden wir zum ersten Mal bezahlt, und ich habe plötzlich einen Riesenhaufen Geld in der Tasche. Im Bus sitzend, denke ich darüber nach, Arié zum Abendessen einzuladen. Während ich dusche, merke ich, dass ich kaum noch Atem holen kann. Mein Brustkorb scheint zusammenzuschrumpfen. Ich schleppe mich, keuchend und nass, wie ich bin, nur mit Hose und Hemd bekleidet, zur nächsten Telefonzelle und hoffe, dass Arié Spätdienst hat. Er hat, ist aber noch nicht da. Ich lasse ihm ausrichten, dass ich ihn dringend sprechen müsse.

Wie ich wieder in mein Zimmer gekommen bin, weiß ich nicht. Ich wache auf einer Trage auf, die gerade in einen Krankenwagen geschoben wird. Arié sitzt käsebleich neben mir und hält meine Hand. Er sagt, dass ich hohes Fieber hätte, was es genau sei, werde man im Krankenhaus feststellen. Ich solle mir keine Sorgen machen und weiterschlafen.

Die Ärzte diagnostizieren eine doppelseitige Rippenfellentzündung. Als ich nach zwei Tagen zu mir komme, erzählt mir Arié, dass sie mich punktieren mussten, weil sich an einigen Stellen bereits Wasser gesammelt hatte. Auch in den Lungenflügeln. «Ganze Seenlandschaften haben sich in dir gebildet», witzelt er, und ich sehe ihm an, dass er damit seine Besorgnis überspielen will.

Ich habe von der Prozedur nichts mitbekommen. Meine Temperatur ist inzwischen zurückgegangen, und meine Atemgeräusche sind nicht mehr so furchterregend.

«Du hast geklungen wie eine olle Dampflok», sagt Arié. Ich höre ihm zu und versuche, mich möglichst wenig zu bewegen. Ich fühle mich, als hätte ich am ganzen Körper Muskelkater. Arié erklärt mir, dass man auch eine Bronchoskopie durchgeführt habe und dass die allgemeinen Muskelirritationen daher rührten.

Er drückt sich sehr fachmännisch aus, stelle ich erstaunt fest. Langsam kommt mir der Verdacht, dass er meinem Arzt in den letzten achtundvierzig Stunden nicht von der Seite gewichen ist. Ich betrachte Arié aufmerksamer und nehme die dunkelbraunen Schatten unter seinen Augen wahr. Sein eines Bein hat er ausgestreckt, und seine linke Hand umklammert eine Krücke. Er folgt meinem Blick.

«Ich muss wahrscheinlich wieder mal operiert werden», sagt er und versucht zu lächeln.

Ich bin so fassungslos, so schwach, dass ich hemmungslos zu heulen anfange. Arié stützt sich mit seiner Krücke ab, stemmt sich hoch und beugt sich über mich. Das ist alles, was ich noch erkennen kann. Ich spüre, wie man mich hochhebt, und die Gleichgültigkeit, die ich mit einem Mal gegen meine Schmerzen empfinde, macht mich richtig glücklich.

Als ich wieder zu mir komme, sitzt Arié an meinem Bett und sieht mich an. Ich frage ihn nach seiner Krücke, die ich nirgendwo entdecken kann.

«Unter dem Bett liegt sie, damit du nicht wieder zu heulen anfängst.»

Ich nicke und merke, dass ich immer noch nah am Wasser gebaut bin. Dann erkundige ich mich nach seinem Zustand und erfahre, dass seine Zehen sich stark verkrümmt haben. Deshalb müssen einige Sehnen zerschnitten und korrigiert werden.

«Du hast endlos lange geschlafen», versucht er vom Thema abzulenken, «nachdem sie dir ein paar Spritzen verpasst haben. Aber jetzt scheinst du übern Berg zu sein. Ich gebe heute Abend meine letzte Unterrichtsstunde, danach trete ich meinen

Krankenurlaub an. Dann kannst du mich besuchen kommen. Du hast es ja nicht weit, ich liege nur auf einer anderen Station. Endlich wieder unter einem Dach.»

Er bückt sich tief, um seine Krücke unterm Bett hervorzuziehen. «Ich möchte dich täglich sehen. Auch nach deiner Entlassung. Ich will sicher sein, dass du nicht wieder Drehbänke schleppst. Oder anderen Scheiß baust. Das Geld, das du bei dir hattest, habe ich auf dein Konto eingezahlt. Und um die Krankenhausrechnung musst du dir auch keine Sorgen machen. Moische war hier. Er hat eine Versicherungspolice mitgebracht, die du hättest unterschreiben sollen. Ich habe es an deiner Stelle getan. Er kommt in den nächsten Tagen nochmal vorbei, weil er deine Originalunterschrift braucht und um dich zu besuchen. Er hat mir übrigens erzählt, dass er beim Palmach gedient hat.»

Ich sehe ihn fragend an.

«Eine Spezialtruppe. Beinahe an allen Waffengattungen ausgebildet. Notfalls können diese Jungs sogar ein Flugzeug fliegen. Wir nennen sie scherzhaft die jüdische Waffen-SS. Das hören sie zwar gar nicht gern, aber sie langen eben ganz schön zu, wenn's sein muss. Ihnen habe ich mein Leben zu verdanken.»

Diese Geschichte kenne ich noch nicht.

Kurz bevor er verwundet wurde, lag Ariés Truppe direkt neben der Verbindungsstraße zwischen Jerusalem und dem Toten Meer. Vor ihnen und in ihrem Rücken die Arabische Legion. Starke Kämpfer. Die hätten Arié und seine Kameraden wie Vieh abgeschlachtet, wenn der Palmach nicht durchgebrochen wäre.

Moische hat den Einsatz mitgemacht, aber Arié kann sich nicht an ihn erinnern. Er meint, es könne daran liegen, dass er wie betäubt gewesen war: Ein Granatsplitter hatte ihm die Ferse aufgerissen, die Achillessehne hing in Fetzen. Nach dem ersten Schock breiteten sich die Schmerzen so schnell aus, dass er glaubte, auch sein Unterleib habe etwas abbekommen. Man legte ihn in eine Sandmulde neben der Straße und transportierte ihn sofort ab, nachdem der Palmach sie rausgehauen hatte.

«Ich kann mir gut vorstellen, dass Moische einer der aktivsten war», sagt Arié. «Seiner Statur nach zu urteilen, hat er ja einiges einzusetzen. Übrigens ist er ein geradezu schamloser Kerl. Du hattest die ganze Zeit die Augen offen, sodass er glauben musste, du wärst wach. Er hat wie verrückt auf dich eingeredet. Um dich aufzumuntern, hat er sogar die Hosen runtergelassen und dir seinen Arsch mitsamt der Tätowierung hingehalten. Wenn er die Backen zusammenzieht, sieht man nur eine dunkelblaue Linie, aber wenn er loslässt, kann man einen Spruch in arabischer Schrift erkennen. Er hat ihn mir übersetzt: ‹Leckt mich am Arsch, wenn ihr noch könnt›, soll es heißen. Ob das wahr ist?»

Ich fange vor Lachen an zu husten und staune darüber, dass ich beinahe schmerzfrei bin.

Alle meine Medikamente sind schon abgesetzt, und ich soll in den nächsten Tagen entlassen werden. Aber mit dem Laufen klappt es noch nicht recht. Immerhin bin ich schon imstande, meinen Bruder nach seiner Operation auf der orthopädisch-chirurgischen Station zu besuchen.

An seinem verschwommenen Blick sehe ich, dass ihm die Narkose noch in den Knochen steckt. Der Anästhesist ist gerade bei ihm und fragt ihn nach seinem Befinden. Ich habe den Eindruck, er will Arié nur sprechen hören, um seinen Zustand zu überprüfen. Arié antwortet mit schwerer Zunge, aber durchaus logisch. Als der Arzt die Tür hinter sich schließt, schmunzelt mein Bruder mir zu.

«Er fällt immer wieder darauf rein. Zweimal hat er mich jetzt schon in den Narkosenebel geschickt. An ihm kann ich meine schauspielerischen Fähigkeiten testen. Er ist ein echter, intelligenter Schmock.»

Ich sage Arié, dass ihm seine Zunge noch nicht ganz folgt.

Aber sein Gehirn scheint den vollen Betrieb aufgenommen zu haben. Er zeigt mir seinen Verband, der bis zum Oberschenkel reicht. Diesmal hätten die Ärzte einen radikaleren Eingriff vorgenommen. Das sei zwar mit einem gewissen Risiko verbunden, aber die einzige Möglichkeit, nicht schon nach zwei Jahren das Krankenhaus wiederzusehen.

«Jetzt kann ich nur hoffen, dass dieses leidige Hinken endlich nachlässt und mein Gefühl im Fuß zurückkehrt.» Er sieht mich prüfend an: «Und wie geht's dir? Dein Atem pfeift ja nach wie vor ganz schön.»

«Bis zu meinem nächsten Auftritt im Theater werd ich mich wohl noch wie eine D-Lok anhören», antworte ich. «Wenn es dann nicht weg ist, werde ich das Pfeifen eben zu meinem Markenzeichen machen.»

Als ich in mein Zimmer zurückkehre, wartet Luba schon auf mich. Sie steht am Fenster, und ich sehe nur ihren schattenhaften Umriss, der sich gegen das grelle Sonnenlicht abhebt. Sie kommt auf mich zu und legt mir die Hände auf die Schultern. In dieser Stellung findet uns Judith vor, die kurz anklopfend und ohne ein «Herein» abzuwarten die Tür aufreißt.

Ich setze mich vor Schreck aufs Bett, doch die Mädchen begrüßen sich betont herzlich und nehmen neben mir Platz, die eine rechts, die andere links. Judith trägt ihr Haar offen. Es reicht ihr bis zum Po, und sie schiebt es beim Hinsetzen mit einer affigen Bewegung, die wohl sexy sein soll, zur Seite. Beide erkundigen sich geflissentlich, wie es mir geht, und machen mir Vorwürfe, weil ich mich so lange nicht gemeldet hätte. Jede versucht, die andere zu übertrumpfen.

Judith versichert mir, es sei immer ein Zimmer bei ihren Eltern für mich frei. Auch Adolf Klausner habe mir bereits einige Male Hilfe angeboten. Mehr könne man nun wirklich nicht für mich tun. Und während sie ohne Punkt und Komma redet, schaue ich die beiden an. Judith hat etwas zugenommen, und ihre erotische Ausstrahlung hat sich noch verstärkt. Luba dagegen ist nur mehr ein Strich in der Landschaft. Ihre Haut an den Armen hat nach wie vor diesen bläulich weißen Schimmer, und der Ausdruck in ihren Augen ist noch wölfischer geworden.

Ich muss mich verdammt nochmal hinlegen und die Beine ausstrecken, aber die beiden Weiber werden wohl nie ihre Hintern hochheben. Da reißt mich ein Satz von Luba aus meinen Gedanken. Sie macht mir das Angebot, mich zu heiraten, diesmal mit der Begründung, dann könne ich mich nach Deutschland absetzen. Auf den israelischen Bühnen hätte ich einfach nicht die Möglichkeiten, die jemandem mit meinem Talent zustünden. Sicher werde Deutschland, was die Theaterszene angehe, bald wieder die Nummer eins der Welt sein. Ich solle nur mal an Brecht denken. Hierzubleiben hieße wirklich Perlen vor die Säue werfen.

Judith verschlägt es sichtlich die Sprache, und Luba verkündet, dass sie sich nun endgültig entschlossen habe, in Israel zu bleiben. «Du kannst also ganz beruhigt nach Hause fahren und mich bei den Engländern als Bürgen benennen. Eine Ehefrau bietet immer noch die beste Gewähr dafür, dass der Mann zurückkommt.» Sie verzieht den Mund zu einem klebrigsüßen Lächeln, doch ihre Augen blitzen angriffslustig.

«Dann solltest du dich aber lieber nicht persönlich in der Britischen Botschaft blicken lassen», fährt Judith zornesrot dazwischen. «Sonst könnte man dort auf den Gedanken kommen, der Ehemann einer solchen Frau würde sich mit Zähnen und Klauen dagegen wehren, zu ihr zurückkehren zu müssen. Und was heißt überhaupt: Perlen vor die Säue? Sind wir im Gegensatz zu den Deutschen Säue?»

Da habe sie jetzt etwas missverstanden, erwidert Luba ruhig. Sie meine das lediglich in Bezug auf das Theater. In dieser Hinsicht habe Tel Aviv, vorläufig jedenfalls, ja wohl nicht allzu viel zu bieten.

«Was weißt denn du vom kulturellen Leben?» Judith kocht vor Wut. «Hast du jemals die Habima, die Philharmonie oder die Oper besucht? Na bitte. In der Philharmonie treten die bekanntesten Dirigenten der Welt auf, und in den Kammerspielen sind regelmäßig Starregisseure wie Lindtberg aus Zürich oder Edward G. Robinson aus New York zu Gast. Mit einem Wort: Es ist der blanke Unsinn, den du da redest. Und heiraten willst du Michael doch nur, weil dein Freund aus Mischmar Ha'emek dir einen Korb gegeben hat.»

Nun tritt eine spannungsgeladene Pause ein, in der Luba Judith eingehend mustert. Ihre Augen glitzern, als hätten sie die Sonne eingefangen. «Du kannst beim Heiraten ja gern für mich einspringen», sagt Luba schließlich. «Ich habe ihm lediglich ein gut gemeintes Angebot gemacht, ganz ohne Hintergedanken. Er könnte in Deutschland sofort die Scheidung einreichen. Mit meinem Einverständnis natürlich. Ich habe mich erkundigt. Wenn er allerdings dich heiraten sollte, kann er sicher sein, dass du, auf welchen Wegen auch immer, plötzlich im ach so verhassten Deutschland auftauchen wirst, um ihn an die Leine zu nehmen.»

Judith springt auf, aber die Antwort scheint ihr im Halse stecken zu bleiben. «Sag mir Bescheid, wenn du entlassen wirst», wendet sie sich mit mühsam beherrschter Stimme an mich, «wir sind jederzeit bereit, dich aufzunehmen, bis du wieder Theater spielen kannst.»

Ich erwidere, dass ich ja noch mein Zimmer in der Tel-Chai-Straße habe, aber mich ganz bestimmt melden werde. Sie möge bitte zu Hause alle von mir grüßen. Dann stürmt sie zur Tür hinaus.

Luba ist wieder vors Fenster getreten. Voller Mitleid betrachte ich ihre schmale Silhouette. Sie wendet sich zu mir und kommt auf mich zu. «Sei vorsichtig mit Judith», sagt sie ernst und nimmt meine Hand. «Sie hängt anscheinend sehr an dir. Und sie ist trotz ihrer imponierenden Erscheinung offenbar recht zart besaitet. Tu ihr nicht weh. Mein Angebot steht. Du kannst jederzeit auf meinen Vorschlag zurückkommen.»

Arié hat sich mit dem Rollstuhl zu mir hereinfahren lassen, und wir wollen zusammen zu Abend essen, mit anschließender Sause. Klausner hat drei Flaschen Carmelwein und ein riesiges Paket mit belegten Broten geschickt.

Plötzlich geht die Tür auf, und Äddi, gefolgt von Manne «Mücke» Hübner, kommt herein.

«Was machst du denn für Sachen?», fragt Äddi, und Hübner wünscht mir «gute Besserung». Dabei drückt er mir die Hand, als wolle er mir alle Knochen brechen. Er ist mir nach wie vor unsympathisch, aber ich muss wohl anerkennen, dass er einiges für das Land Israel getan hat. An seinem lang aufgeschossenen Körper sehe ich immer noch die Uniform der großdeutschen Wehrmacht herunterhängen, auch wenn er jetzt Khaki trägt. Das Unangenehmste an ihm ist seine Stimme. Dieser schnarrende Ton, der sich jeden Augenblick in preußisches Militärgebrüll verwandeln könnte.

Zur Aufheiterung erzählt Äddi, wie er neulich beauftragt wurde, den Zustand der Straßen oder besser Wege in der Judäischen Wüste zu erkunden, sich aber nicht zu tief ins feindliche Gebiet hineinzuwagen und sich auf keinen Fall Jericho zu nähern. Als Begleitung hatte er Hübner vorgeschlagen, und der war bereit, mitzukommen. Sie setzten sich also in einen nagelneuen Jeep und fuhren los. Insgeheim hatten sie natürlich sofort verabredet, nicht nur so weit wie möglich in die Judäische Wüste vorzustoßen, sondern auch Jericho zu besuchen. Äddi war neugierig auf die Stadtmauern, die laut Bibel durch kräftige Trompetenstöße der angreifenden Israeliten eingestürzt waren.

Hübner hatte ihm zu erklären versucht, dass diese Mauern, sollten sie je existiert haben, schon längst zerbröselt waren, wenn auch nicht durch Trompetenstöße. Solch mächtige Trompeten oder Posaunen gäbe es ja bis heute nicht. Es sei denn, die Mauern wären nur locker aufgeschichtet gewesen wie ein Friesenwall und man hätte nach jedem Trompetenstoß kräftig mit den Füßen nachgetreten.

Ädi verbat sich diese Respektlosigkeit gegenüber der Bibel und war nach wie vor davon überzeugt, dass man in Jericho noch auf Reste der Grundmauern stoßen könne. Aber dann waren sie mitten in der Einöde mit dampfendem Kühler stehengeblieben. Offensichtlich hatte man bei der Bereitstellung des Fahrzeugs vergessen, das Kühlwasser zu kontrollieren. Sie saßen also auf diesem bis an den Horizont reichenden Sandhaufen fest, hockten im schmalen Streifen Schatten, den der Wagen warf, und warteten darauf, dass der Motor abkühlen würde. Glücklicherweise hatten sie, bevor sie aufgebrochen waren, ihre Uniformen gegen Jeans und weiße T-Shirts eingetauscht. So konnten sie sich, wenn es darauf ankommen sollte, als herumirrende Touristen ausgeben.

Sie mussten eingeschlafen sein, denn sie schraken erst hoch, als die zwei vermummten Gestalten schon dicht vor ihnen standen und sie vorsichtig mit den Kolben ihrer Gewehre berührten. Ädi und Hübner waren im ersten Moment so verwirrt, dass sie nicht einmal die Hände hochnahmen. Die beiden Fremden schien das nicht zu stören. In gebrochenem Englisch äußerten sie den Wunsch, nach Jericho mitgenommen zu werden. Sie seien Angehörige eines Beduinenstammes, der nicht weit von hier lagere.

Hübner betrachtete die Gewehre der beiden und gab Ädi zu verstehen, dass sie die Dinger wahrscheinlich aus einem Museum geklaut hätten. «Das könnten sogar Vorderlader sein», erklärte er auf Deutsch. «Aber schießen kann man trotzdem noch damit.»

Während die Beduinen die beiden misstrauisch beäugten und wohl überlegten, in welcher Sprache sie sich unterhielten, kamen er und Ädi überein, dass sie die beiden Männer mitzunehmen hatten. Das Problem war nur, dass sie ihnen die Rückbank anbieten mussten und damit nicht nur die Männer, sondern auch deren Knarren die ganze Fahrt über im Rücken haben würden.

Die Fahrt muss eine Zerreißprobe für die Nerven gewesen sein. Dazu kam der Durst. Die beiden Wasserflaschen, die sie bei sich hatten, waren längst ausgetrunken. Die Beduinen hatten ihre Flinten zwischen die Beine geklemmt und saßen regungslos und ohne einen Laut von sich zu geben da.

Als sie Jericho erreicht hatten, begrüßten die Beduinen im Vorbeifahren lautstark und ihre Flinten schwenkend jordanische Soldaten und eine Gruppe von Zivilisten. Da tauchte plötzlich am Straßenrand ein Hydrant auf, der sein Wasser nicht halten konnte. Er spritzte in hohem Bogen um sich, und Hübner trat auf die Bremse. Äddi und die beiden Beduinen flogen nach vorn.

Mit einem Satz war Hübner aus dem Wagen gesprungen und auf den Hydranten zugerannt. Der Beduine hinter Äddi richtete seine Flinte auf ihn und schrie ihm auf Arabisch etwas zu. Hübner verstand zwar kein Wort, hob aber beschwichtigend die Hände. Nun sprangen auch die Beduinen vom Wagen, deuteten mit ihren Flinten auf den Jeep und forderten Hübner auf Englisch auf, weiterzufahren.

Sie dirigierten ihn durch die Stadt, indem sie mit ihren Knarren mal nach links und mal nach rechts wiesen, und schließlich landeten sie vor einem Restaurant. Einer der beiden Beduinen verschwand darin und kam kurz darauf mit zwei vollen Wasserflaschen zurück. Im Nu tranken Äddi und Hübner sie aus, und sogleich reichte man ihnen die nächsten.

Anschließend waren sie bei den Beduinen zum Essen eingeladen. Immer neue Speisen wurden aufgetragen, und immer lauter wurde die Tischgesellschaft. Inzwischen hatten die Mitfahrer ihren Gesichtsschutz abgelegt und entpuppten sich als zwei ältere Herren mit nachtschwarzen Augen und silbergrauen, spärlich gewachsenen Bärten. Hübner fragte den einen der beiden, warum er ihn denn mit der Waffe vom Wassertrinken abgehalten hätte. Ob der Hydrant so etwas wie eine heilige Quelle gewesen sei.

Nach anfänglichem Unverständnis und nachdem ihm die Frage noch einmal von einem der besser Englisch sprechenden Gäste übersetzt worden war, ließ ihm der Beduine erklären, dass dieses Wasser kein Trinkwasser gewesen sei und oft Ruhr oder Typhus hervorrufe. Überall in der Stadt werde davor gewarnt, davon zu trinken. Er könne verstehen, dass der sprudelnde Hydrant verlockend gewesen sei, aber Hübner sei eben nur noch mit der Waffe aufzuhalten gewesen.

Als Ädi seine Geschichte beendet hat, beschließen wir, Hübners Errettung gebührend zu feiern und seine Rückkehr ins Leben zu begießen. Hübner rückt die drei anderen Betten an die gegenüberliegende Wand, und eine Schwester schiebt uns einen großen fahrbaren Tisch herein.

Am nächsten Morgen höre ich weder die Krankenschwester, die während meines Tiefschlafs das Zimmer aufgeräumt haben muss, noch Gershon Klein, der wahrscheinlich schon eine ganze Weile neben meinem Bett sitzt. Als ich die Augen öffne, sehe ich geradewegs in die seinen.

«Du machst Sachen», stellt er als Erstes fest und erzählt mir dann von den wunderbaren Ferien, die er auf dem Berg Hermon verlebt habe. Während des gesamten Aufenthalts dort sei kein einziger Schuss gefallen. Das Klima da oben mute beinahe europäisch an. Man habe das Gefühl, in den Alpen zu sein.

Ich höre ihm sprachlos zu. Das ist vielleicht ein Früchtchen, schickt mich ohne einen Pfennig Geld in die Ferien und hat die Stirn, sich an mein Krankenbett zu setzen, um mir von seinem Urlaub vorzuschwärmen. Braungebrannt, mit von der Sonne gebleichten Haaren, bei denen man nicht unterscheiden kann, was noch blond und was schon grau ist. Ich muss mich zusammenreißen, um ihm nicht an die Kehle zu gehen.

Als könne er meine Gedanken lesen, fragt er mich mit plötzlich besorgter Miene nach meinem Befinden. «Ich hoffe doch sehr, dass du in der nächsten Woche mit den Endproben zu ‹Morgen werden sie ankommen› beginnen kannst. Die Premiere in drei Wochen ist längst ausverkauft, kein Wunder, bei einer israelischen Uraufführung. Außerdem haben wir schon die zweite Produktion der neuen Spielzeit mit dir geplant.»

Er steht abrupt auf und verabschiedet sich so schnell, dass ich das Gefühl habe, er begreift, wie taktlos er sich gerade verhält.

«Also: Anfang nächster Woche musst du wieder auf dem Damm sein.»

«Erst mal müssten wir uns über die Höhe der Gage einig werden», antworte ich eisig.

Er ist so verblüfft, dass er den Mund nicht zubekommt, und setzt sich wieder. Es sei doch nie von einer Gagenerhöhung die Rede gewesen, sagt er nach einer Pause. Ich weise ihn darauf hin, dass mir durch ihr unsoziales Verhalten ein paar unvorhergesehene Ausgaben entstanden seien und dass wir keinerlei schriftliche Abmachung über ein erneutes Arbeitsverhältnis hätten. «Am besten bemühst du dich schnellstens darum.»

«An welche Summe hast du denn gedacht?», fragt er mich zögernd.

«An das Doppelte», platze ich heraus und hoffe, dass mir meine Wut nicht allzu deutlich ins Gesicht geschrieben steht.

Gershon verlässt ohne Gruß das Zimmer, und ich rufe ihm hinterher, dass er mir zusätzlich noch ein paar Erholungstage auf dem Hermon spendieren könne.

Zwei Tage später bin ich endlich wieder in den eigenen vier Wänden. Luba hat sich angekündigt. Sie hat von Arié erfahren, dass er unbedingt unsere Mutter wiedersehen wolle. Und da Mutter sich endgültig entschieden habe, vorläufig nicht nach

Israel zu kommen, weil ihr der Krieg in Europa noch in den Knochen stecke, werde ihm wohl nichts anderes übrigbleiben, als sie in Deutschland zu besuchen. Und nun will Luba mit mir darüber reden, wie man das anstellen könnte. Denn Arié kann nur weg, wenn ich in Israel bleibe und für ihn bürge.

Als sie ankommt, bitte ich sie gar nicht erst herein, sondern gehe gleich mit ihr ins «Cassit». Cheskel begrüßt mich überschwenglich und bringt uns eine riesige Kanne Tee mit Zitrone. Wir sitzen in einer dunklen Ecke des noch leeren Lokals, und sie präsentiert mir ihren neuen Plan: Wenn wir beide heiraten würden, hätten wir als Eheleute die absolute Spitzenbürgschaft für Arié zu bieten. Bruder und Schwägerin, liebe Verwandtschaft also, die voller Sehnsucht auf ihn warten. Er könne ganz legal nach Deutschland ein- und wieder ausreisen. Und sollte mich später einmal die Sehnsucht nach Mutter quälen, könne ich ja jederzeit über Dänemark dorthin zurückkehren. Äddi Fichtmann sei im Begriff, Israel zu verlassen, und könne mir sofort eine Einreisegenehmigung verschaffen.

Ich sage ihr, dass ich auch ohne eine Heirat in der Lage sei, meinen Bruder nach Deutschland zu bringen. Darum brauche sie sich keinen Kopf zu machen. Und wenn ich später selbst einmal darüber nachdenken sollte, das Land zu verlassen, hätte ich genügend Verbindungen, um das in die Wege zu leiten.

Was hat mein Vater einmal gesagt? Notlügen sind auch Lügen. Aber hin und wieder sind sie eben notwendig – wenn sie niemand anderem schaden.

Plötzlich steht Äddi hinter uns. Er grüßt kurz und setzt sich, ohne zu fragen, ob er störe, zu uns. Ich spüre, wie nervös er ist. Rasch beugt er sich vor und legt mir die Hand auf die Schulter. «Du brauchst sie nicht zu heiraten. Ich kann dich über jedes europäische Land nach Dänemark einreisen lassen. Und wenn du heimwillst», wendet er sich an Luba, «kann ich auch dir dabei helfen. Als dänische Staatsbürgerin gäbe es für dich gar keine Probleme.»

Verblüfft schaue ich Äddi an. Warum habe ich das nicht schon früher bemerkt?

Luba schüttelt den Kopf. Sie will auf keinen Fall dänische Staatsbürgerin werden, findet Dänemark abgelegen und dusselig. «Tiefste Provinz», sagt sie und versucht arrogant auszusehen.

Im Gegensatz zu mir bleibt Ädi ernst. Er erklärt ihr, sie könne vielleicht auch nur als seine Verlobte einreisen. Da müsse er sich aber erst erkundigen.

In diesem Augenblick wird mir das ganze Ausmaß seiner Verzweiflung klar. Er ist verrückt nach ihr, und das scheint ihn völlig verändert zu haben. Gerade als ich mich dazu entschließe, ihn zu beruhigen, schneidet mir Luba das Wort ab: Eine Verlobung mit Ädi wäre ihr ein zu großes Risiko; für sie komme nur eine Heirat mit mir in Frage, da sie nur bei mir sicher sein könne, mit keinerlei nachträglichen Ansprüchen konfrontiert zu werden. Ädi und seinen dänischen Gesetzen sei nicht zu trauen. Und vielleicht könnte ich sie ja sogar irgendwann nachholen. «Dann wäre ich endlich wieder zu Hause, ohne dass ich mich dafür zuerst in fremden Ländern mit fremden Männern herumtreiben muss.»

Ädi knallt seine halb ausgetrunkene Teetasse auf den Tisch und stürmt ohne Gruß aus dem Lokal.

«Da verstehe einer die Dänen. Benehmen sich, als hätten sie den Krieg gewonnen.»

«Du bist wirklich ein Biest. Siehst du denn nicht, dass Ädi in dich verliebt ist?»

«Denkst du, ich bin blind? Aber sein alttestamentarisches Gehabe geht mir auf die Nerven. Er hat Gefühle für mich, fragt mich aber gar nicht, ob ich sie erwidern könnte. Insgeheim glaubt er wohl immer noch, dass sich die mittellose Frau zu fügen hat, wenn man ihr gnädig einen Antrag macht. So ein Blödsinn! Sei ehrlich, möchtest du in Dänemark leben?»

Ich kann mir ein Lachen nur schwer verkneifen. «Ädi verhält sich eben wie ein verliebter Armleuchter, der seine Zurechnungsfähigkeit eingebüßt hat.»

Luba sieht mich mit ihren Kalmückenaugen an. «Wie sieht's denn mit deiner Zurechnungsfähigkeit aus?»

«Das geht dich gar nichts an.»

Unvermittelt steht sie auf. «Lass dir mein Angebot noch einmal durch den Kopf gehen.» Dann verlässt sie ebenfalls grußlos das Lokal.

Am späten Abend lädt Arié mich zu einem polnisch-jüdischen Abendessen in der Ben-Jehuda-Straße ein, und ich bekomme wieder meine heißgeliebten hausgemachten Nudeln mit Rindfleischsuppe. Als zweiter Gang wird das magere Rindfleisch mit einer zarten Gemüsesoße und Weißbrotzopf serviert. Während des Essens erzähle ich von Gershon Kleins Besuch und dass er mich aufgefordert habe, morgen früh zur Probe zu erscheinen.

«Ich würde hingehen», rät mir Arié. «Dadurch vergibst du dir doch nichts. Danach musst du allerdings auf einer Verhandlung bestehen.»

«Kommt gar nicht in Frage. Nicht, solange das mit der Gage nicht geklärt ist.»

«Treib es nicht auf die Spitze. Es könnte sein, dass sie einen Ersatz für dich bereithalten, und dann stündest du auf der Straße.»

Ich lasse es trotzdem darauf ankommen, bleibe zu Hause und warte am darauffolgenden Tag voller Ungeduld auf eine Reaktion des Theaters. Fast fürchte ich, Arié könnte recht haben, da meldet mir meine Wirtin einen Besucher: Gershon Klein. Er sei im Auftrag der Theaterkommune hier und schlage mir eine Gehaltserhöhung von fünfzig Prozent vor. Ich schüttele den Kopf. Dann bluffe ich: Ich sei über die Höhe seiner Gage informiert – sie übertreffe, wie er wisse, die von mir geforderte bei weitem.

Halb wütend, halb irritiert sieht er mich an. «Das ist etwas ganz anderes: Ich bin schließlich Mitbesitzer des Theaters.»

«Na und? Dafür stehst du doch so gut wie gar nicht auf der Bühne. Und der Erfolg hängt letztlich von den Schauspielern ab, die ihren Kopf hinhalten müssen. Womit du dich sonst noch so beschäftigst, interessiert mich nicht.»

Mit einer beschwörenden Geste bedeutet er mir, hier zu warten: Er wolle noch einmal Rücksprache halten. Dann läuft er los wie ein Wiesel – scheinbar habe ich immer noch zu wenig verlangt. Eigentlich hätte ich einen geharnischten Protest erwartet, als ich von seiner hohen Gage sprach. Wer weiß, was die anderen Kollegen kriegen!

Schon nach einer halben Stunde ist er wieder da, wedelt mit einem Vertrag und überbringt mir das Einverständnis der Truppe. Ich lese mir auch das Kleingedruckte aufmerksam durch und weise ihn darauf hin, dass eine der Gage angemessene Urlaubsvergütung fehle. Er trabt noch einmal los, und ich komme mir ziemlich schäbig vor – vielleicht bin ich ja zum nächsten Jahresurlaub gar nicht mehr im Lande.

Am Abend feiern Arié, Chawa und ich ausgelassen und ohne Rücksicht auf unsere Geldbeutel den Vertragsabschluss. Wir trinken viel, und irgendwann versucht Arié, mir das Glas aus der Hand zu winden. «Sonst erscheinst du morgen früh noch halb betrunken zur Probe!»

Chawa erzählt, dass Luba wieder bei ihr eingezogen sei und bei ihr im Krankenhaus eine Anstellung als medizinische Assistentin gefunden habe. «Ihr Asthma macht ihr manchmal ganz schön zu schaffen, und dann beklagt sie sich über das hiesige Klima. Die Ärzte schütteln nur den Kopf und versuchen sie davon zu überzeugen, dass das Klima in Ägypten und Israel

Balsam für Lungen und Bronchien ist. Aber nein: Luba bleibt stur bei ihrer Überzeugung, dass sie sich in Europa viel besser gefühlt hat», grinst Chawa.

Arié übernimmt es, Chawa mit einem Sammeltaxi nach Hause zu bringen. Ich sitze noch eine Weile draußen und sehe die dunkle Dizengoffstraße hinunter. Ab und zu bewegt sich jemand im Schatten der Häuser, oder ein Auto fährt mit abgeblendeten Scheinwerfern vorbei. Ein Wagen hält direkt auf mich zu. Als er näher kommt, erkenne ich, dass es ein Fahrzeug der «Mischtara» ist, der Polizei. Hinter der Windschutzscheibe leuchtet kurz ein Gesicht auf. Es blickt zu mir herüber und verschwindet sofort wieder im Dunkeln.

Wir haben keinen Frieden, denke ich. Nur einen Waffenstillstand. Und wer weiß, wie lange der noch hält. Wir tun hier so, als lebten wir völlig normal. Wie in jedem anderen Land dieser Tage. Nur manchmal, jedenfalls mir geht es so, spüre ich, wie es unter der Oberfläche brodelt, wie der Asphalt unter mir zu beben scheint. Und wenn ich dann den Menschen ins Gesicht schaue, glaube ich, die gleiche Anspannung auch bei ihnen zu sehen.

Zum zweiten Mal wird mir klar, wie sehr ich dieses Land liebe. Seinen unverwechselbaren Geruch, den ich bei meinen Spaziergängen zwischen Tel Aviv und Haifa wiedergefunden habe, die hochgespannte Nervosität, die überwältigende Wachheit und Lebenslust der Menschen. Ich nehme mir vor, selbst wenn ich Israel verlassen sollte: Ich komme wieder.

Plötzlich werden mir die Augen zugehalten. Ich schrecke zusammen, doch dann spüre ich den Hauch eines bekannten Parfüms. Judith lässt sich auf meinen Schoß gleiten und küsst mich. Sie riecht ein wenig nach Alkohol. Nicht unangenehm.

Charmant, denke ich und erwidere ihre Zärtlichkeiten. Hat mich Cheskel, ohne sich zu verabschieden, hier sitzenlassen? Das Lokal ist dunkel, stelle ich während einer kurzen Atempause fest. Ich lasse mich von Judith hochziehen, und wir steigen in einen kleinen Wagen. Sie fährt wie eine Verrückte, und sie weiß genau, wohin.

Ich habe ihr Zimmer noch nie gesehen. Auch jetzt schaltet sie kein Licht an. Sie fällt mit einer solchen Leidenschaft über mich her, dass ich vor lauter Schreck nicht reagieren kann. Erst als sie ruhiger wird, beginne ich, ihren Geruch wahrzunehmen, ihre weiße Haut, und wir lassen bis zum Morgen nicht voneinander.

Kaum ist es hell geworden, wirft sie mich raus. Sie zieht mich an, bindet mir sogar die Schuhe zu und fährt zwischendurch immer wieder mit der Zunge über meine Lippen. «Ich brauche dich», flüstert sie, «ich brauche dich so.» Schließlich bugsiert sie mich wieder in ihr kleines Auto und setzt mich vor meiner Haustür ab. Ich habe gerade noch Zeit, mich zu duschen und im Bistro gegenüber dem Bühneneingang einen Kaffee zu trinken, dann stakse ich müde und an einem Bagel kauend zur Probe.

Die Gebrüder Klein erwarten mich im Zuschauerraum. Gershon eröffnet mir, dass vorläufig nur «Der Revisor», die jüngste Produktion, wiederaufgenommen werden könne, weil Yitzhak Shiloh Filmtermine habe und so gut wie nicht einsetzbar sei. Dafür müsse die neue Produktion «Morgen werden sie ankommen» vorgezogen und bald in die Endproben gehen.

Weder die Gebrüder Klein noch die Kollegen verlieren ein Wort über mein Verhalten bei der Vertragsverhandlung. Nur Berlinsky klopft mir nach der Probe auf die Schulter und nennt mich einen in jeder Beziehung harten Brocken.

Wir proben intensiv für die Wiederaufnahme des «Revisors». Motke spielt immer noch meinen Begleiter Dobtschinsky, und ich finde ihn so widerlich wie am ersten Tag. Sobald mir auf der Probe ein Wort mit deutschem Akzent rausrutscht, ahmt er mich nach. Stelle ich ihn deswegen zur Rede, behauptet er, er müsse seine Sprache ja der meinen anpassen.

Die ersten Vorstellungen laufen wunderbar. Das Publikum liebt das Stück und die Inszenierung, obwohl die Regie wie nach dem Rechenbuch verfährt. Als sei sie direkt aus dem Moskauer Künstlertheater der zwanziger Jahre importiert worden.

Schon nach der dritten Vorstellung fühle ich mich absolut frei, lege die Angst vor der mir immer noch fremden Sprache ab und traue mich sogar, ohne meinen Bruder, «die Zuflöte», auszukommen. Arié will auf keinen Fall Souffleur genannt werden, weil er meint, dass dieser Beruf im Grunde gar kein Beruf sei und dass, wer einmal diese Tätigkeit ausgeübt hätte, diesen Makel nie wieder loswürde. Er hänge einem an, auch wenn man ein noch so vielversprechender Schauspieler sei oder werden könne. Also nenne ich ihn «die Zuflöte» und verzichte immer häufiger auf ihn.

Es kommt, wie es kommen muss: Sobald ich mich ohne meinen Rettungsring bewege, stellt Motke mir Fallen. Er ändert, wenn auch nur ein klein wenig, die Stichwörter, bleibt zwar sinngemäß beim Inhalt, hofft aber darauf, dass ich das von ihm benutzte Wort nicht kenne. Zweimal bitte ich Arié wieder in die Vorstellung, und jedes Mal verhält sich Motke einwandfrei. Spricht präzise den vorgeschriebenen Text und schaut unschuldig drein. Kaum glaube ich, Arié nicht zu brauchen, geht es wieder los. Ich muss höllisch aufpassen, aber die Sache beginnt, mir Spaß zu machen.

Eines Abends gehe ich zum Gegenangriff über. In der Szene, in der wir als Bobtschinsky und Dobtschinsky auf die Bühne stürzen und aufgeregt berichten, dass ein Revisor in die Stadt gekommen sei. Ich schildere dessen pompöses, strenges Auftreten, seine furchteinflößende Erscheinung und so weiter. Laut Textbuch hat Motke nichts weiter zu tun, als vergeblich zu versuchen, mich zu unterbrechen, weil Dobtschinsky glaubt, die Geschichte viel besser erzählen zu können. Bobtschinsky lässt ihn nicht zu Wort kommen, und Dobtschinsky resigniert.

Aber an diesem Abend, nachdem mich Motke wieder einmal unterbrochen hat, drehe ich den Spieß um und sage: «Gut, wenn du willst: Erzähl!»

Ich setze mich auf einen freien Stuhl neben Irene Orna Porat und schaue Motke erwartungsvoll an. Irene, erst verblüfft, kriegt einen Lachkrampf. Und Motkes Gesichtsfarbe wechselt wie bei einem Chamäleon: von Puterrot über Käseweiß bis zu Leichengrün. Die übrigen Kollegen auf der Bühne drehen den Zuschauern den Rücken zu oder machen besorgte Mienen, weil sie fürchten, Motke könnte einen Herzanfall bekommen. Er versucht tapfer, meinen Text fortzusetzen, den er ja niemals gelernt hat. Wenigstens sinngemäß müsste er ihn doch wiedergeben können, denke ich; wenn er jetzt so kläglich versagt, hat er mir offenbar nie richtig zugehört.

Irene stößt mich in die Rippen und flüstert mir auf Deutsch zu, dass ich ihm helfen solle, sonst brächten wir die Vorstellung heute nie zu Ende, hebt aber dabei nicht den Kopf.

«Siehst du, du stotterst nur herum, machst ein grünes Gesicht, und kein Mensch auf der Welt versteht dich», sage ich im Stile Gogols. «Willst du nun fortfahren, oder soll ich das für dich tun?»

Motke sieht mich flehend an, und die Zuschauer beginnen zu lachen. Ich erhebe mich, bringe meine Geschichte zu Ende, und zum Schluss der Szene bekommt Motke einen dicken Szenenapplaus, weil er so schön gestottert und geschwitzt hat.

Von da an wächst sein Respekt vor mir erheblich. Mitunter bringt er mir sogar kleine Geschenke mit. Mal sind es englische «Navy-Cut»-Zigaretten, mal ein Stück Schweizer Milchschokolade.

«Man stelle sich das vor, dieser Geizkragen», sage ich zu meinem Bruder.

Arié wirkt in der letzten Zeit immer unruhiger, und eines Tages – es ist Schabbat, und wir liegen am Strand von Tel Aviv –, bricht es aus ihm heraus. Es sei nicht nur die Sehnsucht nach Mutter, die ihn umtreibe, sondern auch die Neugier auf die eigene Vergangenheit. Er glaube, hier so tiefe Wurzeln geschlagen zu haben, dass wohl keine Gefahr mehr bestehe, dass er Deutschland nicht mehr verlassen wolle, zumal es vermutlich noch immer einem riesigen Trümmerhaufen gleiche.

Ich bestätige ihm, dass es wirklich keinen besonders einladenden Eindruck machte, als ich wegfuhr, aber ich sei ja nun schon beinahe zwei Jahre fort. In der Zwischenzeit könne sich allerhand getan haben. «Die Deutschen und ihr Bienenfleiß – die kriegen das bestimmt bald wieder auf die Reihe.»

Ich schlage ihm vor, dass er mich als Bürgen angeben könne. Das lehnt er ab. Er wolle es erst einmal mit einer Bürgschaft der Klausners versuchen. Die seien zwar nur entfernte Verwandte, aber immerhin alteingesessene Bürger des Landes, und das wiege in den Augen der britischen Behörden wahrscheinlich schwerer als so ein Leichtgewicht von Komödiantenbruder. Ich lasse ihn reden, überlege, warum ich seit Tagen nichts mehr von Judith gehört habe, und döse vor mich hin.

Ein Schabbatnachmittag am Strand ähnelt von der Stimmung her einem Sonntagnachmittag am Wannsee. Das Lärmen der Kinder schläfert ein, wenn kein Motorengeräusch zu hören ist. Nach Vaters Tod waren wir oft am Wannsee. Man brauchte noch eine ganze Zeit lang keinen Judenstern zu tragen, und Mutter konnte sich zusammen mit ihrer Freundin Lona Furkert am Wasser ein bisschen ablenken. Sie sprachen, wenigstens in meiner Gegenwart, nie über ihn. Aber sie dachten an ihn. Da bin ich sicher. Es ist bestimmt nicht eine Stunde vergangen, in der sie nicht an ihn dachten.

Der Krieg schien uns 1940 noch weit weg, und welches Ausmaß die Massenverfolgung der Juden bald annehmen würde, ahnten wir nicht. Es war ein heißer, müde machender Sommer, und Mutter wurde immer sehr schnell braun. «Meine Mutter, die Mulattin», nannte ich sie oft, und dann haute sie mich leicht auf den Kopf.

Ich sehe meinen Bruder an. Er hält sich im Schatten und hat die blasse Hautfarbe unseres Vaters. Er gehört zur anderen Familienhälfte. Zur väterlichen. Wenn er mich ansieht, sucht er wahrscheinlich nach Ähnlichkeiten mit meiner Mutter. Oder er hat sie schon gefunden. Im Stillen nenne ich den Schabbatnachmittag am Tel Aviver Strand den Wannsee-Nachmittag. Träge, friedlich, feiertäglich.

Arié bekommt das Einreisevisum letztlich doch nur aufgrund meiner Bürgschaft und der Tatsache, dass Mutter in Berlin im britischen Sektor wohnt. Leider hat er nur seine khakifarbenen Hemden und Hosen. Wenn er dazu seine braune Lederjacke trägt, sieht er aus wie ein ausrangierter britischer Soldat. Er muss mindestens einen Anzug im Gepäck haben und einen Mantel für die kalten europäischen Tage. Doch wir brauchen unser Geld, um den Flug bezahlen zu können. Schon der billigste kostet siebzig britische Pfund. Mit Hilfe von Klausners finden wir einen ganz ordentlichen Anzug. Pepitamuster. Arié wirkt darin richtig seriös. Auch das passende Schuhwerk können wir uns gerade noch leisten. Aber dann wird's eng.

Außerdem kommt Arié mit der Nachricht von der Botschaft zurück, dass die Einreiseerlaubnis nur auf den Namen ausgestellt werden könne, der in seiner Geburtsurkunde steht. Auf seinen deutschen Namen. Adolf Degen. Mit seinem israelischen Pass könne er zwar reisen, aber sein Visum werde auf Adolf, nicht auf Arié lauten. Wie die Besatzungsbehörden auf die Unstimmigkeit in seinen Papieren reagieren würden, das sei sein Problem. Und als Arié fragte, ob man ihm deshalb eventuell die Einreise verweigern werde, zog man ein bedauerndes Gesicht – das könne durchaus sein.

Nach langem Hin und Her stellt ihm das israelische Passamt

schließlich ein zusätzliches Papier aus, das die Namensänderung damit begründet, dass es nun mal im Hebräischen keine dem Namen «Adolf» adäquate Übersetzung gebe. Mit diesem Schreiben, so versichert ihm der israelische Beamte, könne er selbst von antisemitischen Engländern nicht zurückgewiesen werden. Aber Arié besteht darauf, erst nach der Premiere von «Morgen werden sie ankommen» zu fliegen. Er hat sich die letzten Proben angesehen und glaubt an einen großen Erfolg.

Nicht einmal vor meiner ersten Premiere in hebräischer Sprache hatte ich solches Lampenfieber. Hinzu kommt, dass Judith mir in einem Brief, den sie im Theater abgegeben hat, mitteilt, sie habe sich verlobt. Sie werde niemals ihre Gefühle für mich vergessen, doch unser beider Charaktere seien so grundverschieden, dass sie bis zum Jüngsten Tag nicht begreifen werde, wie sie mich andererseits so lieb haben könne.

Ich bin so bestürzt über dieses Schreiben, dass ich es nicht wage, mit meinem Bruder darüber zu sprechen. Diese Frau ist mir ein Rätsel. Wie kann man nur derart spontan und kopfgesteuert zugleich sein? Nur mit Mühe schaffe ich es, mich auf meine letzten Proben zu konzentrieren, und ich staune, wie sehr ich mich schon an Judith gebunden habe.

Dass sie die erste Frau ist, die auf mich einen nachhaltigen Eindruck machte, wollte ich mir lange Zeit nicht eingestehen. Ihre hochnäsige Art, ihre Umwelt zu betrachten, hat mich oft zur Weißglut gebracht. Und wenn ich fasziniert beobachtete, wie sie sich mit fremden Leuten unterhielt, wenn ich ihre mühelose Eleganz bewunderte und die lässig spöttische Arroganz sah, mit der sie die mehr oder weniger deutlichen Anträge, die man ihr machte, ablehnte, hatte ich stets das Gefühl, dass an sie nicht heranzukommen war. Umso überraschender ihre überfallartige Liebeserklärung und dass sie später all ihre Prinzipien über den Haufen warf – von wegen jungfräulich in die Ehe gehen. In jener Nacht, so glaube ich, haben wir gemeinsam alle gegenseitigen Vorbehalte fallenlassen. Nie zuvor ist mir ein Mensch so nahe gekommen, nie habe ich bisher so ernsthaft über eine dauerhafte Beziehung nachgedacht. Überwältigt von ihrer Ausstrahlung, dieser Mischung aus Mädchenhaftigkeit und fraulicher Reife, war ich fest entschlossen, sie nicht mehr loszulassen, hier bei ihr in Israel zu bleiben.

Dennoch bin ich den Verdacht nie losgeworden, dass sie ein Verhältnis mit Arié gehabt hat. Egal, wie lange das inzwischen her sein mag – diesen Stachel konnte ich nicht aus meinem Hirn ziehen. Er lähmte mich, zwang mich immer wieder zur Distanz. Dann die Nacht, in der ich die vermeintliche Liebschaft mit meinem Bruder vergessen habe. Und jetzt dieser Tritt in die Magengrube. Hat sie etwa zu Arié zurückgefunden?

Die Premiere verläuft turbulent. Das Stück löst allenthalben große Betroffenheit aus. Einige Zuschauer schreien auf und wollen mich warnen, als ich auf das Minenfeld geschickt werde, wo ich einen qualvollen Tod zu sterben habe. Nur einer hat seinen Kopf auf die Brust sinken lassen und schnarcht friedlich vor sich hin: der Schutaf. Er sitzt in der ersten Reihe zwischen Adolf und Yitzhak Klausner, wird vergeblich in die Rippen gestoßen und lässt sich nicht stören.

Wie Yitzhak mir bei der Premierenfeier im «Cassit» erzählt, hat er ihn doch irgendwann wach gekriegt und wollte ihn in der Pause nach Hause schicken. Aber der Schutaf habe sich mit allen Kräften gewehrt und beteuert, jedes Wort mitbekommen zu haben. Keiner glaubte ihm. Also gab der Schutaf minutiös wieder, was sich bisher auf der Bühne abgespielt hatte. «Ein medizinisches Phänomen», staunt Yitzhak, der mich auf einen Stuhl neben dem seinen gezogen hat, «wenn er doch nur nicht dabei schnarchen würde.»

Adolf wiederholt unaufhörlich, wie ähnlich ich doch meiner Mutter sehe. Er tastet an mir herum, und ich werde schon ganz unruhig. Zu meiner Linken hat sich der Schutaf niedergelassen und tastet ebenfalls meine Oberarme ab. «Ich bin ja so froh, dass du am Leben und nicht von einer Mine zerrissen worden bist», murmelt er vor sich hin.

Später kommen Gershon und Werner Klein zu uns an den Tisch. Die Freude über den Erfolg steht ihnen ins Gesicht geschrieben: Erst wagte das Publikum gar nicht zu klatschen, und es blieb lange still im Zuschauerraum. Doch dann brach tosender Applaus aus. Die Zuschauer wollten uns gar nicht mehr weglassen.

Gershon versichert mir, dass er sich damals dem gemeinsamen Beschluss der Theatergemeinschaft, mir kein Urlaubsgeld auszuzahlen, nicht habe widersetzen können – ich hätte einfach noch nicht lange genug am Theater gearbeitet. Er sei aber dabei durchzuboxen, dass man mir meine unvorhergesehenen Ausgaben während der Ferien erstatten werde. Außerdem wolle er mir in nächster Zeit eine Woche Urlaub verschaffen, denn ich sähe immer noch nicht vollständig erholt aus. Man könne sicher ein Programm mit Aufführungen zusammenstellen, in denen ich nicht dabei sei.

Der Abend endet spät. Nachdem Arié sich für die nächsten Monate von allen verabschiedet hat, bringt er Chawa nach Hause.

Am übernächsten Tag begleite ich ihn nach Lod zum Flughafen. Zum ersten Mal trägt er seinen Pepitaanzug, in dem er völlig fremd aussieht. Er hat in seiner Schule eine Auszeit von einem halben Jahr genommen und hofft, die «Mama» überreden zu können, mit ihm zusammen nach Israel zu kommen. Ich wünsche mir insgeheim, dass er bei ihr auf Granit beißen wird.

Als er über das Flugfeld zur Maschine geht, hängt ihm seine Reisetasche aus Ziegenleder über der Schulter. Sein Hinken scheint in letzter Zeit wieder stärker geworden zu sein. Er winkt mir noch einmal zu, obwohl er mich gar nicht mehr sehen kann. Dann stolpert er über die Gangway hinauf und ist im Flugzeuginneren verschwunden.

Ich mache, dass ich vom Flughafen wegkomme. Unversehens fange ich zu heulen an und will es auch gar nicht unterdrücken. Mit einem Mal fühle ich mich so allein, so gottverlassen allein, dass ich beschließe, mich volllaufen zu lassen.

Wie lange sind wir hier zusammen gewesen? Anderthalb Jahre? Ich kann es nicht fassen, und es kommt mir vor, als hätte man ihn mir aus meinen Träumen gerissen, als wäre ich ihm auch in Wirklichkeit gar nicht begegnet.

Wir spielen das neue Stück fast täglich. Die Kritiken waren fabelhaft, das Haus ist voll, aber ich fühle mich, als säße ich auf glühenden Kohlen. Jetzt erst wird mir klar, dass das Land und mein Bruder für mich eine Einheit sind. Er fehlt mir. Mein Vater fehlt mir. Meine Mutter fehlt mir. Aber mein Bruder Arié fehlt mir am allermeisten. Ständig sehe ich ihn vor mir. Ich schlage mir die Nächte im «Cassit» um die Ohren und traue mich nicht in mein Zimmer. Dort ist die Einsamkeit noch unerträglicher als auf der Straße.

Judith hat sich nicht mehr blicken lassen, und auch Äddi und Manne Mücke Hübner nicht. Nur Luba holt mich sooft sie kann nach dem Theater ab. Dann sitzen wir gemeinsam bei Cheskel, und sie kaut mir die Ohren ab mit ihren Heiratsplänen: Ich könne jederzeit losfliegen, wenn ich sie heiraten würde, bräuchte mich um nichts zu kümmern, die Trauzeugen würde sie besorgen, und wenn ich Wert darauf legte, würde sie auch Judith einladen; die sei ja inzwischen selbst verheiratet, wie sie gehört habe. Mit einem hohen Beamten der Handelsmarine. Aber ich lasse mich nicht festnageln, sondern vertröste sie immer wieder und sage ihr, ich wolle drüber nachdenken.

Anfang der Woche macht Gershon Klein sein Versprechen wahr. Die Zahlung meiner «unvorhergesehenen Ausgaben» während der Ferien ist zwar abgelehnt worden, aber ich darf mich für eine Woche zur nachträglichen Erholung zurückziehen.

Judiths Heirat macht mir mehr zu schaffen, als ich dachte. Ich fliehe aus Tel Aviv und miete mich in einem Hotel in Herzlia ein. Von dort aus möchte ich in der Gegend herumfahren. Vielleicht sogar bis nach Safed in Galiläa hinauf. Morgen will mir der Hotelier einen Leihwagen besorgen.

Nach dem Frühstück liegt an der Rezeption ein Autoschlüssel für mich bereit, und vor dem Hotel steht ein Fiat 1100. Als ich einsteigen will, bemerke ich, dass auf dem Beifahrersitz ein großer, grauschwarzer Schäferhund hockt, der mich mit schräg gelegtem Kopf anschaut. Ich erinnere mich, gehört zu haben, dass diese charmante Kopfhaltung von uns Menschen oft falsch gedeutet wird. Also gehe ich zurück zum Empfangstresen und frage den Hotelier, ob der Fiat da draußen der für mich bestellte Wagen sei.

«Welcher denn sonst?»

«Und wessen Hund sitzt da drin?»

«Oh», erwidert er, «das ist meiner.»

Er kommt mit mir zum Auto, reißt die Beifahrertür auf und will den Hund am Halsband fassen, doch der fängt bedrohlich an zu knurren und schnappt sogar nach ihm. Ich habe so meine Zweifel, ob das tatsächlich sein Hund ist, aber er schwört, das Tier gehöre ihm – er könne sich dieses Verhalten nicht erklären. Dann läuft er ins Haus und kehrt kurze Zeit später mit einem Besen zurück. Er öffnet die rechte hintere Tür, um den Hund mit dem Besenstiel hinauszutreiben. Dazu muss er sich tief in den Wagen beugen, und da greift der Hund an. Nur um Haaresbreite verfehlt er den Unterarm seines Herrchens und beißt sich im Holz fest. Währenddessen lässt er ein so mordsmäßiges und tiefes Knurren hören, dass ich glaube, ihn förmlich wachsen zu sehen.

«Keine Ahnung, was in das Mistvieh gefahren ist», ächzt der Besitzer und lässt erschrocken den Besen los.

«Ich habe keine Lust, den Tag mit Raubtiernummern zu verplempern. Kann ich keinen anderen Wagen haben? Was ist mit dem da?», frage ich und deute auf den kleinen Transporter, der auf der anderen Straßenseite steht.

«Ausgeschlossen, das ist mein Firmenwagen. Den brauche ich selbst.»

Wütend reiße ich die Fahrertür des Fiat auf. Der Hotelier will hinter mich treten, doch ich scheuche ihn zurück: Der Hund habe ja schon gezeigt, wie gut er ihn leiden könne.

Langsam strecke ich meine Hand aus. Ich rechne damit, dass der Hund mich anknurrt oder nach mir schnappt, aber nichts dergleichen. Wie in Zeitlupe lasse ich mich auf dem Fahrersitz nieder. Der Hund gibt keinen Laut von sich. Dann wage ich es, ihn hinter den Ohren zu kraulen. Er neigt genüsslich den Kopf und lässt ihn schließlich in meinen Schoß sinken. «Wenn das dein Hund ist», rufe ich nach draußen, «heiße ich David Ben Gurion.»

Der Hotelier reckt verzweifelt die Hände in die Höhe. Behutsam versuche ich, den Hund am Halsband aus dem Wagen zu ziehen. Kaum habe ich meine Füße auf dem Boden, spüre ich Widerstand – eine Kraft hat der Bursche, denke ich und fange an, an ihm zu zerren, aber ich weiß sofort, dass ich in ihm meinen Meister gefunden habe. Er schaut mich an, als wäre er ein bisschen enttäuscht von mir. Oder als hätte er Mitleid mit meinen vergeblichen Anstrengungen.

Da kommt mir eine Idee. Ich lasse das Tier los und wende mich wieder an sein Herrchen: «Du gehst jetzt zum Lieferwagen, öffnest die Beifahrertür und wartest. Dann steige ich ein, und sollte der Hund mir folgen, knallst du die Tür zu. Abgemacht?»

Er nickt, und nachdem er seine Position eingenommen hat, schlendre ich hinüber und setze mich ans Steuer. Ich brauche nicht lange zu warten. Der Hund wetzt über die Fahrbahn, kurvt um den Lieferwagen herum und ist mit einem Satz auf dem Beifahrersitz. Eine Sekunde später knallt der Hotelier die Tür zu. Ich springe raus, schließe die Fahrertür, renne zum Fiat, steige ein, und schon habe ich den Schlüssel im Zündschloss.

Da klopft der Hotelier aufgeregt ans Fenster. Ich kurble die Scheibe runter. «Was ist?»

«Und wie komme ich jetzt in meinen Wagen?»

«Ist doch dein Hund. Und lass ihm ein bisschen Luft rein, sonst erstickt er dir noch.»

Dann gebe ich Gas.

Es ist eine faszinierende Gegend, dieses Galiläa. Je höher man sich die Serpentinen hinaufschraubt, desto kahler wird sie. Die Sonne brennt, und mir läuft trotz geöffneter Fenster im Wagen der Schweiß herunter.

Bald schon ist das gelblich braune Safed zu erkennen, und bei der Einfahrt in die beinahe zweitausendjährige Stadt kommen mir die ersten frommen Glaubensgenossen in ihren langen schwarzen Mänteln entgegen. Ich habe mir sagen lassen, dass die Einwohner sich vor vielen Jahrhunderten erfolgreich gegen die Verschleppung nach Rom wehren konnten.

Beim Gang durch die Straßen versuche ich in den wenigen Menschen, die mir in der glühenden Mittagshitze begegnen, ihre tapferen Vorfahren zu erkennen, aber in ihrer schwarzen Kleidung könnten sie ebenso gut im Orthodoxenviertel Mea-Schearim in Jerusalem herumlaufen. So können die Ur-Israeliten eigentlich nicht ausgesehen haben. Ich griene in mich hinein und denke an die Nachfolger der alten Römer im heutigen Italien. Es wird eben überall nur mit Wasser gekocht. Wenigstens einem der Ur-Israeliten wäre ich gerne begegnet. Mit braun gegerbter Haut, muskulös und einem hebräischen Dialekt, der wie in Stein gemeißelt klingt.

Trotz römischer Besatzung ist damals in Safed ein bedeutendes Kulturzentrum entstanden. Hier hat der römische Geschichtsschreiber und ehemalige jüdische Offizier Flavius Josephus, einer der Gründerväter der Stadt, das kulturelle Herz seines Volkes zu retten versucht. Viel später ist wahrscheinlich auch Juda Halevi durch diese Gassen gegangen, unser großer sephardischer Dichter, dem Goethe in seinem «West-östlichen Divan» einen erheblichen Platz eingeräumt hat.

Heute soll sich Safed wieder zu einer Art kulturellem Mittelpunkt entwickelt haben, zu einer Künstlerkolonie. Auch wenn ich davon nicht viel entdecken kann. Die äußerst sauberen Straßen sind teilweise mit großen Steinplatten belegt, alles wirkt sehr hell, beinahe wie in einem Traum.

Ich sehe mir einige der für die Touristen aufgeputzten Geschäfte an und entdecke in einer Auslage ein Schachspiel mit handgeschnitzten Figuren und eine wundervoll gebundene Bibel, die ich gern erstehen würde, aber ich scheue mich, bis zum Abend zu bleiben, wenn die Geschäfte wieder öffnen. Die teilweise extrem steilen Serpentinen möchte ich nicht unbedingt im Dunkeln herunterfahren müssen.

Am Empfang im Hotel gebe ich meinen Schlüssel ab, und der Hotelier knurrt etwas Unverständliches. Ich frage ihn freundlich, ob der Hund inzwischen den Lieferwagen verlassen habe, bekomme aber keine Antwort und steige die Treppe zu meinem Zimmer hinauf.

Oben angelangt, finde ich den Hund. Ausgestreckt am Boden vor meiner Zimmertür. Er springt sofort auf und bleibt abwartend stehen. Ich kraule ihn wieder hinter den Ohren, er drückt sich gegen meine Hand und sieht mich mit schräg gelegtem Kopf an.

Nachdem ich die Tür geöffnet habe, gehe ich um ihn herum und fordere ihn auf, hineinzukommen, doch er wedelt nur mit dem Schwanz und legt sich wieder hin. Von unten höre ich sein Herrchen rufen: «Schula!»

Schula heißt er also. Und er ist eine «Sie». Ein schöner Name. Die Abkürzung von Schulamit vielleicht?

Am nächsten Morgen ist der Platz vor meiner Tür leer. Beim Frühstück nimmt mich der Hotelier zur Seite und zeigt auf die Straße – Schula sitzt vor dem Fiat 1100 und schaut wachsam zum Hotel herüber.

«Willst du den Wagen nochmal haben?», fragt er.

«Keine schlechte Idee», antworte ich, «ich würde mir gern Beer Scheva ansehen.»

«Eine weite Strecke.»

«Was ist in diesem Land schon weit?»

Er gibt mir die Schlüssel, besteht aber darauf, dass ich Schula mitnehme. «Gestern hat sie den ganzen Tag nur gejault. Wenn das heute wieder losgeht, raubt sie mir noch den letzten Nerv. Ich mach dir auch einen anständigen Preis.»

Ich steige also in den Wagen, und der Hund wartet nicht ab, bis ich die Beifahrertür öffne, sondern drängt sich an mir vorbei. Aufrecht hockt er da und schaut durch die Frontscheibe.

«Die hat ja schon den echten Touristenblick», sage ich anerkennend zum Hotelier. Er schlägt wortlos die Tür zu und geht zurück ins Haus.

Schula begleitet mich die ganze restliche Woche. In einem arabischen Lederwarengeschäft in Jerusalem kaufe ich eine kunstvoll geflochtene Lederleine. Schula bleibt so lange brav vor dem Geschäft sitzen.

Ich klipse die Leine ans Halsband. Wir spazieren durch die Straßen und kommen gemeinsam zu dem Schluss, dass diese Stadt kein Gesicht hat. Wenn ich mich doch nur in der Altstadt umsehen könnte! Wahrscheinlich würde man dort die historische Bedeutung Jerusalems ermessen können.

Was man außerhalb der gesperrten Altstadt zu sehen bekommt, ist Architektur des zwanzigsten Jahrhunderts, der arabischen Bauweise angepasst. Die dicken gelblichen Sandsteinquader, mit denen die Häuser hier hochgezogen worden sind, geben ein einheitliches, aber langweiliges Stadtbild ab. Das Universitätsviertel mit seinem phantasievolleren Baustil hebt sich zwar von der Eintönigkeit der übrigen jüdischen Viertel ab, trotzdem haut es mich nicht gerade um. Nur der Markt mit seiner pulsierenden Lebendigkeit macht mir Spaß. Es gibt nichts, was man hier nicht kaufen könnte. Sogar Hundefutter wird an einem Stand angeboten, und Schula frisst mit Begeisterung die getrockneten Fleischbrocken, die ich ihr während unseres Spaziergangs immer wieder hinwerfe. Ich wäre gern ins bekannte Bezalel-Museum gegangen, doch wohin dann mit dem Hund?

Am Ende der Woche beschwört mich Schulas Herrchen, sie mitzunehmen. Aber wie soll ich? Ich sage ihm, dass ich nur zur Untermiete wohne, verspreche allerdings, öfter herauszukommen und mich ihr zu widmen.

Unser Abschiedsspaziergang am Strand will gar nicht enden. Schula jagt über den Sand und stürzt sich ins Wasser, als wollte sie mir zeigen, wie gut man hier leben kann.

An meinem letzten Morgen sitzt sie wieder vor dem Fiat und blickt mich an, als ich mich mit meiner Reisetasche auf den Weg zur Bushaltestelle mache. Ich gehe schneller und schneller und denke, wenn sie mir jetzt nachläuft, nehm ich sie mit. Scheißegal! Ich nehm sie mit.

Vorsichtig sehe ich mich um. Sie sitzt immer noch neben dem Wagen und schaut mir nach. Mit dem Kopf in Schräglage. Ich bin froh, dass der Bus schon an der Haltestelle steht und ich mit meinem dicken Kloß im Hals nicht auf ihn warten muss.

Ich habe jetzt jeden Tag im Theater zu tun. Manchmal fahre ich mit Luba an ihrem freien Tag zu Schula nach Herzlia hinaus, und der Hund benimmt sich wie besessen, galoppiert durch das niedrige Wasser, kommt mit klebriger Sandschnauze auf uns zu und schüttelt sich. Schula hat Luba sofort akzeptiert und springt sogar an ihr hoch.

Eines Abends wartet Luba wieder einmal im «Cassit» auf mich und redet darüber, wie viel einfacher alles für mich wäre, wenn wir heiraten würden. Dann lässt sie eine Flasche Krimsekt kommen, den Cheskel neuerdings führt, und ich gebe schließlich nach. Teils, weil ich wirklich Heimweh habe, teils aber auch, weil sich Arié noch nicht gemeldet hat. Ich begreife das einfach nicht. Es hätte doch einen Weg geben müssen, mir wenigstens mitzuteilen, dass er wohlbehalten angekommen ist.

In meiner permanenten Depression lasse ich alles über mich ergehen. Die Hochzeit nehme ich gar nicht richtig wahr. Der traditionelle Baldachin, unter dem wir stehen, kommt mir absolut lächerlich vor. Ebenso Luba in ihrem hellen Brautkleid. Ich habe sie bis dahin immer nur in Hosen gesehen. Chawa und die gesamte Familie Klausner einschließlich Schutaf und Judiths kleiner Cousine sind erschienen. Die Zeremonie findet in einer Synagoge in Tel Aviv statt, und mich plagt ein ungeheuer schlechtes Gewissen. Mit dieser für mich fiktiven Eheschließung beschwindeln wir nicht nur den Staat und die Rabbinatsbehörde, sondern auch den mit feierlichem Ernst amtierenden Rabbiner. Ich werfe einen verstohlenen Blick zu Luba hinüber, die jetzt vom Rabbi zu mir geleitet wird. Sie scheint sich geradezu in ihre Rolle als Braut verliebt zu haben. Sie hat doch wohl nicht etwa vor ... ? Ich will gar nicht daran denken.

Nach dem abschließenden Segen geht es zu Cheskel ins «Cassit» hinüber. Bei der Feier kreuzt nach langer Zeit sogar Schimon auf. Äddi dagegen fehlt. Und Judith? Ebenfalls Fehlanzeige.

Der Tag endet mit einer Katastrophe. Luba will, dass ich mit zu ihr in die Wohnung komme. Ich weigere mich. Das gehöre sich aber so, erklärt sie mir heftig. Ich mache sie darauf aufmerksam, dass wir nur eine Scheinehe eingegangen sind, aber sie besteht auf Vollzug. Ich lasse sie einfach stehen und wandere zu Fuß bis nach Jaffa zu meinem Libanesen.

Machmud hat große Gesellschaft und deshalb noch geöffnet. Mit einem Mal überkommt mich ein gewaltiger Hunger, ich esse die Speisekarte rauf und runter und bleibe bis zum Morgen. Seine Frau kredenzt uns zum Frühstück einen starken Kaffee und ein wunderbares, wie immer ein bisschen zu süßes arabisches Gebäck. Sie trägt einen Schleier und trippelt voller Stolz in ihren roten Schuhen im Laden umher.

Vielleicht hätte ich Judith auch solche Schuhe schenken sollen. Aber ich glaube kaum, dass sie nach ihrem Geschmack gewesen wären. Möglicherweise hätten sie Luba besser gefallen.

Nach unserer Hochzeitsfeier hat Luba jeden Kontakt zu mir abgebrochen. Und Arié lässt immer noch nichts von sich hören – seit fast drei Monaten kein Lebenszeichen von ihm! Ich habe bei meinen Londoner Cousins nachgefragt. Bei ihnen ist ebenfalls keine Nachricht eingegangen. Auch Klausners können sich sein Verhalten nicht erklären.

Eines Morgens steht Äddi vor meiner Wohnung und trommelt wie verrückt gegen die Tür. Ich öffne, total unausgeschlafen, er drängt mich zur Seite und lässt sich auf mein ungemachtes Bett fallen.

«Du bist der größte Trottel des Jahrhunderts», sagt er, nachdem er mich lange gemustert hat, zur Begrüßung. «Luba ist im Begriff, zum britischen Konsulat zu marschieren und sich die Einreise nach Deutschland zu sichern, bestens ausgerüstet mit ihrem Trauschein. Wenn sie das Visum erhält, weil sie einen treusorgenden Ehemann vorweisen kann, der hier sehnsüchtig auf sie wartet, kannst du deine Rückreise vergessen und in aller Ruhe einen Fünfjahresvertrag mit dem Kammertheater abschließen.»

Ich schaue ihn verwundert an.

«Wo ist dein Trauschein?» Er rüttelt mich. «Du musst doch auch einen haben!»

Ich schüttle den Kopf und sage ihm, dass bisher noch keiner bei mir eingetroffen sei. Mit einem Mal bin ich hellwach und schlage mir die Hand vor die Stirn. «Wo bekomme ich nur ein stabiles Messer oder einen Schraubenzieher her?»

«Was willst du denn damit?», fragt Äddi erschrocken.

«Meine Vermieterin ist seit vier Wochen verreist, nach Amerika. Die Post, auch meine, wird immer in ihren Kasten geworfen. Das habe ich völlig verdrängt, weil sie mir die wenigen Briefe, die ich bisher bekommen habe, immer unter der Tür durchgeschoben hat.»

Äddi hat schon sein Schweizer Taschenmesser in der Hand, und wir stürmen nach unten. Der Kasten ist beinahe so groß wie ein Koffer. Ich bezweifle, dass Äddi ihn knacken kann. Doch im Handumdrehen klappt der Deckel auf, und ein Berg von Briefen fällt uns vor die Füße. Darunter drei von Arié, die in Brindisi, Italien, abgestempelt sind. Ich greife sie mir, und Äddi fischt das amtlich aussehende Schreiben mit dem Trauschein aus dem Haufen. Wir stopfen die Post für die Vermieterin in den Kasten zurück, und Äddi bringt es sogar fertig, den Riegel so zurechtzubiegen, dass sich der Deckel wieder schließen lässt.

Nachdem ich meinen Pass zwischen meinen Klamotten hervorgekramt habe, laufen wir auf die Straße, um ein Taxi anzuhalten, und noch bevor das Konsulat aufmacht, stehen wir schon vor dem Eingang.

Angespannt trage ich dem Konsularbeamten mein Anliegen vor. Ich bin darauf gefasst, dass er mir mitteilt, meine Frau habe ihr Visum längst abgeholt. Stattdessen lässt er uns eine ganze Stunde warten, dann fragt er mich nach meinem Bruder aus: Der sei doch gewissermaßen, wie er seinen Unterlagen entnehmen könne, an meiner Stelle nach Deutschland geflogen, oder etwa nicht?

Ich erkläre ihm, dass Arié für unsere Mutter leider keine große Hilfe sei. Sie wolle ihre Zelte in Berlin abbrechen und nach Israel auswandern. Ich hätte ja bis vor anderthalb Jahren selbst in Deutschland gelebt und würde mich deshalb mit Behörden der Alliierten besser auskennen als mein Bruder. Da ich gerade geheiratet hätte, falle es mir zwar schwer, die Reise anzutreten – er könne sicher verstehen, dass ich bei der Aussicht, meine Frau einen Monat oder zwei alleine lassen zu müssen, nicht gerade in Jubelgeschrei ausbräche –, aber die Familienzusammenführung gehe nun mal vor.

Ich habe das Gefühl, wie ein Irrer drauflozuschwatzen, doch der Beamte verzieht keine Miene. Schließlich bittet er uns erneut, zu warten, und zwei Stunden später habe ich ein Besuchsvisum für die britisch besetzte Zone in Deutschland in meinem Pass. Mit meinem Einverständnis lässt er noch eine Fotokopie meines Trauscheins machen, dann dürfen wir nach Hause.

«Netter Kerl, dieser Brite», sagt Äddi. «Ob der Jude ist?»

Ich bereite meine Abreise vor. Äddi hilft mir. Er ist nicht mehr in der Armee, aber er hat sich entschlossen, in Israel zu bleiben und ein Schuhgeschäft in Tel Aviv aufzumachen. Mit diesen alten, kaputten und eingeschlafenen europäischen Ländern sei doch kein Staat mehr zu machen. Hier, in diesem jungen Land, spiele die Musik.

Äddi beschwört mich, kein Wort über meine Pläne zu verlieren. «Denk dran, wie sie sich während der Betriebsferien verhalten haben. Außerdem spielst du ja fast nur noch ‹Morgen werden sie ankommen›. Alle anderen Produktionen sind bald abgespielt und stehen nur noch selten auf dem Spielplan.»

«Ich weiß nicht. Immerhin habe ich eine Art Vertrag mit ihnen, und Gershon hat mir gerade eine Woche bezahlten Urlaub verschafft.»

«Hat er auch das Hotel bezahlt? – Na also!»

Wir beschließen, dass ich meinen Verwandten ebenfalls nichts erzähle, und mein schlechtes Gewissen macht mir ganz schön zu schaffen. Nur von meinem libanesischen Freund Machmud verabschiede ich mich. Und natürlich von Schula. Ich bestehe darauf, dass Äddi mich nach Herzlia begleitet. «Du musst sie regelmäßig besuchen, wenn ich fort bin.»

«Spinnst du? Sie wird mir in den Hintern beißen.»

«Ich lass dir meine Khakiklamotten hier. Mit meinem Geruch hast du ausgesprochen Schlag bei ihr.»

Aber Schula scheint ihn tatsächlich nicht zu mögen. Bei unserer Ankunft schnuppert sie nur kurz an ihm herum und wendet sich gleich wieder mir zu. Als er sie streicheln will, fängt sie sogar an zu knurren.

Zwei Abende vor meiner Abreise taucht plötzlich Luba bei mir auf. Sie holt mich vom Theater ab und erkundigt sich ganz ruhig, wie wir das mit der Scheidung arrangieren könnten, sobald ich mich nach Deutschland abgesetzt habe. Ich bin sprachlos. So ein elender Mistkerl, dieser Äddi! Am liebsten würde ich Flug und Kündigung meiner Wohnung sofort rückgängig machen, aber dafür ist es zu spät.

Ich erzähle Luba nichts von Äddis Intrige, sondern frage sie nach ihren Plänen. Sie ist wortkarg, will vorläufig ihren Job im Hospital nicht aufgeben und hofft, irgendwann als Krankenpflegerin in einem Kibbuz unterzukommen. Dennoch verhalte ich mich ihr gegenüber vorsichtig. Wer weiß, was sie mit dieser Ehe noch alles im Schilde führt. Ich schwindle ihr also vor, dass ich im nächsten Monat vielleicht tatsächlich nach Deutschland fliegen werde, und sie gibt sich offenbar damit zufrieden.

«Schade», sagt sie, bevor wir uns endgültig verabschieden.

«Bei uns ist alles ganz verquer gelaufen. Damals im Camp hast du dich so charakterstark gezeigt, aber als ich dann erfahren habe, dass du unbedingt zum Theater wolltest, war ich völlig verunsichert. Für mich sind Schauspieler, um es milde auszudrücken, wandlungsfähige Charaktere, die man tunlichst meiden sollte. Ich bin richtiggehend vor dir ausgerückt, und ich denke mal, Judith ist es nicht anders ergangen.»

Sie lacht los, wie befreit, und umarmt mich. «Ich wünsche dir alles, was du dir selber wünschst», flüstert sie mir ins Ohr. Dann geht sie ohne jede Hast die Straße hinunter. Ich sehe ihr noch lange nach.

Nach meiner letzten Vorstellung, dem «Tartuffe», sitzen Äddi und ich im «Cassit». Das wenige Zeug, das ich mitnehmen will, habe ich bereits gepackt. Auf dem Weg zum Flughafen werde ich es mit dem Taxi abholen.

Mir ist nicht wohl bei dem Gedanken, dass das Kammertheater mich in zwei Tagen zu «Morgen werden sie ankommen» erwartet. Äddi verspricht mir, Gershon Klein gleich nach meinem Abflug morgen früh zu unterrichten. Vielleicht hätten sie dann genügend Zeit, mich umzubesetzen.

Im Restaurant feiert ein kleines Theater eine Premiere, und Cheskel ist vollauf beschäftigt. Als es ein bisschen ruhiger wird, setzt er sich an unseren Tisch. «Wo fliegst du eigentlich hin», erkundigt er sich gelassen, «nach Europa oder Amerika?», und sieht mich ohne jeden Vorwurf an.

Mir bleibt die Spucke weg. «Wie kommst du denn darauf, dass ich ...», stottere ich, aber er lässt sich nicht beirren.

«Jedenfalls», Cheskel beugt sich zu mir herüber, «wenn du dein Zimmer aufgibst, könntest du mir doch meinen Tisch und die Stühle zurückzubringen. Was meinst du?»

Ich wage gar nicht mehr, ihm ins Gesicht zu sehen.

«Ich hatte Verständnis dafür, dass du meine Möbel brauchtest, um dich einzurichten, aber dein Nachmieter muss sie ja nicht unbedingt weiter benutzen, oder?» Er steht auf und umarmt mich. «Verlass das Land nicht für immer. Du wirst dich nirgendwo so zu Hause fühlen wie hier. Auch wenn du das jetzt noch nicht weißt.»

Ich möchte ihm hinterherrufen, wie sehr ich mich schäme, dass ich ihm Tisch und Stühle sofort zurückbringen werde und dass ich es in der Hektik der letzten Tage einfach vergessen habe, aber mir bleiben die Worte buchstäblich im Halse stecken.

So schnell wie möglich laufe ich mit Äddi zu meiner Wohnung. Er nimmt einen Stuhl und meinen Koffer, ich den anderen Stuhl und den schweren Klapptisch. Gegen vier Uhr morgens sind wir wieder bei Cheskel, und es sind immer noch Gäste da. Er stellt zwei große Pötte Kaffee vor uns hin, dann serviert er uns zwei seiner fabelhaft belegten Toasts.

Punkt sechs Uhr steht das Taxi vor dem Restaurant. Cheskel umarmt mich noch einmal, dann verschwindet er in die Küche, und wir steigen ziemlich bedrückt in den Wagen.

Kurz vor der Passkontrolle verabschiedet sich auch Äddi, und ich lasse so ganz nebenbei fallen, dass Luba mir gestern auf Wiedersehen gesagt habe und vorerst im Lande bleiben werde. «Vielleicht kriegst du sie ja doch noch rum, und sie wird mit dir glücklich.»

Ich halte ihm die Hand hin, aber er ist unfähig, sie zu nehmen. Starrt mich nur an, und ich klopfe ihm auf die Schulter. Dann drehe ich mich um und gehe zur Passkontrolle.

Mein Flug geht über Rom und München nach Berlin. In Rom darf ich den Flughafen nicht verlassen und warte auf die Pan-American-Maschine, die mich nach München bringen soll. Ich lese mir noch einmal Ariés Briefe durch. Im letzten bläut er mir ein, unbedingt über München zu fliegen. Mutter und er hätten mich dort schon bei der israelischen Mission avisiert, wo mich ein guter Bekannter von ihr erwarte, der mir mit allem weiterhelfen könne. Man würde mir sogar das neue deutsche Geld vorstrecken. Im ersten Brief schildert er ausführlich seine Ankunft in Berlin, aber in Tel Aviv habe ich die Zeilen nur hastig überflogen.

Arié schreibt, dass Mutter fast zehn Minuten lautlos geweint habe und Tante Regina vergeblich versuchte, sie zu beruhigen. «Abgesehen davon, dass wir uns so viele Jahre nicht gesehen haben, glaubte sie wohl, in mir unseren Vater zu erkennen. Sie schien erschüttert über meine Ähnlichkeit mit ihm zu sein. Einen anderen Grund dafür, dass sie sich so aufgeführt hat, kann ich mir einfach nicht denken, denn eigentlich hing sie doch immer viel mehr an Dir als an mir, oder?

Jedenfalls hat sie sich an mich geklammert und mir andauernd über den Kopf gestrichen. Tante Regina war das schon richtig peinlich. Sie sah sich ständig nach den Menschen in der Ankunftshalle um, während sie auf Mama einsprach.

Ich habe versucht, ein bisschen auf Abstand zu ihr zu gehen, um ihr endlich ins Gesicht schauen zu können. Aber erst als wir im Taxi saßen und sie aus dem Fenster sah, konnte ich sie genauer betrachten. Warum hat sie sich die Haare färben lassen? Fingen die denn schon an, grau zu werden, bevor Du abgefahren bist? An den Haarwurzeln über der Stirn sieht man es ein bisschen. Es hat mich sehr traurig gemacht, aber ich tat so, als hätte ich es nicht bemerkt.

Sie fragt übrigens ständig nach Dir, küsst und streichelt mich für Dich mit. Mach, dass Du hierherkommst. Es wäre doch ein Traum, wenn wir alle wieder beisammen wären. Das hat mir all die Jahre so gefehlt.»

«Alle, bis auf einen», füge ich im Stillen hinzu und stecke die Briefe ein, als meine Maschine aufgerufen wird.

Am Abend des vierzehnten Dezember komme ich in München an, wate durch Schneematsch und scheußlichen Nieselregen und erreiche schließlich die Mission. Man drückt mir einige D-Mark-Scheine in die Hand und empfiehlt mir das Hotel «Regina» in der Maximilianstraße. Wie sich zeigt, ist der gute Bekannte meiner Mutter, der sich als David Weißhaupt vorstellt, auch ein langjähriger Freund von Adolf Klausner. Er hat Israel verlassen und sich nach Deutschland zurückgezogen. Ich muss koscher mit ihm zu Abend essen, dabei würde ich mir viel lieber die Stadt anschauen.

«Wir sehen uns in Berlin, nicht wahr?», sagt er zum Abschied und wirft mir dabei einen bedeutsamen Blick zu.

Die Maschine nach Berlin geht erst am späten Mittag. Früh am Morgen gebe ich mein Gepäck zur Aufbewahrung an der Rezeption ab und schlendere durch die Innenstadt, wo ich vor allem die vielen Lebensmittelläden und Delikatessengeschäfte bestaune. Danach bin ich völlig durchgefroren und beschließe, ins berühmte Hofbräuhaus zu gehen, um dort wie ein zünftiger Bayer zu frühstücken: Weißwürste, Bier und Leberkäs. Das Betrachten der vielen Fresstempel hat mich heißhungrig gemacht, und ich falle über den Leberkäs mit Spiegelei her.

Die Zenzi, die mir eine Maß Bier auf die blankpolierte Tischplatte knallt, rät mir in nahezu unverständlichem Dialekt, nicht so zu schlingen und zwischendurch ruhig mal eine Pause einzulegen. In meinem spindeldürren Leib sei doch gar nicht so viel Platz. Und der Krieg sei schließlich lange vorbei: «Mir ham scho im sechsten Jahr an Frieden.»

Diese sechs Jahre haben Erstaunliches bewirkt. Die Läden bersten geradezu vor Waren. Und wären da nicht die immer noch herumliegenden Trümmer und die riesigen Lücken in den Häuserfronten, könnte ich fast nicht glauben, dass ich das Land tatsächlich erst vor zwei Jahren verlassen habe.

Während ich darüber nachgrüble, welche der beiden Städte, München oder Berlin, schlimmer zerbombt worden ist, knallt die Zenzi mir schon den nächsten Krug auf den Tisch. Dann folgen die Weißwürste, die Brez'n, die Kümmelsemmeln und ein Topf mit süßem Senf. «An den muas ma si fei erst g'wöhnen», sagt sie, «aber mit an Bier lasst si a ganze Menge 'nunterspüln.» Ich solle nur recht viel trinken, rät sie. Und an den Rat halte ich mich auch. Ich merke noch, wie sich Zenzi irgendwann, nachdem sie mir das wer weiß wievielte Bier gebracht hat, zu mir runterbeugt und mich etwas fragt, dann erinnere ich mich an nichts mehr.

Als ich die Augen wieder aufschlage, brummt mir der Schädel. Ich habe keine Ahnung, in welchem Bett ich liege. Mit einem Mal bin ich hellwach: mein Flug! Ich stürze zum Fenster. Es ist heller Tag, und die Uhr auf dem Maximilianplatz, auf den ich schaue, zeigt zwanzig nach zehn – habe ich etwa fast vierundzwanzig Stunden geschlafen?

Unter der Dusche versuche ich, meinen Kopf wieder klar zu kriegen. Irgendjemand muss in meinen Taschen herumgewühlt haben, um herauszufinden, wo ich abgestiegen bin, dabei die Hotelrechnung entdeckt und mich hierher ins «Regina» gebracht haben. Die Zenzi?

Eine Viertelstunde darauf stehe ich vor dem Empfang. Mein Gepäck befindet sich noch dort. Ich rufe die Mission an, und man beruhigt mich: Man werde Mutter verständigen, außerdem bräuchte ich mir keine Sorgen wegen des verpassten Flugs zu machen. Es sei zwar kein Verkehr mehr wie zu Luftbrückenzeiten, aber es starteten noch mehrere Maschinen am Tag. Und in der Tat – als ich in Riem ankomme, kann ich sofort einchecken, und schon eine halbe Stunde später bin ich in der Luft.

In Berlin empfangen mich Arié, Mutter und Lona mit ihrer jungen Freundin. Alle wollen wissen, weshalb ich in München hängengeblieben sei. Schlecht gelaunt und ziemlich verkatert sage ich, dass ich im Hofbräuhaus gesoffen hätte und von Leuten aus dem Lokal ins Hotel zurückgebracht worden sei, damit ich dort meinen Rausch ausschlafen könne. Mutter ist schockiert, aber Lona fängt lauthals zu lachen an. «Tu nicht so, Rosa», wendet sie sich an Mutter. «Hast du dich schon mal mit bayerischem Bier volllaufen lassen? Das ist wie bei einer Holzhammernarkose.» Sie nennt Mutter immer noch bei ihrem Decknamen aus der illegalen Zeit, als sie für uns eine Unterkunft nach der anderen auftat, um uns vor den Nazis verstecken zu können, und auch weiterhin die Einnahmen aus dem Wolle- und Trikotagengeschäft mit uns teilte, das sie übernommen hatte, nachdem wir es nicht mehr führen durften.

Lona ist inzwischen mächtig in die Breite gegangen, und ihre Freundin mit blonder Mähne und langen Beinen sieht aus wie ein Mannequin. Ein irres Paar.

Mutter betrachtet mich nachdenklich. Bewegungslos. Sie macht den Eindruck, als warte sie auf etwas. Ich gehe auf sie zu. Als ich nahe genug bei ihr bin, fasst sie nach meiner Nase, und ich zucke zurück. Sie schreit leise auf und schlingt mir die Arme um den Hals. Sie riecht wie immer. So ein Rasierwasser würde ich gern haben.

Ihre dunklen braunen Augen sind ein bisschen heller geworden und die Falten von der Nase zu den Mundwinkeln hinunter eine Spur deutlicher. Aber sonst? Sie lacht mir ins Gesicht und versucht, mich ebenfalls zum Lachen zu bringen. Und jetzt sehe ich den Haaransatz. Verdammt! Arié hat recht. Gefärbt. Und viel zu hell gefärbt. Ihre dicken schwarzen Haare mit dem schönen rötlichen Schimmer sind gleichmäßig rot geworden. Allerweltsrot.

Arié hakt mich unter, und wir marschieren auf Lonas Auto zu. Das Mannequin fährt. Ich sitze hinter ihr und muss meine Beine anziehen, als sie den Fahrersitz ohne Vorwarnung weiter nach hinten schiebt.

Mutters Wohnung in der Emser Straße sieht noch genauso aus wie vor zwei Jahren. Nur der Holzsteg, der zu den hinteren Zimmern führt, wirkt etwas freundlicher. Zur Begrüßung tischt sie ihre berühmten Piroggen auf, und Arié erzählt, dass sie in ein paar Tagen über London nach Argentinien reisen wird, um endlich den Rest ihrer Verwandtschaft wiederzusehen.

Mutter gibt dazu keinen Kommentar ab. Ich starre sie an, aber sie weicht jedem Blickkontakt aus. Dann platze ich damit heraus, dass es auch in Israel Verwandte von uns gäbe.

«Ja», sagt Mutter ruhig, «aber ein Krieg reicht mir. Ich will nicht dabei sein müssen, wenn noch mehr Juden sterben.»

«Hast du mir nicht versprochen, so bald als möglich nachzukommen?», insistiere ich.

«Irgendwann hätte ich das ja auch getan. Wenn die Lage sich beruhigt hätte.»

«Sie hat sich beruhigt», gebe ich zurück.

Mutter beißt sich auf die Lippen. «Müssen wir das jetzt und hier erörtern? Außerdem habe ich noch immer keine Lust, mich mit dir zu streiten.»

Ihre Augen haben jetzt ihre ursprüngliche Farbe angenommen. «Verdunklungsgefahr», habe ich das früher genannt, wenn sie kurz vor einem Zornesausbruch stand.

Ich schlage Arié auf die Schulter. «Sieh sie dir an», sage ich, «wer hat schon eine so schöne Mutter? Da kann man doch wirklich nicht meckern.»

Gott sei Dank trifft jetzt auch Tante Regina ein, begleitet von einer jungen Frau, die mir fest die Hand drückt und sich als Margarethe vorstellt. Sie ist beinahe so groß wie mein Bruder, hat aschblondes Haar, eng stehende Augen und einen erstaunlich tiefen Haaransatz. Ihre Figur gleicht der von Lonas Mannequin.

Arié hat Margarethe bei der Eignungsprüfung in der Schauspielschule des Deutschen Theaters kennengelernt, bei der sie, im Gegensatz zu ihm, mit Pauken und Trompeten durchgefallen ist. Erst hat sie ihm leidgetan, aber dann hat er sie spaßig gefunden. Gleich nach der Schauspielschul-Pleite hat sie sich zu einem Kosmetikkurs angemeldet und anschließend beschlossen, doch lieber Krankenschwester zu werden.

Ich sehe meinen Bruder prüfend an und denke an Judith. Hat er, oder hat er nicht? Und wenn ja, weshalb dann jetzt solch ein Absturz? Margarethe geht um den Tisch herum und küsst Arié auf den Mund. Er schaut verlegen zu mir herüber, und Tante Regina brummt halblaut «Masel tov» vor sich hin. Im Gegensatz zu Mutter und Lona, die deutlich an Gewicht zugelegt haben, hat sich bei ihr scheinbar nichts verändert. Ihr Glasauge blickt einen immer noch leblos an, während das andere unruhig hin und her rollt. Sie ist Mutters jüngste Schwester und ebenfalls als U-Boot durch die schweren Jahre gekommen.

Das Auge hat sie schon als Kind verloren, als die älteste Schwester Malva eine Porzellanpuppe vor ihr auf den Boden hat fallen lassen. Ein winziger Splitter, der ins Auge eindrang, muss das kleine Mädchen tagelang regelrecht gefoltert haben, bis die Familie sich endlich dazu aufraffte, einen Arzt aufzusuchen. Zu spät.

Den Augenersatz hat sie sich erst Jahre später in Deutschland leisten können. Wahrscheinlich wäre sie eine gutaussehende Frau geworden, aber durch die mangelhafte Ernährung nach dem Ersten Weltkrieg hatten auch ihre Zähne Schaden genommen, und schon in jungen Jahren bekam sie ein Gebiss.

Am Abend, als wir allein sind, verkündet Mutter, dass sie uns zu einem Theaterbesuch einlade. «Faust, erster Teil», ihr absolutes Lieblingsstück. Erste Reihe, Mitte. «Die Karten waren teuer.» Es sei quasi ihr Abschiedsgeschenk. Sie freue sich schon darauf, obwohl sie ja ein bisschen skeptisch wegen der Besetzung des Mephisto sei. Den spiele ein gewisser Langhoff, und sie habe noch Gründgens in der Rolle erlebt. «Ein Wunder! Man glaubte damals, der Leibhaftige sei aus der Tiefe der Hölle heraufgekrochen.» Na ja, vielleicht war es auch deshalb doppelt aufregend für sie, weil Juden damals schon nicht mehr ins Theater gehen durften und sie sich heimlich hineingeschlichen hatte.

Von unseren Plätzen aus könnten wir uns an die Rampe lehnen, so nah sind wir der Bühne. Der Prolog im Himmel beginnt, Langhoff tritt auf. Schon seine ersten Verse machen Mutter sichtlich unruhig, und schließlich bricht es aus ihr heraus: «Meine schönen hundertfünfzig Mark!»

Langhoff stockt, als sei ihm ein Messer in den Rücken gestoßen worden. Er fixiert unsere Mutter und spricht mit knarrender Stimme und rollendem «r» weiter, wobei er sie nicht mehr aus den Augen lässt. Arié rutscht vor Scham vom Sessel herunter, und ich halte mir die Hand vor den Mund, um mein Lachen zu verbergen. Sie hat ja recht, denke ich, sie hat ja recht, und versuche mich zu beherrschen. Am Ende des Prologs verlassen wir fluchtartig das Theater, begleitet von leisem Gekicher und Geschimpfe aus dem Publikum.

Arié ist wütend und wünscht mir, dass ich so etwas auf der Bühne nie werde erleben müssen. Wir nehmen ein Taxi zum Kurfürstendamm und gehen luxuriös essen. Mutter will den Abend versöhnlich ausklingen lassen.

Doch das gelingt nicht. Arié ist immer noch geladen und fängt an, über Mutter herzufallen. Er fragt, ob sie sich denn nun entschlossen habe, diesen Herrn Weißhaupt zu heiraten, und weshalb sie ihn eigentlich noch immer so ängstlich vor mir verstecke. Zugegeben, er sei ein höchst alberner Mensch, der vorgebe, fromm zu sein, und am Schabbat keinen Lichtschalter anrühre, um dann an ebendiesem Schabbat heimlich in sein Teppichgeschäft zu schleichen und nach dem Umsatz zu schauen. Aber wenn sie meine, mit diesem Mann glücklich werden zu können, sei ihr das zu wünschen. Er allerdings glaube nicht daran und wolle sie noch einmal warnen. Und die Tatsache, dass sie mir nichts von ihm erzählt habe, sei doch geradezu ein Zeichen für ihr Schamgefühl. Auch Lona habe sie schon mehrfach gewarnt. Der Kerl sei ein ziemliches Schlitzohr, habe sie gesagt.

Ich bin sprachlos und sehe Mutter an. Sie ist ganz bleich geworden und springt auf. Donnerwetter, denke ich, du bist ganz schön kompakt geworden, Mutter!

«Was erlaubst du dir eigentlich?», zischt sie wütend und beugt sich über den Tisch zu Arié. «Wie kommst du dir vor? Wie Rabbi Elimelech? David Weißhaupt ist ein frommer und anständiger Mensch. Er wird deinen Vater zwar nie ersetzen können, aber ...» Sie dreht sich weg und bringt noch mit Mühe hervor: «... aber wer könnte das schon?»

Jetzt springt auch Arié auf und versucht sie zu umarmen, doch sie stößt ihn weg und stürzt in Richtung Toilette.

«Bist du verrückt geworden?», frage ich fassungslos.

Mein Bruder lässt sich auf seinen Stuhl zurückfallen und erzählt mir, dass er den Weißhaupt schon zwei Tage nach seiner Ankunft präsentiert bekommen habe. «Wie ich schon sagte, ein höchst alberner Mensch. Er hat vor, mit Mutter zusammen auszuwandern und in Brasilien, genauer in São Paulo, ein Lebensmittelgeschäft mit ihr aufzumachen. Sie sei doch eine so tüchtige Geschäftsfrau, und São Paulo sei eine gesunde, ständig wachsende Metropole, in der es für jeden Menschen, egal woher er käme, eine Zukunft gebe.»

Ich frage Arié benommen, wer ihm denn das gesagt habe.

«Er selbst natürlich. Hat sogar meine Hilfe erbeten. Ich solle bei Mama ein gutes Wort für ihn einlegen.»

Ich versuche meinem großen Bruder beizubringen, dass jeder Mensch ein Recht hat, ein neues Leben zu beginnen. In einer neuen Welt. Ganz besonders unsere Mutter. Sie habe es nun wirklich verdient, nachdem sie sich mit uns dreien so abgeplagt habe.

Jetzt ist Arié fassungslos. «Du schließt Vater mit ein?»

«Etwa nicht?», frage ich zurück. «Seit seiner schweren Tuberkuloseerkrankung hat sie doch das Geld verdienen müssen. Erinnerst du dich noch daran, wie sie auf dem Markt gestanden hat, bis sie endlich mit Lona zusammen das Geschäft in der Kaiser-Wilhelm-Straße eröffnen konnte? Jetzt beruhige dich.

Ich glaube nicht, dass sie diesen Mann heiraten wird. Er ist ein Nebbich. Ich habe ihn in München kennengelernt. Du wirst sehen, nach kurzer Zeit atmet sie einmal tief ein und hat ihn quer vor der Nase hängen.» Arié muss widerwillig lachen. «Ich bin überzeugt davon, dass sie drüben wirklich nur nach unserem argentinischen Onkel fahnden will und schon in ein paar Monaten zurück in Berlin sein wird.»

Als Mutter aus dem Untergeschoss heraufkommt, scheint sie sich wieder gefangen zu haben. Aber ich bin mir sicher, dass sie Arié am liebsten eine knallen möchte. Sie geht mit raschen Schritten auf ihn zu und macht ihr entschlossenes Angriffsgesicht. Sie hebt beide Hände, und Arié zuckt mit keiner Wimper. Sanft streichelt sie ihm über beide Wangen und sagt leise, dass nach ihren beiden Kindern erst mal eine Weile gar nichts komme. «Meinst du, ich hätte umsonst so lange darauf gewartet, dass wir drei wieder zusammen sind?», fragt sie ihn. «Ich bin in drei Monaten wieder zurück. Das verspreche ich euch. Und wenn ihr dann immer noch wollt, bin ich bereit, mit euch nach Israel zu gehen.»

Damit setzt sie sich und schneidet an ihrem gerade aufgetragenen Steak herum.

Ein paar Tage später begleiten wir sie zum Tempelhofer Flughafen. «Verkauft mir meine Möbel nicht, während ich weg bin.» Sie lächelt mich an und hat plötzlich Tränen in den Augen. Erst fällt sie meinem Bruder um den Hals, dann drückt sie mich an sich. «Pass auf ihn auf», flüstert sie mir ins Ohr.

Ich verschlucke mich vor Schreck. «Er ist doch der große Bruder», will ich antworten, aber sie sieht mich so durchdringend an, dass ich kein Wort herausbringe. Wir winken ihr zu, als sie über das Rollfeld zur Maschine geht, und zum ersten Mal seit langer Zeit wird mir wieder die innige Verbindung mit dieser Frau, die meine Mutter ist, bewusst.

Arié hat sich nach der Eignungsprüfung jetzt auch zur Aufnahmeprüfung in der Schauspielschule des Deutschen Theaters angemeldet. Ich hätte nicht gedacht, dass es ihm so ernst ist, und frage ihn, ob er sich hier eine neue Existenz aufbauen wolle und was mit seiner Lehrverpflichtung in Tel Aviv werden solle.

«Man wird sehen», entgegnet er. «Habe ich Talent, wie ich glaube, dann werde ich diesen Beruf ergreifen. Schaffe ich die Aufnahmeprüfung nicht, kehre ich nach Israel zurück. Mit oder ohne euch. Hast du vergessen, dass wir schon in Tel Aviv darüber gesprochen haben? Als ich dir deinen Text für den ‹Schatten› eingebläut habe?»

Als er mich nach einiger Zeit bittet, Margarethe bei uns wohnen zu lassen, bin ich zwar nicht gerade begeistert, kann es ihm aber auch nicht abschlagen. Er hat die Aufnahmeprüfung tatsächlich bestanden, und ich warte immer noch auf eine Nachricht vom Deutschen Theater, obwohl ich mich, wie vereinbart, gleich nach meiner Ankunft vor mehreren Wochen zurückgemeldet habe. Arié meint, es könne nicht schaden, mich auch an anderen Theatern zu bewerben, dann hätte ich die Wahl, und in meiner wachsenden Verzweiflung schicke ich zwei Bewerbungen los – eine an Gustaf Gründgens, der inzwischen Intendant des Düsseldorfer Schauspielhauses ist, und eine an Brecht, der mit seinem «Berliner Ensemble» im Deutschen Theater gastiert. Von Gründgens höre ich nichts. Brecht lässt mir antworten, dass er mich kennenlernen wolle. Wenn ich Lust hätte, solle ich den Proben eines irischen Stücks beiwohnen. In einer Pause werde er sich dann mit mir unterhalten.

Ich zögere, das Angebot wahrzunehmen, da ich auf Antwort aus Düsseldorf warte, aber Arié dringt darauf, dass ich mich endlich dort blicken lasse, wenn ich mir nicht alle Chancen verbauen wolle.

Inzwischen ist Margarethe in die Emser Straße eingezogen und macht mich langsam verrückt. Sie hat ein Lieblingslied, einen Ohrwurm. Das könnte ja noch hingehen. Aber sie gibt diesen Ohrwurm weiter. An uns. Arié scheint das nichts auszumachen, aber ich vibriere. Der Text geht etwa so: «Sagt der kleine Spatz zum Spätzchen ...» Und die Melodie dazu klingt wie eine Mischung aus Hopser und Rülpser.

Ich werde den Ohrwurm nicht mehr los. Das geht so weit, dass es mir, nun endlich in einer Probe des irischen Stückes sitzend, schwerfällt, den Schauspielern auf der Bühne zuzuhören, und ich kurz davor bin, das «Spätzchen» vor mich hin zu summen.

Das Stück gefällt mir. Ich habe zwar kein Textbuch, doch was ich davon zu sehen bekomme, amüsiert mich sehr. Man probt eine Szene, in der eine resolute junge Frau, Tochter eines Kneipenbesitzers, ihren Bräutigam wieder einmal verhauen will und er vor ihr flüchtet.

Der Bräutigam ist noch nicht besetzt. Gerade müht sich der dritte junge Schauspieler ab, eine originelle Fluchtmöglichkeit zu finden. Mit einem Mal dreht sich Brecht zu mir um. «Wohin würdest du dich denn flüchten?», fragt er mich. «Die Frau hat Muskeln.»

Ich sehe ihn an. Seine Brillengläser funkeln im Strahl der kleinen Lampe auf dem Regiepult. Ich suche die Bühne ab, bin plötzlich furchtbar aufgeregt, denke alles durcheinander: Spätzchen. Was hat der Mann denn bloß für einen Akzent? Nichts wie weg hier. Der Mann sieht im Dunkeln aus wie ein Habicht. Dem bin ich nicht gewachsen.

Ich betrachte den riesigen, klobigen Schrank auf der Bühne und sage leise: «Vielleicht sollte er auf den Schrank springen. Erstens kann er sie von da oben immer wieder abwehren ...»

«Wie?», unterbricht er mich.

«Ihr auf die Pfoten kloppen.»

«Und weiter?»

Ich glaube den Anflug eines Lächelns auf seinem Gesicht zu erkennen und werde mutiger.

«Und zweitens ist die Frau ja ziemlich kompakt. Da helfen all ihre Muskeln nichts, wenn sie dort hinauf will.»

«Und wie kommst *du* hinauf?»

«Das ist die Frage.»

«Überleg dir was.» Er dreht sich wieder weg.

Am Ende der Probe sagt er beiläufig, ich solle mir bis morgen etwas einfallen lassen. Wenn ich auf den Schrank fliehen wolle, müsse das in Sekunden geschehen. Pegeen – so heißt die Dame im Stück – sei zwar korpulent, aber schnell zu Fuß.

«Also bis morgen.» Er schiebt sich aus der Stuhlreihe hinaus und beendet die Probe.

Ich klettere auf die Bühne und stehe vor dem Schrank. Von nahem wirkt er noch viel größer.

«Ein ganz schönes Trumm hat sich der Chef da ausgesucht», sagt jemand dicht neben mir, ein Baum von einem Mann, der fast an die Oberkante des Schrankes heranreicht.

«Da soll ich morgen rauf. In Sekundenschnelle.»

Der Bühnenarbeiter verrät mir, dass er mindestens zehn Kandidaten habe scheitern sehen. Sie alle hätten sich beworben und seien abgeblitzt. Nur einem sei es beinahe gelungen. «Er saß schon oben und grinste. Aber dem Alten hat's zehn Sekunden zu lange gedauert. Er hat ihm zwar zugerufen, er käme in die engere Wahl, aber wer's glaubt, wird selig. Er wartet einfach auf einen, der es schafft.»

«Wenn er keinen Artisten vom Zirkus holt, kann er lange warten. Wer soll denn da hochkommen?»

«Du», sagt der Riese. «Ich finde das unfair vom Alten. Mir haben die Jungs alle leidgetan, und deshalb mache ich dich jetzt zum Fassadenkletterer.»

Dann erklärt er mir, wie ich das anzustellen habe. Er werde fünf Zwingen in die der Bühne abgekehrte Schmalseite des Schrankes schlagen. Sie hätten genau die gleiche Farbe wie das Holz. Er habe sie schon für den Fall präpariert, dass der

Alte noch jemanden über die Klinge springen lassen wolle. Ich müsse nur eine glaubwürdige Erklärung dafür finden, dass ich meine Klettertour barfuß antreten wolle.

«Sind deine Zehen auch gelenkig genug? Sonst kann ich mir die Mühe sparen.» Ich zeige ihm meine Zehen, die einigermaßen lang und beweglich sind. «Da soll noch einer behaupten, wir stammen nicht vom Affen ab», brummt er, und wir verabreden uns nach der Abendvorstellung zu einer heimlichen Probe.

Die Schraubzwingen sind tatsächlich selbst von nahem kaum zu sehen, aber sie stecken so tief im Holz, dass ich mir bei jedem Schritt empfindlich die Zehen stoße. Nach zwei Stunden fragt mich mein Bühnenarbeiter, ob ich mir zutraue, dem Chef morgen die Klettertour vorzuführen. Die Zeit, die ich für meine letzten Versuche gebraucht hätte, sei optimal gewesen.

Ich sage ihm, dass ich keine Bedenken hätte, wenn meine Zehen morgen früh nicht völlig geschwollen wären.

«Willst du noch einen letzten Versuch?»

Ich nicke, er drückt auf die Stoppuhr und ruft «Bravo!», als ich auf dem Schrank hocke. Anschließend lade ich ihn in die Kantine auf ein Bier ein.

Am nächsten Morgen ist es so weit. «Hast du dir was überlegt?», fragt Brecht.

«Ja.»

«Zeigst du's uns?»

«Jetzt?»

«Wann sonst?»

Ich will wissen, ob der Bräutigam aus armen Verhältnissen stammt. Brecht bejaht, und ich ziehe Schuhe und Strümpfe aus.

Er ruft die Kollegen von der Bühne in den Zuschauerraum herunter und bedeutet mit einer lässigen Handbewegung, dass ich anfangen könne. Ich setze mich auf den Bühnenboden und massiere mir in aller Ruhe die Fußsohlen, obwohl mein Herz bis in den Hals hinauf schlägt. Mein Bühnenarbeiter steht in der Nullgasse in meinem Rücken. Ich kann seine Anspannung geradezu spüren.

Ich nehme einen kurzen Anlauf, und Sekunden später sitze ich oben auf dem Schrank. Im Zuschauerraum ist es ganz still geworden. Ich betrachte meine rechte Fußsohle und tue so, als hätte ich mir einen Splitter eingezogen.

«Kannst du uns das nochmal demonstrieren?», tönt es von unten.

«Klar», sage ich, klettere umständlich vom Schrank herunter, und im Handumdrehen bin ich wieder oben. Erneut Stille. Dann fängt einer an zu klatschen.

«Du hast die Rolle. Vorausgesetzt, dein Talent als Schauspieler ist wenigstens halb so groß wie das als Klettermaxe. Hol dir ein Textbuch in der Dramaturgie ab. Probenbeginn ist morgen, zehn Uhr. Und bitte noch keinen Text lernen.»

Niemand von ihnen kommt auf die Idee, sich den Schrank näher anzusehen. Wie ist das möglich? Arié vermutet, dass Brecht das «Wie» gar nicht so wichtig sei. Hauptsache sei die Glaubwürdigkeit. Es handele sich ja schließlich um Theater. Das leuchtet mir ein.

Nach der ersten Leseprobe nimmt mich ein Regieassistent beiseite. «Du hast noch einen Vertrag mit dem Deutschen Theater. Bring das in Ordnung. So lange sind die nächsten Proben mit dir abgesetzt.»

Ich bin wie vor den Kopf gestoßen. Für Brecht wäre es doch ein Leichtes, das zu regeln, sage ich mir. Aber er regelt es nicht, und in der Verwaltung des D.T. erklärt man mir, so könne man nicht mit Verträgen umgehen. Ein Vertrag sei wie ein Ehrenwort, selbst ein Brecht könne da nichts machen. Ich hätte die eingegangenen Verpflichtungen zu erfüllen. Wobei erst noch zu klären sei, ob das Deutsche Theater überhaupt daran interessiert sei. Man sei im Begriff, eine sozialistische Republik aufzubauen, und brauche Leute mit einwandfreiem Charakter, die auch zu dem stünden, was sie versprochen hätten.

Damit ist das Gespräch beendet, und ich komme gar nicht dazu, einzuwenden, dass sie es doch waren, die mir den Urlaub in Israel gewährt und dann bis zum heutigen Tag nichts mehr von sich haben hören lassen.

Es herrscht Funkstille. Ich höre nichts vom Deutschen Theater und nichts vom Berliner Ensemble. Mein Selbstbewusstsein ist im Keller. Ich fühle mich wie gelähmt und bin nicht einmal in der Lage, irgendeine Vorstellung zu besuchen. Arié meint, dass ich vielleicht an einer Depression leide. Ob es nicht besser wäre, einen Psychiater aufzusuchen? Er versucht vergebens, mich abzulenken, und seine Margarethe verteilt weiter ihre Spätzchen-Melodie in allen unseren Räumen. Ein Glück, dass ich zu gar nichts fähig bin, sonst würde ich jetzt sicher zum Attentäter werden. Sie kocht auch so scheußlich, aber mit so viel Liebe, dass man ihr einfach nichts übelnehmen kann.

«Mutter, Mutter, warum hast du uns verlassen?», rufe ich lautlos vor mich hin.

Schließlich überredet mich Arié, an einem Vormittag eine Schüleraufführung von «Rose Bernd» anzusehen. Mit ihm als August Keil. Es findet im Foyer der Kammerspiele des Deutschen Theaters statt, ich sitze neben Margarethe und betrachte dieses muffige Hauptmann-Stück, das mir so gar nichts sagt.

Arié stakst ein bisschen unbeholfen herum, hat eine schlecht sitzende Perücke auf dem Kopf und wirkt nur in einer Szene richtig überzeugend. Margarethe redet am Ende der Veranstaltung auf mich ein, wie rührend und mitleiderregend Arié doch ausgesehen habe. Ich schaue zu ihr hoch. Sie ist tatsächlich einen halben Kopf größer als ich.

Nachdem Arié und seine Kollegen die Kommentare ihrer Dozenten über sich haben ergehen lassen, fahren wir nach Hause. Margarethe hat zuvor etwas zu essen vorbereitet und eine Flasche Moselwein kühl gestellt.

Im Briefkasten stecken vier Briefe. Der erste ist von Luba. Sie schreibt mir, dass sie bald nach Deutschland komme, in die Gegend von Leipzig, und heiraten wolle. Sie müsse über Dänemark einreisen. Unsere Scheidung dürfte kein Problem sein. Sie werde von sich hören lassen, sobald sie eingetroffen sei.

Über Dänemark einreisen? Das kann ihr nur Ädi ermöglicht haben. Hat er sie rumgekriegt? Und wird er jetzt mein Nachfolger? Aber warum sollte sie ihn ausgerechnet in Leipzig heiraten wollen? Über ihre Geheimniskrämerei muss ich lachen.

Der zweite Brief kommt vom Düsseldorfer Schauspielhaus. Darin wird mir mitgeteilt, dass Herr Gründgens zurzeit keine Briefe beantworte, sich aber in Kürze bei mir melden werde. «Das sind die überhöflichen Absagen solcher Leute», sage ich zu Arié.

Der dritte Brief ist von Mutter und an uns beide gerichtet. Sie kündigt ihre pünktliche Rückkehr per Schiff aus Argentinien an. Ob wir sie in Bremen abholen könnten, wenn es so weit sei. Den genauen Termin werde sie uns rechtzeitig wissen lassen. Ein Lichtstreifen am Horizont.

Mit dem vierten Brief, er trägt den Absender der Städtischen Bühnen Köln, werde ich zu einem Vorsprechen eingeladen. Sie hätten eine Vakanz als «jugendlicher Held und Liebhaber» zu vergeben.

Es kommt mir lächerlich vor, dass die Einteilung in Fächer in Deutschland noch gang und gäbe ist und man nach wie vor an so idiotischen Kategorien wie «Heldenvater», «komische Alte», «erster schwerer Held», «jugendlicher Komiker» und eben «jugendlicher Held und Liebhaber» festhält. Sie scheinen mir noch aus den Untiefen des «Tausendjährigen Reiches» zu stammen. Vielleicht sollte ich Arié doch bei passender Gelegenheit die Rückkehr nach Israel vorschlagen. Ich habe Sehnsucht nach diesem jungen Land, das von einem uralten Volk zu neuem Leben erweckt worden ist. Ich will seinen Geruch wieder in der Nase haben, will die lärmende Unbefangenheit der Menschen hören, und ich will Judith wiedersehen. Aber vorher werde ich noch in Köln vorsprechen, und sei es nur, um mein angeknackstes Selbstbewusstsein aufzumöbeln. Arié hat seine ersten Semesterferien und will mich begleiten.

Ich bin froh, nicht allein reisen zu müssen. Wir fliegen mit der British European Airways nach Köln-Bonn. Meine Reisekosten werden ausgelegt, seine müssen wir selber zahlen.

In Köln soll ich dem Oberspielleiter Friedrich Siems vorsprechen. Er hat ein großes Büro im halb zerstörten Opernhaus am Rudolfplatz und hört sich dort eine Passage aus «Torquato Tasso» und ein bisschen Oswald aus den «Gespenstern» von Ibsen an. Siems gibt keinen Kommentar ab, sondern schlägt mir vor, an der Uraufführung eines existenzialistischen Stücks mitzuwirken. «In zwei Monaten beginnen die Proben. Was ist – haben Sie Lust?»

Ich überlege, ob es günstig ist, gleich begeistert «Ja!» zu schreien, und sage nach einem kurzen Zögern zu, worauf Siems mir einen Text in die Hand drückt und ein Hotelzimmer für uns buchen lässt, weil ich am nächsten Morgen zur Vertragsunterzeichnung bei der Intendanz zu erscheinen habe.

Wir schlendern durch die noch immer stark zerstört wirkende Stadt, lassen uns in einer rustikalen Brauereigaststätte Kölsch und einen «halven Hahn» bringen und stellen enttäuscht fest, dass uns statt eines halben Brathähnchens ein Käsebrötchen mit uraltem Hartkäse serviert wird. Nun ja, wenigstens das Bier schmeckt. Ich muss an Irene Orna Porat und an ihre Begeisterung für «die allerschönste Stadt der Welt» denken, sehe sie direkt vor mir sitzen, wie sie nach langer Zeit wieder das erste Kölsch die Kehle hinunterlaufen lässt.

Intendant Herbert Maisch bietet mir eine Gage von 650 Mark an. Im zweiten Jahr bekäme ich 750. Während des Flugs zurück nach Berlin rechnet mir Arié vor, dass das in Ostgeld an die 3000 Mark ausmache. Er findet, das sei eine sehr großzügige Bezahlung.

Wir blättern durchs Manuskript, das den Titel «Die Freiheit des Gefangenen» trägt, der Autor heißt Edzard Schaper. Es ist ein einziger großer Monolog, mit einigen unterbrechenden Sätzen durch Mitspielerinnen. «Wie soll ich denn den in den Kopf kriegen, und wann soll ich zu lernen anfangen?»

«Gestern», antwortet Arié.

In Berlin erwartet mich Post. Gustaf Gründgens entschuldigt sich für das Ausbleiben seiner Antwort. Er habe einige Wochen im Krankenhaus zubringen müssen, sei aber neugierig darauf, mich wiederzusehen, und würde mich im Haus der Schauspielerin Ruth Hellberg am Reichskanzlerplatz gern zu einem Gespräch empfangen. Er ist zwar schon länger Intendant in Düsseldorf, spielt aber immer noch in Berlin. Aufgeregt reiche ich Arié den Brief. «Sag ab», meint er, nachdem er ihn überflogen hat. Aber dazu bin ich viel zu neugierig. Ich möchte wissen, was Gründgens über mich denkt, bevor ich ihm mitteile, dass ich schon bei den Kölner Bühnen im Wort stehe.

Drei Tage später sitze ich vor ihm und höre zu, wie er mir den Unterschied zwischen Hamlet und Mephisto erklärt. Den Hamlet könne er trotz seiner angeschlagenen Gesundheit darstellen – er leide unter ständigen Kopfschmerzen, es sei der Trigeminusnerv, der ihn so quäle. Den Mephisto aber, der vom Darsteller eine geradezu übernatürliche Wachheit und Anspannung aller Nerven verlange, sei er im Moment zu bewältigen nicht in der Lage.

Ich betrachte seine Hände, die mit großer Ausdruckskraft seine Rede begleiten. Es sind breite, dickfingrige Hände. Und auf den Fingern wachsen kleine Büschel roter Haare. Seine hellen Augen sehen wie ausdruckslose Knöpfe aus, um im nächsten Augenblick, wenn er einige besonders intensive Textstellen des Mephistopheles zitiert, beinahe aus den Höhlen zu schießen. Während unseres gesamten Gespräches habe ich den Eindruck, dass er mich scharf beobachtet. Plötzlich lächelt er ein ganz privates, überaus charmantes Lächeln und fragt, was ich ihm denn bieten könne.

Ich spreche ihm den Oswald vor.

Er nickt, als ich geendet habe, bestätigt mir, dass ich an darstellerischer Intelligenz zugelegt hätte, aber noch nicht genügend Persönlichkeit an den Tag legen würde. «Sie sprechen zwar den Oswald, aber ich sehe ihn nicht. Angenehm rezitiert. Sehr angenehm. Noch etwas?»

Ich greife zum Don Carlos, meiner, wie ich finde, wirkungsvollsten Sprechrolle.

Er klatscht in die Hände. «Beeindruckend!», ruft er. «Jetzt erkenne ich Sie! Daraus kann man etwas machen. Hätten Sie Lust, mit mir nach Düsseldorf zu kommen? Ich möchte neben den altbewährten Kräften ein junges Ensemble aufbauen, das der heutigen intellektuellen und politischen Situation Rechnung trägt. Ich bin kein Freund des zeitgenössischen Theaters. Davon habe ich, weiß Gott, einiges ertragen müssen. Aber wir werden nicht umhinkönnen, Autoren zu spielen, die aus der Gegenwart heranwachsen und diese treffend zu beschreiben vermögen.»

Mir bleibt fast die Stimme weg, als ich ihm gestehen muss, dass ich schon einen Vertrag mit den Bühnen der Stadt Köln unterzeichnet habe, da ja von ihm so lange keine Antwort gekommen sei.

Er steht abrupt auf. «Sie haben mir meine Zeit gestohlen», sagt er eisig, «und davon habe ich nicht mehr so viel zur Verfügung wie Sie.»

Er verlässt das Zimmer, und ich kann sehen, wie ich allein den Ausgang finde.

Anfang Mai holen wir Mutter vom Schiff in Bremen ab. Zwei Tage vor Probenbeginn. Ich bin schon ein paar Tage vorher in Köln, um eine preiswerte Unterkunft zu suchen, habe auch eine in Köln-Ehrenfeld gefunden und fahre bei der Gelegenheit nach Düsseldorf, um mir den vielgepriesenen Werner Krauß als König Lear anzusehen. Obwohl die Premiere schon einige Zeit zurückliegt, ist er immer noch Tagesgespräch.

Ich kann eine Karte ergattern und sehe am Abend einen müden, alten Kerl, der auf der Bühne umherschlurft, den Text ohne Punkt und Komma ins Publikum nölt und eine derartige Unlust ausstrahlt, dass einige Zuschauer empört den Saal verlassen. Das soll der große Krauß sein? Der Nazi, der in dem berüchtigten Film «Jud Süß» sechs ganz verschiedene jüdische Figuren dargestellt hat? Natürlich mit der klaren Vorgabe, sie alle sechs so widerlich wie möglich aussehen zu lassen. Er scheint sich ohne Gewissensbisse an jeden zu verkaufen, der genügend bezahlt. Aber an diesem Abend im «Lear» ist nichts von seinem Genie zu erahnen.

Ich warte geduldig am Bühnenausgang, um mir diesen Mann näher anzusehen. Bin auch fast der Einzige, bis auf ein paar Freunde, bei denen er einen Moment stehenbleibt. Seine Haare sind weiß, hängen lang herunter, und seine Augen, farblos, nehmen einen rötlichen Schimmer an, wenn er ins Licht schaut.

Am Tag darauf treffe ich mich gegen Abend mit Arié am Bremer Hauptbahnhof. Wir mieten uns in einem billigen Hotel ein, gehen noch etwas essen und anschließend zeitig schlafen. Mutter wird das Schiff um sechs Uhr früh verlassen. Ich erzähle ihm kurz von dem Eindruck, den mir Krauß gemacht hat, und er amüsiert sich darüber. «Als Albino auf die Welt zu kommen ist für einen Schauspieler doch geradezu ein Gottesgeschenk», sagt er. «Ein unbeschriebenes Blatt Papier, das jeden Text geduldig erträgt. Oder ein Gesicht, das sich allem anpassen kann.»

Pünktlich und mit einem gemieteten Kleinwagen stehen wir am Kai. Für unsere Verhältnisse betreiben wir einen riesigen Aufwand: Wir wollen Mutter nach Köln einladen und haben dort auch schon ein anständiges Hotel für sie gebucht.

Sie sieht müde aus, sagt, dass sie die ganze Nacht nicht geschlafen habe, aber sie freue sich sehr über unsere Einladung. Arié strahlt wie ein Honigkuchenpferd und umarmt sie andauernd. Die beiden sitzen im Fond. Ich fahre.

Mutter erzählt von einem Herrn, den sie bei der Ausschiffung kennengelernt hat. Ein Kaufmann aus Düsseldorf, der eine Warensendung in Empfang nehmen musste. Man kam ins Gespräch, und er schwärmte vom König Lear, gespielt von Werner Krauß, dem wunderbaren Darsteller. Düsseldorf liege ja gar nicht weit von Köln. Die Gelegenheit müsse man doch nutzen. Wir seien selbstverständlich eingeladen.

Ich beschwöre sie geradezu, uns das nicht anzutun. Ich hätte die Vorstellung gesehen. Vor allem er sei unsäglich, und viele hätten das Theater schon in der Pause verlassen. Einige sogar noch früher. Doch Mutter besteht darauf und sagt, sie zahle jeden Preis. Ich resigniere, lasse durch das Intendanzbüro der Kölner Bühnen unter großen Schwierigkeiten drei sündhaft teure Karten buchen und nehme mir vor, die Augen zu schließen und zu schlafen.

Wir sitzen erneut in der ersten Reihe, und ich denke an unseren Theaterabend in Berlin. Wenn Mutter es wieder fertigbrächte, laut über ihre nutzlos verschwendeten Moneten zu jammern, könnten wir gleich raus und anständig essen gehen.

Es kommt anders. Die ersten Worte zwischen Kent und Gloster sind gefallen, und Lear tritt auf. Die Sprache perlt wie eine glitzernde Fontäne aus seinem Mund. Ein Mann steht vor mir, der fast wie ein Riese wirkt. Ist das die zweite Besetzung?

Nein, es ist Krauß. Von dem langweiligen alten Nöler, den ich gesehen habe, keine Spur. Der König verbreitet mitreißend gute Laune, lässt den Zuschauer daran teilhaben und scheint nur ab und zu in eine verwirrende kleine Abwesenheit zu fallen, aus der er sich sofort wieder herausreißt. Der plötzliche Jähzornsausbruch gegen seine jüngste Tochter Cordelia kommt so unvermittelt, so voll tierischer Wut, dass wir unwillkürlich vor ihm zurückzucken. Und der Schluss, wenn er mit seiner toten Tochter auf dem Arm nach vorn zur Rampe wankt, ein wahnsinnig gewordenes Kind, dem man sein Lieblingsspielzeug zerstört hat, ist einfach überwältigend. Schweigend fahren wir nach Köln zurück.

In der Gegend des Bahnhofs finden wir noch eine geöffnete Kneipe. Mutter trinkt Mineralwasser, wir Kölsch, und die Küche ist nur noch bereit, «halven Hahn» zu servieren. Wir kauen lustlos an den Brötchen herum, und Mutter sieht mich lange und prüfend an. Ich spüre ihren Blick und möchte schreien vor Wut, möchte ihr sagen, dass dieser Krauß ein Betrüger ist, dass er in der Vorstellung, die ich gesehen habe, wie ein mieser Dilettant gewirkt hat und den Zuschauern ihr Geld hätte zurückzahlen müssen, aber ich schweige und nippe an meinem Kölsch.

Nach einer Weile fragt Mutter leise und sehr vorsichtig: «Bist du sicher, dass du den richtigen Beruf gewählt hast?»

Epilog

Vor jedem Umzug in eine andere Wohnung, in eine andere Stadt, habe ich als Erstes immer die Tasche meines Großonkels an mich genommen. Keine leichte Angelegenheit. Ich war gezwungen, sie so lange mit mir herumzuschleppen, bis der Umzug vollzogen war. Keinem Möbelpacker, nicht einmal meiner Frau wollte ich die Tasche übergeben. Ich behielt sie bei mir, bis das neue Zuhause eingerichtet war und ich dafür einen Platz in meinem Arbeitszimmer gefunden hatte.

Zu öffnen habe ich sie mich nicht getraut. Mein Unbehagen darüber, was darin verborgen sein könnte, war einfach zu groß. Die Erinnerung an Großonkel sollte auf keinen Fall beschädigt werden.

Es mussten mehr als fünfzig Jahre vergehen, bis ich es wagte, und ich war betroffen über meine enorme Aufregung und meine zitternden Hände. War es Einbildung?

Ich glaubte, ein Grab geöffnet zu haben. Der modrige Geruch ließ mich die Tasche sofort wieder schließen. Wochen später machte ich einen zweiten Versuch, hielt mir die Nase zu und nahm mit der freien Hand den silberbestickten Kragen eines Gebetsmantels heraus, der, obwohl schwärzlich angelaufen, doch einen kostbaren Eindruck machte. Ich ließ meine Nase los und griff mit beiden Händen nach den anderen Gegenständen, die unter dem Kragen verborgen gelegen hatten. Zum Vorschein kamen zwei bräunlich schwarze Gebetsriemen mit den daran befestigten Lederkapseln (die Pergamentstreifen mit Ausschnitten aus der Heiligen Schrift enthielten), drei österreichische Goldkronen aus dem Jahr 1910 und ein Brief, in dem

Großonkel seinen Bruder noch einmal inständig davor warnte, freiwillig in den Krieg zu ziehen. Man spürte nahezu die Wut und Verzweiflung, die meinen Großonkel damals beherrscht haben mussten.

Als ich den Brief wieder in die Tasche zurücklegen wollte, fiel aus dem fleckigen Kuvert ein kleines Bild heraus, vergilbt und von zahllosen kleinen Rissen durchzogen. Es zeigte das Gesicht eines Mannes. Ich erwartete, ein Jugendbildnis meines Großonkels vor mir zu haben, und erschrak: Ich war plötzlich sicher, in die Augen seines im Ersten Weltkrieg gefallenen Bruders, meines Großvaters, zu sehen. Fasziniert starrte ich ihn an. Das war ich. So muss ich ausgeschaut haben, damals, als ich mich bei Großonkel in Petach Tikwa aufgehalten habe.